深圳大学湾区教育研究丛书

YUEGANG'AO DAWANQU JIAOYU YANJIU

粤港澳大湾区教育研究

赵明仁　傅维利　主编

厦门大学出版社　国家一级出版社
XIAMEN UNIVERSITY PRESS　全国百佳图书出版单位

图书在版编目（CIP）数据

粤港澳大湾区教育研究 / 赵明仁，傅维利主编. --
厦门：厦门大学出版社，2022.12
（深圳大学湾区教育研究丛书）
ISBN 978-7-5615-8811-6

Ⅰ．①粤… Ⅱ．①赵… ②傅… Ⅲ．①地方教育－研
究－广东、香港、澳门 Ⅳ．①G527.65

中国版本图书馆CIP数据核字(2022)第199728号

出 版 人	郑又礼
责任编辑	曾妍妍
美术编辑	李嘉彬
技术编辑	朱　楷
出版发行	厦门大学出版社
社　　址	厦门市软件园二期望海路 39 号
邮政编码	361008
总　　机	0592-2181111　0592-2181406(传真)
营销中心	0592-2184458　0592-2181365
网　　址	http://www.xmupress.com
邮　　箱	xmup@xmupress.com
印　　刷	厦门市竞成印刷有限公司

开本　720 mm×1 000 mm　1/16
印张　15.75
插页　2
字数　283 千字
版次　2022 年 12 月第 1 版
印次　2022 年 12 月第 1 次印刷
定价　64.00 元

厦门大学出版社
微信二维码

厦门大学出版社
微博二维码

前　言

　　粤港澳大湾区是我国开放程度最高、经济实力最强的区域之一。新时代背景下，为了进一步增强粤港澳大湾区在我国改革开放中的引领和支撑作用，支持香港、澳门融入国家发展大局，2019 年 2 月，中共中央、国务院发布了《粤港澳大湾区发展规划纲要》（以下简称《规划纲要》）。粤港澳大湾区是习近平总书记亲自谋划、亲自部署、亲自推动的国家重大战略，是新时代推动形成全面开放新格局的新尝试，也是推动"一国两制"事业发展的新实践。旨在"推动区域经济协同发展，为港澳发展注入新动能，为全国推进供给侧结构性改革、实施创新驱动发展战略、构建开放型经济新体制提供支撑，建设富有活力和国际竞争力的一流湾区和世界级城市群，打造高质量发展的典范"。围绕区域协同创新体系和现代化经济体系建设的中心任务，《规划纲要》对粤港澳大湾区重点领域的发展进行了中长期规划，在空间布局、建设国际科技创新中心、加快基础设施互联互通、构建具有国际竞争力的现代产业体系、推进生态文明建设、建设宜居宜业宜游的优质生活圈、紧密合作共同参与"一带一路"建设、共建粤港澳合作发展平台等八个重点领域进行顶层设计与谋划部署，为粤港澳大湾区的发展擘画了巨幅蓝图。

　　打造教育和人才高地是粤港澳大湾区建设中的重要战略举措。人才是区域创新中心建设的核心要素。《中华人民共和国国民经济和社会发展第十四个五年规划和 2035 年远景目标纲要》中提出要把粤港澳大湾区建设成国际科技创新中心和综合性国家科学中心。2021 年 9 月召开的中央人才工作会议强调要加快建设世界重要人才中心和创新高地，把粤港澳大湾区建设成高水平人才高地。人才高地建设需要教育高地建设作为依托和基础，高水平大学是高水平人才聚集的最重要平台之一，高质量的大中小幼教育体系是高水平人才培育和聚集的基础。《规划纲要》为粤港澳大湾区的幼儿园、普通中小学、职业学校和大学的合作发展提出了基本方向。强调"支持粤港澳高校合作办学，鼓励联合共建优势学科、实验室和研究中心。支持大湾区建设国际教育示范区,引进世界知名大学和特色学院。推进粤港澳职业教育在招生就业、培养培训、师生交流、技能竞赛等方面的合作。加强基础教育交流合作,鼓励粤港澳三地中小学校结为'姊妹学校',在广东建设港澳子弟学校或设立港澳儿童班并提供寄宿服务"。

粤港澳大湾区虽然在地理上相邻而居,共享岭南文化的开放包容基因,但由于历史原因,香港特别行政区、澳门特别行政区在回归之前形成了自己独特的教育制度、教育体系、教育文化和教育特色。如港澳教育国际化程度高、社会参与度强、学校自主性强等,特别是由香港大学、香港中文大学和香港科技大学所代表的香港国际一流水平高等教育是香港教育的重要优势所在。充分发挥这些优势的辐射带动作用成为粤港澳大湾区教育合作发展的重要动力和潜能。香港中文大学在深圳的成功办学,受到社会和学术界的高度认同,被视为粤港教育合作的典范。香港科技大学(广州)将于2022年9月开学,香港大学(深圳)也正在筹划之中。但是,由于受香港、澳门和珠三角九市"一个国家、两种制度、三种法律、三个税区"以及不同教育内部治理制度方面的制约,粤港澳大湾区教育系统间进行全面、深入合作仍有多方面障碍,在人才、设备、科研经费等方面交流仍有在很多困难。可以说,粤港澳大湾区教育合作前景广阔,但道路并不平坦。此外,粤港澳大湾区教育如何在世界新一轮科技革命和产业变革蓄势待发背景下,超越粤港澳三地,发挥"大湾区"的区域性整体优势是值得深入研究的课题。

正是基于如何进一步推进粤港澳三地教育的优势互补,以及如何通过教育协同创新更高位地促进大湾区发展问题的探究,这本《粤港澳大湾区教育研究》尝试分阶段、分主题对粤港澳大湾区教育的现状与特点、合作发展的必要性与潜能、合作发展的困难与策略等进行探索,以期为深化粤港澳大湾区教育改革与发展,落实《规划纲要》,以及建设国家粤港澳高水平人才高地提供合理的发展思路与政策建议。

全书由七章组成,分别从学前教育、基础教育课程改革、教师教育、高等教育一体化、高等职业教育、创新创业教育和特殊教育对粤港澳大湾区教育进行专题研究。其中,深圳市作为中国特色社会主义先行示范区,在近年的学前教育办学体制改革和高等职业教育创新发展方面具有一定的特殊性,所以第一和第五两章专门对深圳市的相关情况进行描述和论述。应该说,对粤港澳大湾区学校教育体系进行较为全面的研究,是本书的一个重要特点。

第一章的主题为深圳市学前教育发展的历程、问题与改革展望。认为当前深圳市学前教育面临的主要问题有:公办园建设仍有诸多隐忧,民办园发展空间受到较大限制，幼儿园教师离深返乡问题凸显，民办普惠性幼儿园与公办幼儿园特别是老牌公办幼儿园的差距明显等。针对这些问题，在混合经济理论和我国法律框架下提出构建政府统一资助管理的新型普惠性学前教育体系。此体系需要具有以下特性：突出教育公益性，凸显教育公平性，实现来源多样性，体现政策创新性。有针对性地建构新型普惠性学前教育体系的策略包括：基本保证各类主体办园目标的达成，以推动各方顺利转制为统一的新型普惠性幼儿园。区分固定设施建设成本和日常运营成本，为形成科学合理的成本分担和奖补机制打下良好的基础。分类统筹处置固定建设成本的前期投入，形成对民间资本有吸引力的奖补机制。创建日常运营成本分担协商机制和推动转制的过渡性安排机制。政府统一资助管理的新型普惠性学前教育体系具有鲜明的前瞻性和创新性，若能在深圳进行成功实践，将对全国的学前教育改革产生先行示范的重要引领作用。本章还介绍了香港和澳门学前教育的概况和当前面临的主要问题，并提出了相应的改革建议。

第二章的主题为粤港澳大湾区基础教育课程改革。分别对香港、澳门和深圳市新世纪以来基础教育课程改革的历程、经验与展望进行了分析。深圳市新课程改革所取得的经验有：以开放创新进取的心态积极接纳课程改革，重视区域层面的课程改革规划，重视学校和教师的首创精神。当前课程改革中关注的热点问题有：在学科教学中落实核心素养，注重学校课程体系建设，注重研究型学习和 STEM 教育，强调教师发展。香港新世纪以来课程改革的特点有：课程架构开放、注重课程内容的国民身份认同以及科技与多元文化教育，课程实施灵活放权，课程评价注重学生基本能力，课程决策民主化，政府资源投入大，尊重学生差异照顾多样性。澳门新世纪以来基础教育课程改革的特点有：建构优质教育成为新一轮课改的最大动力，设置课程"底线"，促进课程本地化；形成权力共享、平等协商的课程决策与领导体制。

第三章的主题为粤港澳大湾区教师教育发展现状及展望。首先分析了粤港澳各地教师队伍建设的历程，并从教师数量、结构、质量等维度分析了现状。在对粤港澳大湾区教师专业发展特点分析中，认为广东省的特点有：顺应规律，不断促进教师个性化、差异化专业发展；积极借力"互联网＋"，满足教师的个性化学习需求；教师培训区域发展不平衡，教师专业素质差别大；教师培训体系建设滞后，培训质量有待提高。澳门的特点有：教师专业发展具有灵活性和多样性；教师专业发展具备良好的客观条件；注重与其他地区教师专业发展的交流合作。香港的特点有：在制度层面表现出很强的规范性和系统性；在教育模式、课程设置方面具有灵活性和多样性;在教师个体发展层面具有明显个体专业自主性。还从教师队伍建设、教师专业发展、教师教育区域协同发展三个方面讨论了粤港澳大湾区教师教育发展的政策突破点。

第四章的主题为粤港澳大湾区高等教育一体化发展:基础、难点及对策。认为粤港澳大湾区高等教育一体化发展虽然具有多方面的基础和优势,但也存在诸多的难点和挑战。主要的困难在于:合作要素自由流动受限,高等教育质量发展水平不均衡;合作发展的配套政策有待完善,合作发展体制机制不够健全;粤港澳三地高校管理运作存在差异;粤港澳三地高教合作顶层设计有待加强等。促进粤港澳大湾区高等教育一体化发展的对策有:健全政策法规,缔造大湾区高教一体化发展的"源头活水";创新体制机制,突破大湾区高教一体化发展的制度瓶颈;破除观念障碍,改变大湾区高教一体化发展的"单向"合作态势;明确合作目标,拟订并实施多样化的合作计划;加强顶层设计,推进大湾区高教一体化发展的战略布局。

第五章的主题为粤港澳大湾区背景下深圳高等职业教育发展。首先分析了粤港澳大湾区背景下深圳高等职业教育的人才培养定位。然后分析了粤港澳大湾区背景下深圳高等职业教育发展现状以及主要举措,包括增加财政经费投入,完善人才引进政策,加强实训基地建设,优化就业创业环境,深化体制机制改革等。深圳高等职业教育发展所取得的主要经验有:秉承创新精神,服务区域经济发展;提升办学规格,改善湾区教育生态;优化专业布局,深化湾区产教融合;创新培养模式,突出湾区育人实效;加强对外交流,提升湾区国际影响;搭建合作平台,服务湾区高地建设。最后对粤港澳大湾区建设背景下加强深圳高等职业教育的对策进行了探讨。

第六章的主题为粤港澳大湾区高校创新创业教育。首先分析了粤港澳大湾区高校创新创业教育合作的制度要素。然后以美国为例分析了世界一流高校创新创业对我国的启示:创新创业教育和国家发展战略融合;鼓励加快高校的科技成果转化速度,服务区域经济发展;侧重实践和体验的课程与教学设计;丰富多样的创新创业实验室、中心和实践平台,锻炼学生创新创业能力;成熟的创新创业学科体系,丰富多样的创业学科联盟。还用创新生态系统理论对粤港澳大湾区高校双创教育的"深圳模式"进行了探析。认为深圳高校双创教育生态系统的特征有:以服务区域创新发展理念构建双创组织模式,以产教深度融合共建学科专业与师资队伍,以跨学科创新创业课程体系和实践平台培育双创人才,以科技成果转化平台推动知识转移与应用,以开放合作打造深港澳双创教育共同体。

　　第七章的主题为粤港澳大湾区特殊教育发展。粤港澳大湾区特殊教育现状分析:珠三角九市基本形成了融合教育学校、特殊教育学校和送教上门为主的教育形式。全校参与模式是香港融合教育的基本模式。澳门特殊教育有三个类别:第一类是为学习能力稍弱的学生而设的融合班,第二类是为整体学习出现显著困难的学生而设的特殊教育小班,第三类是为智力属于轻度智能不足或更严重程度、整体适应能力出现显著障碍的学生而设的特殊教育班级。粤港澳大湾区各地已经成立了特殊教育的专门管理机构,香港和澳门特殊教育主要由特区教育局主管,而珠三角九市特殊教育学校则根据主管单位的不同分属于教育行政部门、民政部门和残疾人联合会。最后还从政策法律、经费、师资等方面对粤港澳大湾区各地的特殊教育保障体系进行了分析。

目　录

第一章

深圳市学前教育发展的历程、问题与改革展望

　　香港、澳门回归祖国的怀抱后，两地的学前教育呈稳定发展的态势。特别是 2017 年国家明确了"粤港澳大湾区建设"的国家战略地位后，粤港澳三地学前教育界交往频繁，三地学前教育呈现出相互借鉴、共同发展的良好态势。

　　香港地区的学前教育服务机构主要有两大类：一类是针对 0～3 岁婴儿的幼儿中心，幼儿中心又分为育婴园和幼儿园两种，其中育婴园为 0～2 岁婴儿提供照顾，幼儿园为 2～3 岁幼儿提供教育和服务；另一类是为 3～6 岁儿童提供学前教育服务的幼稚园，幼稚园分为全日制幼稚园和半日制幼稚园。从性质上看，香港的幼稚园全部属于私立性质，由民间团体、宗教团体或私人开办，包括非牟利性幼稚园和私立独立幼稚园两类。截至 2020 年，香港地区共有幼稚园 1046 所，在园幼儿 164935 人，教职工 14119 人，师生比为 1∶8.1。①

　　香港的学前教育行政管理分为两个系统，社会福利署依照《幼儿服务条例》和《幼儿服务规例》管理幼儿中心，教育局则按照《教育条例》管理幼稚园。社会福利署设置了幼儿中心督导组，负责全港幼儿中心的注册和督导工作。教育局的督学则负责视察各幼稚园，并在课程、教学方法和行政管理方面，向校长和教师提供意见。② 2006 年教育局颁布了《学前机构办学手册》，取代先前的《幼儿中心守则》和《幼稚园办学手册》，从楼宇设计、家具和设备、安全措施等十一个方面对学前教育机构的举办做了详细的规定，适用于所有幼儿中心、幼稚园和学前教育机构。③

　　近年来香港特别行政区大力投资学前教育，制定免费学前教育制度，形成了"开放多元、发展快、普及率高、质量高"的特点，但仍存在以下问题：第一，幼

---

①　香港特别行政区政府统计处.香港统计年刊：2021 年版[Z].2021.

②　王春元.港台地区学前教育财政资助政策比较及启示[J].浙江外国语学院学报，2013（3）：101-107.

③　童宪明.港澳幼教政策法规比较[J].学前教育研究，2008（9）：4.

儿教师薪酬发放不合理。2007 年以前,香港特区政府曾制定过《建议的幼稚园暨幼儿中心工作人员标准薪级表》,但为推行学券制于 2007 年取消了这份薪酬架构表,教师薪酬完全交由市场和幼稚园来决定,这导致了新老教师同酬或同资历教师不同酬等不合理现象,严重挫伤了幼儿教师的工作积极性,导致幼儿园教师队伍不稳定。[①] 第二,幼稚园教师整体流失率较高且呈逐年上升趋势,从 2017—2018 学年的 10.5% 上升至 2021—2022 学年的 13.2%。其中未受训练的教师流失率最大,平均在 25%～30%,获得其他训练的师资流失率在 20%～30%,而获得正规幼儿教育证书或以上的人员流失率在 10% 左右。这说明,幼儿教师所受专业训练与流失率成反比。有研究指出,香港幼稚园教师流失率日渐升高,与其工作量和薪资待遇息息相关。[②] 第三,幼稚园素质评估机制不完善。香港幼稚园素质评估机制对提升幼稚园品质有积极的影响,但目前仍有不少问题。例如,将评估报告上传到教育局网站,使幼稚园和老师产生巨大压力;一些幼稚园认为,评估的标准过高,很难达到,有些评估标准与家长的预期不符;另一些幼稚园则觉得,教育局在进行评估时,经常采用不同的标准,令他们难以适应;一些利益相关者则认为,父母在幼稚园选择上的态度,未必与高效能的教学方式一致。[③] 第四,部分免费幼稚园杂费收取过高。香港教育局发布的《幼稚园及幼稚园暨幼儿中心概览 21/22 学年》显示,虽然约 760 所幼稚园参与免费幼教计划,但须缴纳的杂费(包括校服、书包、茶点、课本练习簿、文具、寝具等费用)依旧不菲。例如,至少 11 所参与免费幼教计划的幼稚园,全年杂费高过 5000 元,至少 40 所幼稚园茶点费超过 1000 元,其中大角咀启文幼稚园,杂费高达 6730 元至 7025 元。[④]

澳门地区的学前教育主要分为两个阶段:一是幼儿教育阶段(教育对象为 3～4 岁幼儿),二是小学教育预备阶段(教育对象为年满 5 岁幼儿),两个阶段教育都在幼稚园进行。截至 2021 年,澳门地区共有幼稚园 57 所,其中公立幼稚园 6 所,私立幼稚园 51 所,在园幼儿 18109 人,教职工 1375 人,师生比 1:13.2。[⑤]

---

① 李辉.香港幼儿园教师工资待遇存在的问题及其改革建议[J].幼儿教育:教育科学,2012(10):5.

② 香港特别行政区教育局.统计资料[EB/OL].[2022-09-22].https://www.edb.gov.hk/sc/about-edb/publications-stat/figures/index.html.

③ 吴婷.香港政府在学前教育发展中的角色转变研究[J].世界教育信息,2016(7):8.

④ 香港升学在线.幼稚园杂费仍高,至少 11 校收费高逾 5000[EB/OL].[2022-09-22].https://www.365hklife.com/article-40.html

⑤ 澳门特别行政区政府统计暨普查局.2022 澳门资料[Z].2022.

　　澳门的幼稚园分为公立和私立性质,公立性质的仅占 10% 左右,所有幼稚园都由教育厅下辖的学前暨小学教育处负责指导并协调运作。公立幼稚园受政府资助并由学前暨小学教育处直接监管;私立幼稚园由教会、社团或其他办学组织开办并管理。大多数私立幼稚园附设在私立小学内。无论是公立还是私立幼稚园均享有教学自主权,私立幼稚园还享有行政和财政自主权。①

　　近些年澳门特别行政区大力发展学前教育,推进免费学前教育制度,形成了"免费性、小班化、多元化"的特点,但仍存在以下问题:第一,幼稚园教育偏小学化。造成这种状况有两个方面的原因。一方面,由于澳门幼稚园多附设在小学,幼稚园和小学实施的是一体化建设和管理,场所和设备幼稚园与小学共用,经费的使用和教师选聘也由小学校长审批,这样难免使幼稚园的管理偏小学化;另一方面,幼稚园的课程设置与小学基本相同,实质性的分科教学现象突出,具体表现为按照学科将教学内容分类,按照章节进行教学,忽略游戏活动等等。② 第二,教师队伍学历层次较低。澳门幼儿教师的学历一般为中等师范(幼师毕业),2012 年,澳门特区政府规定任职幼儿教师须具备教育局认可的幼儿教育范畴的师范培训资格,而获取这种资格的课程有三类:一是在澳门开设的包含师范培训在内的高等教育课程;二是由高等院校在澳门开设的师范培训证书课程(包括学士后教育证书课程);三是其他证书课程。③

　　深圳是改革开放后党和人民一手缔造的崭新城市,在粤港澳大湾区中处于十分重要的位置,是中国特色社会主义建设和发展的成功范例。学前教育是基础教育的起始阶段,是国民教育体系的重要组成部分,是重要的社会公益事业。回顾并梳理改革开放以来深圳学前教育飞速发展的历史进程,有助于人们在总结经验、反思问题、分析原因和吸取教训的基础上,按照中国特色社会主义先行示范区的要求,建设体制完备、法制健全、环境友好、共育共享的学前教育发展生态,形成普惠、优质、多样化的学前教育公共服务体系,以此满足市民对幼有善育的美好期盼,进而探索出一条具有鲜明中国特色,在新时代能带动粤港澳大湾区乃至全国的学前教育实现优质快速发展的"深圳路径"。

　　鉴于上述原因,本章重点探讨深圳学前教育发展的历史进程、主要特征和改革趋势并对香港、澳门学前教育的改革和发展提出建议。

---

① 黄艾珍.澳门的学前教育[J].幼儿教育,1999(12):4-6.

② 李思娴,黄家丽.十年来澳门特区幼儿教育发展情况分析[J].教育导刊:下半月,2016(7):3.

③ 邢俊利,豆长江.澳门学前教育的发展现状、办学经验与启示[J].基础教育参考,2019(19):4.

第一节　深圳学前教育发展的历史进程及主要特征

依据深圳市政策文件出台和行业内重大事件发生的时间节点,可将深圳学前教育发展的历程大致划分为起步与动乱期(1947—1977 年)、重建与规范期(1978—1995 年)、整顿与改革期(1996—2006 年)、发展与提高期(2007—2017 年)、完善与升级期(2018 年至今)等五个阶段。

一、起步期(1947—1977 年)

(一)幼儿园的初建与学前教育的"大起大落"

中国第一所幼儿园是由张之洞创办的湖北幼儿园,开办于光绪二十九年(1903 年),这是国人自办幼儿园、实施规范的幼儿教育的开始。相比之下,位于南国边陲之地的宝安县的幼儿园开办就要晚得多。宝安县第一所幼儿园开办于民国三十六年(1947 年),这年秋,皇岗琼英幼稚园在深圳皇岗成立,至此之前全县的学前教育事业几乎是一片空白。[①] 中华人民共和国成立之时,宝安县也一直由于师资和校舍等条件的缺乏,难以开展集中的学前教育,全县的幼儿园仍仅有皇岗琼英幼稚园 1 所。直到 1957 年,全县幼儿园才发展到 6 所,在园幼儿 366 人。

1958 年,"大跃进"运动带动了宝安县实行了人民公社化,"普及幼儿教育"口号喊得极响,全县各公社开始兴办幼儿园,仅一年内幼儿园数量达到515 所,3~7 岁幼儿入园人数由 1957 年的 401 人飙升到 22989 人,占全县适龄幼儿 25391 人的 90.5%,可谓是"奇迹"般"量"的飞跃。[②] 但由于宝安县幼儿教育基础极其薄弱,园舍、师资等客观条件并不具备开办这么多幼儿园的实力,1962 年,因为粮食紧缺,劳动力无法集中使用,集体食堂无法维持,圩镇、农村幼儿园纷纷解散,全县仅剩 1 所机关幼儿园。直到 1965 年,宝安县共有幼儿园 7 所,在园幼儿 769 人。[③] 随后历时 10 年的"文化大革命"给宝安县的教育事业带来灭顶之灾,广大师生"停课闹革命"。中华人民共和国成立后 10

---

① 熊贤君.深圳教育史[M].北京:社会科学文献出版社,2010:200-202.

② 熊贤君.深圳教育史[M].北京:社会科学文献出版社,2010:264-265.

③ 熊贤君.深圳教育史[M].北京:社会科学文献出版社,2010:261-263.

多年来的教育工作被全盘否定,许多教师被批斗批倒,各项教育规章制度被废除,正常教学秩序被打乱,全县的幼儿教育事业陷入全面瘫痪状态。[①] 一直被"遗忘"的幼儿教育在艰难地建立全县第一所幼儿园之后,既经历了激进时期的"神速"发展,也遭遇了动乱时期的毁损,"初出茅庐"的宝安县幼儿教育只得"回炉重造"了。

(二)"时兴时废"的教师队伍建设

在中华民国以前,宝安县各阶段的教师队伍建设尚未步入正轨,直到1947年8月,宝安县在南头设立县立简易师范学校,为全县培养初等教育教师、教师职后教育提供了场所。[②] 当时广东省教育厅、宝安县政府对教师从教思想的教育颇为重视,严训教师秉持"终身从教、报效国家"的理念。由于与香港毗邻,许多青年学子会前往香港接受相比于宝安县更高水平、更现代化的教育。一大批华侨和港澳同胞拖家带口外出谋生,其中有众多爱国青年来到宝安县担任教师,或捐款、捐物在宝安县办学,对宝安县的基础教育发展和教师队伍的补充起到重要的促进作用。

皇岗琼英幼稚园作为宝安县第一所幼儿园,在1947年全园仅招收20余幼儿、聘请1位幼儿教师,到1957年之前,全宝安县的在园教职工数量仍为个位数。在"大跃进"运动时期,全县人民建设社会主义热情高涨,积极发展师范教育,加强在职教师的思想政治教育和教育教学专业培训等,这时宝安县教师队伍的发展呈快速上升的态势。1958年,全县有幼儿园教职工534名,但根据同年《宝安县教育志》记录在册的幼儿园数量为677所,也就是说即使平均每所幼儿园分配1名教职工,那仍有143所幼儿园连1位教职工都没有,可见相关数据存在严重的"水分"。由于仅在一两年内幼儿园数量激增,各方面条件准备不足,师资严重匮乏,绝大多数教职工仅接受过上岗前2～3天的集中培训。所谓的幼儿教育,实际上只是幼儿"看管"。[③] 到"文化大革命"时期,宝安县许多教师被扣上"走资派""反革命""叛徒"等莫须有的罪名,被"批倒批臭"后,逐出教师队伍,还有许多教师被下放劳动,实施"知识分子劳动化",极大程度地磨灭了教师的教学积极性,给原本就师资严重匮乏的宝安学前教育事业带来了灭顶之灾。

(三)教育行政机构的建设与更迭

县教育行政机构是一县教育事业规划和实施、管理的重要机关。宝安县

①　熊贤君.深圳教育史[M].北京:社会科学文献出版社,2010:208-311.

②　熊贤君.深圳教育史[M].北京:社会科学文献出版社,2010:232-236.

③　熊贤君.深圳教育史[M].北京:社会科学文献出版社,2010:264-265.

教育行政机构一直随着政局的动荡不安而摇摆不定。民国之初,县级教育行政机构五花八门,有以学务委员会称之者,有以劝学所称之者,有裁并劝学所而入县公署者,又有撤销劝学所而保留学区、设置学务委员会受县知事监督者等等。① 教育行政机构频繁更迭,必然导致教育行政官员等人事不稳定,因而这一时期县教育行政机构的频繁更迭严重影响了包括学前教育在内的宝安教育事业的发展。

1949 年中华人民共和国成立,宝安县人民政府设立文教科,后随着我国社会主义发展道路探索的逐步深入,土地改革、三大改造、"大跃进"等运动的接续展开,特别是 1956 年党中央发出了"向科学进军"的号令,宝安县也将文教科分为文化科和教育科,次年因反右派斗争扩大化,宝安县再次将文化和教育二科合并为文教局。几经调整后,于 1964 年又一次将文化事业管理和教育事业管理分开,成立专门的教育局,扩大了宝安县教育行政机构的职责范围和管理权限。此举对宝安县教育事业的发展大有裨益。县教育部门积极执行党中央部署,开展全县教师思想改造运动,着重开展爱国主义教育和学习有关镇压反革命和抗美援朝等相关文件精神,加强教师理论学习与联系实际,积极建设一支"思想进步、教学技能过硬的教师队伍"。② 1963 年,县教育行政部门针对师生"逃港"问题,对边防沿线教育情况进行调查,并采取进一步加强师生思想政治教育的措施,解决边防沿线适龄幼儿入学问题,还设法改善校舍条件、提升教学质量,以稳住师生。③ 新中国成立到"文化大革命"之前,宝安县教育事业取得了一定成果,但自"文革"后,教育行政机关近于瘫痪,以至于受忽视、体量小、基础薄的学前教育事业在此期间几近停滞。

总体而言,改革开放以前宝安县的学前教育事业起步较晚、发展十分缓慢,由于政局动荡而长期无法获得有力的发展,全市幼儿园数量少、幼儿教师严重匮乏、教学质量堪忧、园所设施简陋等问题十分突出。

二、重建与规范期(1978—1995 年)

十一届三中全会召开后,深圳迎来了新的历史发展机遇。然而,与经济的高速发展极不相称的是,教育尤其是学前教育的发展明显滞后。为此,市政府

---

① 熊贤君.深圳教育史[M].北京:社会科学文献出版社,2010:244-248.
② 熊贤君.深圳教育史[M].北京:社会科学文献出版社,2010:249-253.
③ 熊贤君.深圳教育史[M].北京:社会科学文献出版社,2010:238-243.

广开渠道,采取积极的措施吸引社会力量参与兴办幼儿园,以缓解全市适龄幼儿"入园难"等问题,同时分别从课程、师资和监管等方面着力规范并逐步提升幼儿园保教质量。

(一)缓解适龄幼儿"入园难"问题

改革开放前,深圳的学前教育领域的管理体制、基础设施、教学水平、教师资源等相较于中小学教育要落后许多,但最突出的问题还是幼儿园学位供不应求。为解决幼儿"入园难"问题,深圳市政府开始兴办幼儿园,允许企事业单位和私人以"民办公助"形式办园,引进境外资金办园及鼓励开发商在开发住宅小区时配套建园,并允许社会力量承办住宅区配套幼儿园,首开"国有民办"幼儿园体制之先。1977 年,宝安县只有幼儿园 96 所,在园幼儿仅 5001 人,教职工人数为 195 人。[1] 到 1995 年,全市幼儿园数量升至 371 所,在园幼儿累计达到 6.26 万人,专任教师 3202 人,[2]很大程度上缓解了全市适龄幼儿"入园难"的问题,同时也为后续的发展奠定了"量"的基础。

(二)重启了保教队伍的专业化提升工作

"文化大革命"期间,我国的教育事业遭到了严重破坏,教师队伍建设也处于停滞状态。随着 1989 年我国《幼儿园工作规程(试行)》和《幼儿园管理条例》两个重磅法规的相继颁布,深圳市开始全面启动幼儿园保教队伍的专业化提升工作,全市各幼儿园逐渐重视本园保教人员学历和专业素养的提升。1991 年,全市 2716 名保教人员中,持有大专学历的教师 117 人,保育员学历达到国家标准的占 92%。[3] 1995 年,市教育局进一步提出了幼儿教师大专化的目标,并采取积极鼓励教师在职进修,举办全市幼儿教师技能大赛、多期幼儿教育理论讲座和保育员初任培训班,组织部分幼儿园园长和优秀教师参加国内外幼教信息交流活动等多种形式,促进了幼儿教师队伍素质的提高。[4]

(三)提出了"百花齐放"的课程设置原则

改革开放前,深圳的幼儿园软硬件设施普遍落后,幼儿园课程也十分单一。1979 年 7 月,全国托幼工作会议召开,同年 10 月,中共中央、国务院转发《全国托幼工作会议纪要》,指出要坚持"两条腿走路"的方针,努力提高保教质量。在贯彻中央提出的事业发展要求基础上,落实教育部 1981 年《幼儿园教

---

① 熊贤君.深圳教育史[M].北京:社会科学文献出版社,2010:334.

② 深圳特区年鉴编辑委员会.深圳经济特区年鉴 1996[M].深圳:深圳特区年鉴社,1996:540.

③ 熊贤君.深圳教育史[M].北京:社会科学文献出版社,2010:348.

④ 熊贤君.深圳教育史[M].北京:社会科学文献出版社,2010:540.

育纲要(试行草案)》中关于幼儿园课程与教学的详细规定,包括生活卫生习惯、体育活动、语言、计算、音乐、美术以及常识等等,分别从大班、中班、小班的角度对课程和内容进行合理安排。自此,各幼儿园开始在硬件和软件环境上下功夫,如开始注重音乐室、美术室、体育室、图书室、教学玩具室等多功能教室的建设,开始加强教师科学儿童观、发展观、教育观的培养,也开始关注国外先进的教育理念和教育方法,为在园幼儿提供更为多元而开放的环境。市教育局更是于 1988 年明确提出了"广学百家,为我所用,自成一格,形成特色"的办园方针,鼓励各幼儿园打破单一化的教学格局,积极探索与尝试,努力开创多种课程模式并存的新局面。[①]

(四)规范了幼儿园教育教学的评估与管理

1979 年深圳建市,同年改宝安县教育局为深圳市教育局,设立教育委员会,并下设幼儿教育处,以统筹管理全市幼儿园教育教学工作。自 1988 年 10 月 1 日起,广东省学前教育归口教育部门管理,教育部门从原来的单纯业务管理转向全面管理。[②] 1989 年,广东省教育厅、深圳市教育委员会选择市实验学校幼儿部为省试点园,确定深圳幼儿园、市基建幼儿园、市财贸幼儿园等为市、区试点园。同时,制定《深圳市幼儿园评估标准与办法》并编写了《幼儿园家庭联系手册》等,加强对幼儿园的教育和教学进行管理、督导评估。省教育厅义务教育处 1991 年制定《广东省幼儿园评估标准(试行)》、1993 年推出《广东省幼儿园等级评定基本标准(试行)》。1992 至 1996 年间共有 61 所幼儿园被评为"深圳市一级幼儿园",其中深圳市实验学校幼儿部等 10 个单位被评为"广东省一级幼儿园"。[③]

总体而言,这一时期深圳的学前教育在经历了将近 20 年的重建与规范之后,取得了一定的成绩,但由于"欠债"多、"底子"薄,仍面临着不少的难题亟待解决。

三、整顿与改革期(1996—2006 年)

改革开放后深圳市政府通过多种途径并举、多方力量共行,迅速扭转了学

---

① 熊贤君.深圳教育史[M].北京:社会科学文献出版社,2010:347.
② 王季云.改革开放 30 年广东省学前教育发展回顾[J].广州大学学报(社会科学版),2009,8(11):47-52.
③ 熊贤君.深圳教育史[M].北京:社会科学文献出版社,2010:349.

前教育极其落后的局面。然而,也正是这种"百花齐放"的多样化、大跨步式发展方针,在一定程度上加剧了高收费、乱收费、重"面子"、轻"里子"等行业乱象。为此,市政府开始施行幼儿园收费规范化管理和分级分类管理制度,以着手整顿多形式办园背景下存在的收费混乱、管理无序和课程不够科学合理等问题。

（一）重拳治理了幼儿园"高收费"乱象

国家教委 1996 年颁发的《幼儿园工作规程》中明令指出:"任何组织和个人举办幼儿园,不得以营利为目的。"而此时深圳市 500 多所幼儿园绝大多数是私人和企业开办的,高收费、乱收费等问题较为突出。为治理这种乱象,市物价局和教育局于 1999 年联合颁布了《深圳市社会力量办幼儿园收费管理暂行办法》,对社会力量办园的收费工作实行规范化管理。[①] 2000 年,深圳市幼儿园开始实行"收费许可证"制度,并要求"调整了收费标准后,公办幼儿园逐步向按教育成本收费过渡"。当年,市教育局首次联合卫生、物价部门对全市社会力量办园进行年审。经过初步审查,有 495 个园所合格,37 个需整改;一轮整改后,29 个园所达到合格标准,6 个仍需继续整改,2 个被责令停办。[②]

（二）清理并整顿了全市的幼教机构

1997 年 7 月 17 日,由国家教委印发的《全国幼儿教育事业"九五"发展目标实施意见》指出:"探索适应社会主义市场经济的办园模式和内部管理机制,逐步推进幼儿教育社会化。地方政府有责任办好教育部门举办的幼儿园,使其逐步成为当地的骨干和示范。"同年,深圳市教育局制定了《深圳市幼儿园、托儿所寄宿工作管理办法（试行）》和《深圳市社会力量承办幼儿园管理意见》,开始对全市范围内的幼教机构进行全面的清理和整顿。在所有参加审核的 406 所幼儿园和 3 个幼儿班中,397 个合格,12 个不合格。在对审核不合格的幼儿园进行清理后,深圳市采取片、区、市三级管理形式,对全市幼教机构分级管理,初步形成以一批办园水平较高的示范园为"牵头园"的网络化管理体系。[③] 到 2006 年全市已形成以公办幼儿园为骨干、社会力量办园为主体的学前教育体系和多元化、多层次的办学格局。

---

① 熊贤君.深圳教育史[M].北京:社会科学文献出版社,2010:349.

② 深圳特区年鉴编辑委员会.深圳经济特区年鉴 2001[M].深圳:深圳特区年鉴社,2001:493.

③ 深圳特区年鉴编辑委员会.深圳经济特区年鉴 1998[M].深圳:深圳特区年鉴社,1998:621.

（三）多渠道推进了幼儿园教师继续教育工作

1996 年，为落实深圳市"九·五"教育规划中提出的幼儿教师大专化的目标，市教育局积极支持由深圳大学师范学院与华南师大教育系合办学前教育大专班，鼓励幼儿园教师进行在职学历进修。据不完全统计，1997 年全市约2500 名中专（中师）学历幼儿园教师中有超过 80% 的正在进修大专学历；164 名保育员参加业务培训并获取了结业证书。另有 96 名园长及后备干部参加了市教育局与市教育学院联合举办的第四期"园长岗位培训班"的学习。[①] 同时，为了更好地贯彻执行 2003 年国务院办公厅《关于幼儿教育改革与发展的指导意见》中"加强师资队伍建设，努力提高幼儿教师素质"的文件精神，深圳市教育局也紧随其后颁布了《关于中小学教师继续教育工作若干意见》，为进一步推进并完善全市幼儿园教师继续教育工作提供了方向和指引。[②]

（四）着力整改了幼儿教育"小学化"倾向

改革开放之初由国家发起的学前教育课程目标、内容和实施途径的规范化改革，虽有助于尽快恢复"文革"时期受到破坏的幼儿园教育教学秩序，但这种统一的规范化要求在一定程度上也强化了"上课"的作用，加剧了全国幼儿教育的"小学化"现象。[③] 1996 年国家教委颁发的《幼儿园工作规程》以"引导""组织活动"等词汇替代了"上课"概念；2001 年教育部颁布了《幼儿园教育指导纲要（试行）》强调应促进幼儿"知识、能力、情感、态度"等全面发展，将幼儿园课程划分为健康、语言、社会、科学、艺术五大领域。同年，深圳市教育局根据教育部颁布的纲要和广东省教育厅颁布的《广东省幼儿园教育指南（试行）》精神，向全市各类幼儿园发放有关资料，各区教育行政部门成立试点工作领导小组，在全市范围内开展课程改革试点工作。[④] 各有关方面开始着力整改幼儿园重智育、轻体育和劳动教育；重教师教、轻学生学；重上课、轻游戏等"小学化"倾向。截至 2002 年，全市参与改革的实验园数量已经超过 100 所。[⑤]

---

① 深圳特区年鉴编辑委员会.深圳经济特区年鉴 1997[M].深圳:深圳特区年鉴社,1997:533.

② 深圳特区年鉴编辑委员会.深圳经济特区年鉴 2004[M].深圳:深圳特区年鉴社,2004:423.

③ 田景正.改革开放 40 年我国学前教育课程改革的考察[J].教育科学研究,2019(5):60-65.

④ 深圳特区年鉴编辑委员会.深圳经济特区年鉴 2002[M].深圳:深圳特区年鉴社,2002:439.

⑤ 深圳特区年鉴编辑委员会.深圳经济特区年鉴 2003[M].深圳:深圳特区年鉴社,2003:460.

总体而言,这一时期深圳主要针对改革开放前期学前教育发展过程中存在的乱收费、管理不规范、继续教育体系不完善和课程"小学化"等问题进行了集中整治,取得了较为突出的成效。但同时,市政府于 2006 年将 22 所市属公办园整体推向市场并全面取消幼儿园教师事业编制的改革举措与学前教育作为一项重要的社会公益事业的基本原则显然是背道而驰的,也因此一度引发了全社会的广泛热议。

四、发展与提高期(2007—2017 年)

深圳的学前教育在改革开放后得到突飞猛进的发展,展现了"深圳速度"。但深圳作为特区与改革的试验田,在"摸着石头过河"的探索中也逐渐暴露出一些问题,诸如各类幼儿园教育质量差距大、学前教育的公益性不足、师资队伍保障力度弱等等。为了解决这些问题,深圳市政府开始将学前教育发展的重心由"量"的扩大逐渐转向"质"的提升,在财政投入、教师发展、课程改革方面颁布了大量的政策文件,引领全市学前教育向着公益普惠方向不断前行。

(一)加大了对学前教育公益普惠发展的支持力度

2007 年,深圳市教育局着力推进"教育强市"发展战略,成立调研组以全面了解深圳市学前教育现状,以问卷调查、访谈、座谈等形式开展全市大规模调研,并形成调研报告,为制定全市学前教育相关政策奠定基础。[①] 为贯彻落实《国务院关于当前发展学前教育的若干意见》中有关"发展学前教育,必须坚持公益性和普惠性"和"多种渠道加大学前教育投入"等指导思想,深圳市教育局于 2012 年发布了《深圳市学前教育发展行动计划(2012—2013 年)》,明确了"到 2015 年,财政对学前教育投入占财政性教育经费比例达 5%以上"的保障措施,同时启动了普惠性幼儿园建设试点,并实施民办园奖励性补助政策、在园儿童健康成长补贴、保教人员长期从教津贴等三项惠民惠园政策。2013年,还进一步制定了《深圳市学前教育专项经费奖励和资助项目实施细则》,对专项经费的支出内容和标准均作出了明确规定。同年,深圳市投入 1.8 亿元建成 500 所普惠性幼儿园,并发放儿童健康成长补贴 3.22 亿元,惠及了 21.5万名儿童;奖励省、市一级及 100 所规范优质园,全市幼儿园 96%实现规范

---

① 深圳特区年鉴编辑委员会.深圳经济特区年鉴 2008[M].深圳:深圳特区年鉴社,2008:325.

化,省一级园数量占全省 1/4。[1] 2015 年,深圳学前教育公益普惠发展模式获"金鹏改革创新奖"提名奖。[2] 2017 年,市财政性教育经费投入 593 亿元,发放在园幼儿健康成长补贴 6.99 亿元,惠及 46.6 万名幼儿,发放幼儿园保教人员长期从教津贴 3.16 亿元,惠及保教人员 3.5 万名。[3]

(二)提升了保教人员的福利待遇和专业水平

为进一步稳定并发展深圳市学前教育师资队伍,推动学前教育整体水平提升,市政府祭出了一系列"组合拳":市教育局和市财政委员会于 2013 年联合制定出台了《深圳市幼儿园保教人员长期从教津贴实施办法(试行)》,规定凡在深圳市幼儿园连续从教 3 年以上、取得了相应从业资格的保教人员(包括教师、保育员和保健人员),根据从教年限可获得每人每月 300～1000 元不等的津贴。当年,全市共计发放保教人员长期从教津贴 3.22 亿元。2017 年,发放标准又进一步上调 50%,提升到了每人每月 450～1500 元,[4]其中罗湖区更是将上限提高到了每人每年 3.6 万元。与此同时,市政府办公厅 2015 年颁布了《深圳市学前教育发展行动计划(2015—2017 年)》,提出了健全教职工工资待遇保障机制、拓宽师资培养渠道、加强教师专业培训和培养高素质人才队伍四大幼儿园教师专业化发展水平提升任务。随后,市教育局和市财政委员会又联合印发了《深圳市幼儿园保教人员继续教育实施办法》,分别从内容、经费、形式和考核等方面规范了幼儿园保教人员的继续教育工作,鼓励其不断提升专业素质和专业水平。2016 年,市教育局举行了授牌仪式,为全市首批 138 名学前教育"苗圃工程"名师颁发了奖牌和证书,并陆续建立了 17 个市级学前教育"苗圃工程"名师工作室,依托其持续开展专题研究、专题实验和实践性师资培训,培养培育了一批业务精良、富有进取精神、在国内享有较高声誉的学前教育名师,发挥了极强的辐射引领作用。同时,市教育局还组织了多届幼儿园教师教育基本功比赛、教学能力比赛和园长德育能力比赛,以赛促学,促进了全市幼儿园教师的专业成长。

---

① 深圳特区年鉴编辑委员会.深圳经济特区年鉴 2014[M].深圳:深圳特区年鉴社,2014:296.

② 深圳特区年鉴编辑委员会.深圳经济特区年鉴 2016[M].深圳:深圳特区年鉴社,2016:310.

③ 深圳特区年鉴编辑委员会.深圳经济特区年鉴 2018[M].深圳:深圳特区年鉴社,2018:312.

④ 刘国艳,熊贤君.三十年来的学前教育:乱象与前景[J].河北师范大学学报(教育科学版),2015,17(2):61-66.

（三）明确了优质特色发展的幼儿园质量提升基调

深圳市委、市政府高度重视学前教育工作,2009 年初召开全市学前教育工作会议,明确学前教育"规范、公益、优质"的发展方向,进一步规范学前教育发展。2010 年制定《深圳市规范化幼儿园建设标准(2010—2015)》,以此促进幼儿园规范化建设。通过建设,当年全市 40% 幼儿园通过验收,91% 的园长实现持证上岗,全年新增幼儿园学位 2 万余个,有幼儿园教职工 3.8 万人(其中专任教师 2 万人)。[①] 2011 年,全省学前教育三年行动计划工作推进会在深圳召开,广东省教育厅领导对深圳规范化幼儿园建设工作成效和宝安区政府产权配套幼儿园管理新经验予以充分肯定。[②] 2014 年教育部、国家发展改革委、财政部三部门联合印发的《关于实施第二期学前教育三年行动计划的意见》将深入贯彻落实《3～6 岁儿童学习与发展指南》,提升办园水平列为未来三年发展的重点任务之一。为此,深圳市坚持以幼儿园的整体优质发展为基础,以幼儿的全面和谐而富有个性的发展为目标,以办园思想的凝练和幼儿园独特教育体系的形成为标志,走出了一条优质特色发展的"深圳路径"。基于此,深圳市通过创建优质特色示范幼儿园,开展精粹管理进园行动、幼儿园"小学化"专项治理,实施幼儿园"托底改薄"专项行动等多项举措,不断推进学前教育质量提升。2017 年,深圳市投入幼儿园等级评估奖励经费 2900 万元,奖励通过市级以上评估的 94 所幼儿园;启动扶持 264 所薄弱幼儿园托底改薄专项行动,委托 60 个社会机构面向社区开展家园共育公益指导活动,全力提升幼儿园办学质量。[③]

总体而言,2007 至 2017 十年之间,深圳市学前教育呈现较快的发展与提高之势。以推动深圳教育事业不断迈上新台阶为发展目标,市政府还将持续发力,进一步完善普惠优质多样化的学前教育公共服务新体系。

五、完善与升级期(2018 年至今)

深圳经济特区建立以来,因为市场经济发育早,伴随着城市人口的急剧扩

---

① 深圳特区年鉴编辑委员会.深圳经济特区年鉴 2011[M].深圳:深圳特区年鉴社,2011:339.

② 深圳特区年鉴编辑委员会.深圳经济特区年鉴 2012[M].深圳:深圳特区年鉴社,2012:372.

③ 深圳特区年鉴编辑委员会.深圳经济特区年鉴 2018[M].深圳:深圳特区年鉴社,2018:313.

张,深圳探索并形成了以社会力量办学为主体的学前教育格局。直到 2018 年年初,全市幼儿园依然以民办园为办学主体,公办园仅占约 4%,"入园难""入园贵"问题仍然存在。中共中央、国务院于 2018 年印发了《关于学前教育深化改革规范发展的若干意见》,提出"到 2020 年,全国普惠性幼儿园覆盖率(公办园和普惠性民办园在园幼儿占比)达到 80%,逐步提高公办园在园幼儿占比,原则上达到 50%",为深圳市规范优质办学,高标准办好学前教育,指明了方向。

（一）全力落实学前教育优质普惠发展路径改革

为进一步推进学前教育普及普惠、安全优质发展,满足人民群众对"幼有所育"的美好期盼,深圳市相继出台了《深圳市人民政府办公厅关于进一步深化改革促进学前教育普惠优质发展的意见》《深圳市学前教育发展行动计划（2019—2020 年）》《关于推进教育高质量发展的意见》等文件,明确提出"到 2020 年,基本实现学前教育普惠优质发展。公办幼儿园在园幼儿占比达到 50%,公办幼儿园和普惠性民办幼儿园在园幼儿占比达到 80% 以上"的发展目标（以下简称"5080"）。市教育局着力通过老公办园、公办教育集团、公办中小学和部分高校、科研院所分别对口接管、齐头并进的方式,迅速完成了全市公办幼儿园的建设与转型。2020 年,全市公办园在园幼儿占比从 2018 年的不足 4% 跃升到 50.85%,公办园和普惠性民办园在园儿童占比达到 86.4%,各区均提前完成"5080"任务,普惠性学前教育资源大幅增加。[①] 其中,全市规范化幼儿园比例达到 98%,现有市一级幼儿园达 773 所,省一级达 134 所,省级园数量全省最多。深圳市学前教育公益普惠发展路径改革于同年被列入国家教育体制改革重点项目。近年来,深圳学前教育不断加大投入,公共投入大幅度增长,全市财政公共预算学前教育投入从 2018 年初的 20.79 亿元,增至 2020 年初的 72.14 亿元,年均增长率达 86.28%。[②] 2020 年 11 月,深圳市颁布《关于加快学位建设推进基础教育优质发展的实施意见》指出:"到 2025 年,全市新增幼儿园学位 14.5 万个。加快学前教育优质普惠发展,提升幼儿园办学品质,培育 100 个科学保教示范项目,建设 300 所优质特色示范园。"2022 年 4月 7 日,深圳市教育局和市财政局印发了《深圳市学前教育发展专项经费管理

---

① 深圳市教育局.超常规推进公办园建设 深圳学前教育走出先行先试之路[EB/OL].[2020-12-14].http://szeb.sz.gov.cn/home/jyxw/jyxw/content/post_8343991.html.

② 深圳市教育局.深圳高质量推进教育优质均衡发展让教育发展 红利惠及每个学生[EB/OL].[2020-10-27].http://szeb.sz.gov.cn/home/jyxw/jyxw/content/post_8204423.html.

办法》,调整和扩大了全市学前教育专项经费的资助项目,增加了对学前教育集团化办学和学区化治理进行资助、开展学前特殊儿童融合教育的学前教育机构进行资助、市教育行政部门培育的学前教育机构优质课程项目提供资助等项目,[①]全力推进全市学前教育优质普惠发展路径改革,奋力书写"幼有善育、学有优教"的美好画卷。

（二）以立法保障和规范化管理推动高质量发展

近年来,深圳市学前教育取得跨越式发展,陆续出台了《深圳市学前教育办学信息公开管理办法》《深圳市学前教育机构设置标准》《深圳市公办幼儿园管理办法》等文件,以推动全市学前教育事业规范化、高质量发展,构建以公办园为核心、普惠园为主体、选择性学前教育服务为补充,普惠优质多样化的学前教育公共服务新体系。2021年,深圳市委、市政府将《深圳经济特区学前教育条例》（以下简称《条例》）纳入立法计划,并成立工作组主导该条例的起草,强调要以高质量立法保障我市学前教育事业高质量发展,走出一条学前教育普惠优质发展的"深圳路径"。《条例》的发展目标是对标中国特色社会主义先行示范区建设要求,对标国际先进水平,建设体制完备、法制健全、环境友好、共育共享的学前教育发展生态,形成普惠、优质、多样化的学前教育公共服务体系,促进学前儿童健康快乐成长,为培养德智体美劳全面发展的社会主义建设者和接班人奠定基础。《条例》的一大亮点是"鼓励支持幼儿园开设托班,招收2至3周岁的幼儿"。在学前教育专项规划、公共服务配套、民办幼儿园扶持等条款中,都增加了关于幼儿园托班的规定,同年还印发《深圳市幼儿园托班开设与管理暂行办法》,以更好落实国家发展婴幼儿托育服务的相关政策,满足人民群众关于婴幼儿托管的需求。以"幼有善育,学有优教"的民生需求为深圳市学前教育事业高质量发展的落脚点,通过实际行动答好民生考题。

（三）依托学区化治理实现学前教育的均衡发展

高标准办好学前教育、实现"幼有善育"是深圳建设中国特色社会主义先行示范区的重要内容,是中央赋予深圳学前教育工作的光荣使命。为缩小全市各类幼儿园之间的办学差距,实现学前教育优质均衡发展,推进学前教育治理体系和治理能力现代化,进一步提升市民群众对学前教育的获得感,深圳市全面推进学前教育学区化治理工作。2020年,深圳市教育局召开全市学前教

---

① 深圳市教育局.深圳市教育局深圳市财政局关于印发《深圳市学前教育发展专项经费管理办法》的通知[EB/OL].[2022-04-07].http://szeb.sz.gov.cn/home/xxgk/flzy/zcf-gjjd/zcfg/content/post_9682354.html.

育集团化办学与学区化治理工作研讨会,提出建立"公办学前教育集团",通过老公办园带新公办园的方式,帮助新公办园迅速上轨道、提质量,扩大优质资源的覆盖面和受益面。通过建设以优质公办园为牵头园的"学区联盟",实现行政、教研、培训、督导"四位一体"的学区化治理,促进公民办幼儿园协同优质普惠发展。2022年,市教育局印发《关于推进学前教育学区化治理的实施意见》,提出"学区由不同类型、不同水平的幼儿园组合而成,多园协同、抱团发展,帮扶提升薄弱园,强化建设优质园,缩小园际差距,实现公办、民办幼儿园优质均衡发展"。明确学前教育学区化治理可以通过搭建优质资源共享平台,做好学区内管理经验辐射、课程资源共建、优质师资流动、教研科研互通等核心环节,积极探索"教育+互联网"资源共享模式,实现优质教育资源动态实时共享;还可以通过骨干教师柔性流动、联合教研、示范跟岗学习等形式,统筹学区内优秀教师资源,整体提升学区教育质量。以促进学前教育管理过程精细化、师资队伍专业化、办园水平优质化为目的,形成党建、行政、研训、督导四位一体的现代学前教育治理模式。①

自2018年"5080"攻坚任务实行以来,深圳市学前教育事业获得了飞跃式发展。全市办园体制实现了结构性改革,法律法规逐渐趋于完善,学区化治理带动了幼教均衡发展,还着力建设2～3岁婴幼儿托育服务体系,在广覆盖、保基本、有质量的幼教发展格局基础之上,推动学前教育内涵式、高质量发展,切实提升广大群众对学前教育发展成果的获得感和幸福感。

第二节 当下深圳学前教育面临的主要问题

一、公办园建设仍有诸多隐忧

在推进公办园建设进程中,深圳市各区都在创新管理体制和模式,如罗湖区和宝安区依托区内老牌公办园组建幼教集团,通过老园办新园的集团化办学模式,推动新建公办园迅速走上正轨,充分发挥龙头园的示范引领作用;福

---

① 深圳市教育局.深圳市教育局关于印发《关于推进学前教育学区化治理的实施意见》的通知[EB/OL].[2022-02-09]. http://szeb. sz. gov. cn/home/xxgk/flzy/wjtz/content/post_9559149.html.

田区和南山区则积极探索由就近公办中小学、区教科院及其他具备资质的单位接管的新路径,从接管单位遴选中层干部或其他优秀的"在编在岗"人员担任法人园长,执行园长则由原民办园园长留任或通过公开招聘任命,法人园长掌管着财政权和决策权而执行园长负责幼儿园实际的管理工作。由于举办单位与幼儿园所处学段不同,以及责、权、利界定不够清晰等问题,越来越多的质疑声纷至沓来,诸如"外行领导内行""法人园长难以胜任幼儿园全面管理却又不愿意放权""法人园长和执行园长分工不明确、定位不清晰"等声音不绝于耳,再加上公办园园长在过渡期的薪酬有所降低,以至于大量资深的执行园长带着原管理团队集体跳槽去了其他民办园。同时,具备多年公办小学任职经历的法人园长在为新转型公办园输送优质办学经验的同时,是否也会在一定程度上增加教育教学"小学化"的潜在风险? 值得深思。

二、民办园发展空间受到较大限制

自 2018 年学前教育深化改革以来,深圳市的学前教育事业在短时间内取得了较为丰硕的成果,但公办园数量的急增也给本就处于弱势地位的普惠性民办园的生存与发展带来了新一轮的冲击,出现了一些新的问题。《深圳市普惠性幼儿园管理暂行办法》中规定:"财政部门按区教育行政部门核定的班数向普惠性幼儿园提供奖励性补助。"然而,实际情况却是普惠性民办园在转型以后必须执行政府限价管理,收费标准较之前明显下降,而政府提供的奖补经费根本无法补足这部分差价。于是,部分普惠性幼儿园举办者开始绞尽脑汁压缩人员经费,行政后勤人员一人身兼两职的情况比较普遍,特别是维修人员、门卫、仓库管理员、厨工等后勤岗位配置严重不足,带来了较大的安全隐患。此外,由于政府奖补经费标准偏低,转为普惠性民办园后教职工待遇未见明显改善,以至于随着"5080"目标的推进,大量优秀教师流向了福利待遇更好、晋升空间更大的新建公办园。以至于部分民办幼儿园不得不通过降低招聘门槛或临时安排实习生顶岗来维持正常的教育教学。由此可见,经营的入不敷出和教师的大量流失在一定程度上限制了民办幼儿园的发展。

三、幼儿园教师离深返乡问题凸显

作为一个年轻的移民城市,深圳的幼儿园教师多来自其他省(自治区、直辖市)。外来人口占比较大本身就给幼教行业带来了一定的潜在不稳定性,而无法获得城市归属感更是进一步加剧了这种不稳定性,致使大批幼儿园教师离深返乡。[①] 2019 年深圳市各行各业就业人员年平均工资为 125612 元,小学教师为 209241 元,而从事学前教育行业人员的年平均工资仅为 62548 元,[②]竟不足全市各行各业平均年收入的一半、不足小学教师的三分之一。与幼儿教师低薪资形成强烈反差的还有深圳的高房价。中国房价行情网数据显示,2020 年深圳二手房均价全国第一,已涨破 80000 元大关,比北京、上海贵 30%以上,是广州的两倍多。[③] 另据国际货币基金组织(IMF)最新发布的全球房价观察报告(Global Housing Watch Report),2016 年上半年全球各大城市的房价收入比深圳以 38.36 位居第一,2019 年深圳仍以 35.2 的房价收入比遥遥领先。[④] 可想而知,年收入水平较低的幼儿教师想要在深圳站稳脚跟有多难。再加上幼儿教师以大专学历为主和年轻女性居多的职业特性,一来难以企及起始学历为本科的深圳市人才优待政策;二来也容易迫于家中年迈父母和个人情感生活的双重压力而在深圳工作几年后选择返回老家发展。尽管外来人口居多的深圳具有极大的开放性和包容性,"来了就是深圳人"的口号也深入人心,但无论是物质上还是精神上都难以真正融入这座城市已然成为困扰大多数外地来深的年轻单身幼儿园教师的一大现实问题。

四、民办普惠性幼儿园与公办幼儿园特别是老牌公办幼儿园的差距明显,形成了新的教育不公平

按照 2020 年的统计数字,深圳全市公办园在园幼儿占比约为 50.85%,公办园和普惠性民办园在园儿童约占 86.4%。也就是说,约有占全市在园幼儿总数 35.55% 的幼儿是在民办普惠性幼儿园接受学前教育的。如前所述,由于历史发展和办园目标的差异,民办普惠性幼儿园与公办幼儿园特别是老牌公办幼儿园在师资力量、设施条件、教育投入等诸多方面存在显著差距,这就形

① 海鹰,刘天娥,李佳莉.幼儿园教师"业内流动为主"的原因探析及问题破解:基于深圳先行示范区的调查分析[J].教育与经济,2020,36(6):77-84.
② 深圳特区年鉴编辑委员会.深圳经济特区年鉴 2020[M].深圳:深圳特区年鉴社,2020:348-349.
③ 深圳涨破 8 万,比京沪贵 30% 两倍于广州[EB/OL].[2020-12-19].https://new.qq.com/omn/20201219/20201219A0DXUP00.html.
④ 深圳"房价收入比"世界第一,是发达国家 10 倍[EB/OL].[2016-09-16].https://www.sohu.com/a/114379769_448408.

成了新的教育不公平。与全国一样,子女在民办普惠性幼儿园接受教育的家长对此意见很大。目前的解决方案是逐步加大对民办普惠性幼儿园的补助力度,但从实践效果看,难以从根本上解决问题。这有两个方面的主要原因,一方面,补助的强度受财政支付能力的限制难以达到预期的效果,强度低了难以在较短时间内缩小民办普惠性幼儿园与公办幼儿园的差距,强度高了财政难以持久负担。另一方面,由于幼儿园产权归属的原因,对民办普惠性幼儿园的财政补助如果管理不当,很容易造成国有资产的流失,在这一方面的经验教训不少。显然,解决这个问题不能采取头痛医头、脚痛医脚的方式,而需要在理论和实践上有重大突破,采取一个一揽子总体解决方案。

第三节　深圳市学前教育改革发展的未来展望

深圳市学前教育的改革和发展可分两步走,从长期看,要下定决心,以改革先行区的历史责任感和攻坚克难的磅礴气势,在全国首先构建政府统一资助管理的新型普惠性学前教育体系;从短期看,要着力解决当下在学前教育领域中的突出问题,为深圳人民排忧解难。

一、构建政府统一资助管理的新型普惠性学前教育体系

办好学前教育,构建覆盖城乡特别是农村的学前教育公共服务体系,实现幼有所育,"是党和政府为老百姓办实事的重大民生工程,关系亿万儿童健康成长,关系社会和谐稳定,关系党和国家事业未来"[①]。2020年,全国幼儿园总数达到29.17万所,在园幼儿总数达到4818.26万人,与2015年相比,幼儿园数量增加了30%,在园幼儿规模增长了13%。2017—2019年平均毛入园率达到85.2%,增加10.2个百分点,普惠性幼儿园覆盖率达到84.74%,比2016年增加17.5个百分点,超额完成党中央国务院确定的普及普惠目标任务。[②]深圳市也克服了公办幼儿园比例很低的巨大困难,按照中央的要求达到了预

[①]　中共中央国务院关于学前教育深化改革规范发展的若干意见[EB/OL].[2022-02-09].http://www.gov.cn/zhengce/2018/11/15/content_5340776.htm.

[②]　赵婀娜."十三五"期间学前教育跨越式发展,普惠性幼儿园覆盖率超八成[N].人民日报,2021-03-02.

期的目标。但这绝不意味着学前教育改革和发展的任务已经全面完成,许多深层次的问题仍然没有得到根本解决。例如,是坚持多方投入理念,还是转变为政府独自投入? 如何解决当前我国普惠性学前教育体系中公办园与民办园在办园目标、办园经费、设施条件、师资队伍和保教质量等方面的差异,破解民众反映强烈的"入公办园难"问题? 如何落实奖补政策,有效激励民办普惠性幼儿园举办者真正愿意创办有较高质量的公益性幼儿园?

这些问题之间有很强的内在关联性,不是仅凭"零打碎敲""填漏补缺"就可以解决的,必须构建政府统一资助管理的新型普惠性学前教育体系,提供有明确理论依据和具体实施对策的系统化解决方案。即将公办幼儿园和当前的普惠性民办幼儿园统一转制成新型普惠性幼儿园,设置专门的管理机构,按照统一的设置条件和财政资助标准进行扶持和监管,在体制机制层面彻底解决公办幼儿园和民办普惠性幼儿园的质量差异问题,保障绝大多数民众能享有公平而有质量的普惠性学前教育;有效调动各方社会力量投入学前教育的积极性,从而持久维系学前教育供需间的大致平衡,推动普惠性幼儿园有质量的运营和发展。

（一）以往研究提供的解决问题的思路

从现有的研究文献看,从体制机制层面系统化解决学前教育改革和发展问题,主要有三种思路。第一种思路是,推进学前教育纳入国家义务教育体系,通过政府全额出资的方式,减免家庭负担的保教费,从而达成适龄幼儿应收尽收的目标。[1] 特别是这几年,将学前教育纳入义务教育已经成为一年一度全国"两会"的重要话题之一。事实上,将学前教育纳入义务教育体系将会面临合理性和财政支付可能性的双重考验。[2] 从国际经验看,如果将学前教育纳入强迫实施的义务教育体系,势必剥夺一些家长在家庭中自行教育孩子的权利,这使社会不得不面临是支持"自由选择"还是支持"强迫实施"的考验。美国学者萨瓦斯(Savas,E.S.)指出,"自由、正义和效率都必不可少,它们互相之间密切联系,代表着不同的有时甚至是彼此冲突的目标。因此,三者之间的权衡十分重要。如果牺牲个人自由和经济效率能够换取更多的正义,那么社

① 叶飞.学前教育纳入义务教育体系的合理性探析[J].教育科学,2011,27(1);冯文全,范漾引.学前教育纳入义务教育的必要性和可行性分析[J].天津师范大学学报(基础教育版),2017,18(2);王举.我国学前教育免费政策的可行性及其构建路径[J].教育研究与实验,2017(5).

② 周洪宇,周娜.学前教育的两难选择与政策建议[J].教育发展研究,2018,38(Z2):1-9.

会可以考虑使用行政权力。但是,如果过头,则会威胁所有三个目标"①。这是当今多数国家倾向优先将义务教育向普通高中延伸的一个重要原因。从财政支付的现实可能性看,如果将学前三年教育纳入国家义务教育体系,势必给政府财政特别是县级财政带来巨大的压力。根据教育部发布的统计资料计算,2019 年我国九年义务教育的经费总投入为 22780.00 亿元,约占全国教育经费总数的 45.4%。如果将学前三年教育纳入义务教育的范畴,需要在原有义务教育经费基础上增加将近三分之一的教育投入,总数约为 7593.33 亿元。核减掉 2019 年学前教育经费 4099.00 亿元,每年新增的经费投入约为 3494.33 亿元,约占全国义务教育经费总投入的 15.3% 左右。按照 2019 年国家财政性教育经费在教育总经费中的比例,保守估计增长部分的 80% 以上要由国家财政性教育经费列支,因而这笔新增经费不论对于县级政府,还是对于承担转移支付的省级和中央政府,都是一笔需要年年持续性安排的数量不小的财政支出。特别在"省市统筹、以县为主"权责划分体制下,对于义务教育经费预算在财政支出中占比较高的县级政府而言,要做到收支平衡无疑更为困难。如果考虑到将有数量巨大(约占幼儿园学位总量一半)的民办幼儿园会在学前教育整体性纳入义务教育的过程中退出学前教育领域的情况,那么政府为填补空缺而要筹集的经费投入会更大。政府公共开支不断增长是一个世界性趋势,每个国家都需要在提高税收水平和扩大公共服务范围间仔细平衡。鉴于我国近几年的财税政策取向主要是通过降低税收来刺激经济增长,所以无论从政府财政承受能力的角度,还是从社会治理的政策取向角度,用大幅度扩大公共开支的办法将学前教育纳入义务教育体系的条件都不成熟。第二种思路是,在保证公办幼儿园占有一定比例的前提下,调动民间资本,大力发展民办幼儿园特别是民办普惠性幼儿园,从而以市场化的方式,扩大幼儿园学位供给,解决"入园难"问题。② 但市场波动和市场失灵会严重影响民办幼儿园学位的稳定供给和质价平衡。恩格斯(Engels, F.)很早就对这个受供需关系影响的市场波动性的形成机制作了精辟的阐述。他认为,由于扩张生产的动力机制与扩张市场的动力机制是不同的,所以冲突成为不可避免的了。③ 在市场体制

---

① 萨瓦斯.民营化与公私部门的伙伴关系[M].周志忍,译.北京:中国人民大学出版社,2017:8.

② 王海英.分类改革背景下促进民办幼儿园良性发展的政策建议[J].人民教育,2017(24);王海英,刘静,魏聪."普惠之困"与"营利之忧":民办幼儿园的两难困境与突围之道[J].教育发展研究,2020,40(12).

③ 马克思恩格斯全集:第 3 卷[M].北京:人民出版社,1972:315.

下,幼儿园的学位供给将会受价格影响在短缺和过剩之间形成周期性波动,显然这种不稳定性与民众对学前教育的稳定供给要求是相悖的。人的教育不同于多数商品,不能通过延迟满足来弥补,如果适龄儿童得不到相应的学位无法接受学前教育,那么他们的生命成长就丧失了一段由良好教育资源保障的重要发展时期。还应该看到,学前教育作为一种特殊的供给品,难以像其他商品那样通过物流方式实现跨省市的大区域供需平衡。也就是说,在学前教育公共服务领域,地理位置是一种刚性约束因素,超越一定的服务半径,就无法满足多数民众就近入园的需求。这一特征进一步说明,一方面,在学前教育的运行和发展过程中,政府绝不能缺位,不能简单地按照市场经济的模式放任民办幼儿园自由选择和发展,必须做好合理布局、主动引导以及需求与供给间的规划和调控等工作。另一方面,在公办幼儿园与民办幼儿园并存的二元结构体制中,市场很难自动平衡学前教育服务供给与需求、质量与价格的关系,民办学前教育市场容易呈现失灵状态。① 当合法、低价、优质的公办幼儿园学位供给无法满足社会的刚性需求时,价高、质低的民办幼儿园和不具备资质的无证幼儿园就会应运而生。在公办幼儿园学位供应长期短缺和低价标杆效应的双重挤压下,民办学前教育的成本和利润关系很容易呈失真状态,这使得一些民办幼儿园脱离了以质价平衡和供需关系为中轴的市场调整和约束轨道,呈畸形运行和发展状态。一些民办园举办者要么利用幼儿园已形成的较好声誉有意抬高价格,获得超额利润;要么以牺牲质量为代价,降低成本确保办园的基本利润。第三种思路是,主张将目前定位在非基本公共服务范畴的普惠性学前教育纳入基本公共服务范畴中,从而为普惠性学前教育的发展争取到主要来自政府的政策支持和稳定的财政保障。② 但这种思路也面临不小的挑战:首先,在基本公共服务范畴中,如何定位和调动各类主体积极投资举办学前教育;其次,在基本公共服务范畴中,如何解决公办幼儿园和民办普惠性幼儿园的质量差异问题;再次,纳入基本公共服务范畴后,县区级政府是否有足够的财力持续保证相应的公共财政支出。

① 冯婉桢,吴建涛.政府和市场在学前教育资源配置中的角色错配与调整研究:基于教育资源配置效率的分析[J].教育科学,2016,32(4):1-6.
② 刘焱.普惠性幼儿园发展的路径与方向[J].教育研究,2019,40(3);姜勇,郑楚楚,赵颖,等.中国特色普惠性学前教育公共服务体系构建的若干思考[J].苏州大学学报(教育科学版),2019,7(2);姜勇,李芳,庞丽娟,等.普惠性学前教育的内涵辨析与发展路径创新[J].学前教育研究,2019(11).

(二)构建新型普惠性学前教育体系的学理基础

1.混合经济理论为构建新型普惠性学前教育体系提供了借鉴与启示

各级政府应当如何有效"坚持公办民办并举",引领民办园举办者提供公益普惠的学前教育服务,混合经济理论为政府激励更多的社会资本投入普惠性幼儿园的固定设施建设提供了重要启示。

20世纪40年代后,汉森(Hansen,A.)等西方学者率先提出混合经济的思想。汉森认为,这种"混合经济"具有双重意义,即生产领域的"公私混合经济"(国有企业与私人企业并存)和收入与消费方面的"公私混合经济"(公共卫生、社会安全和福利开支与私人收入和消费的并存)。其弟子萨缪尔森(Samuelson,P.A.)指出,"混合经济"就是国家机构和私人机构共同对经济实行控制,但是国家对经济的调节和控制更为重要,从而进一步明确了在混合经济中市场和政府的关系。他认为,在混合经济中,政府的职能主要表现在三个方面:一是通过促进竞争,控制环境污染等外部性问题以及提供公共产品等方式来提高经济运行的效率;二是通过税收和预算支出等手段对各种财政收入进行再分配,增进社会公平;三是通过财政政策和货币政策等手段来调整和维系宏观经济的稳定运行和增长,熨平经济波动。[①] 2008年,萨缪尔森对中国经济的发展中肯建言:"中国将来适宜以适度中间路线经济作为自己的发展目标。纯粹的资本主义不可能实现自我监管,它始终会造成不平等的加剧和宏观经济的不稳定。中间路线要求对市场和企业进行民主监管。虽然理想监管永远无法做到完美,但它是一个优于其他的目标。"[②]

近些年,混合经济的理念不仅对我国深化国有企业改革产生了重要影响,而且不断进入公共服务领域。政府和社会资本合作(public-private partnerships,以下简称"PPP模式")为学界和政府部门高度重视。国家相继出台了多个重要文件,加大力度推动PPP模式进入社会领域,对公共服务项目进行深入改革。这种模式之所以受到各个方面的青睐,是因为在这种模式中,"公共部门和私人部门都承担着重要的角色。因此,一个较民营化更少引起争议的词——公私伙伴关系——正在普遍被接受。公私伙伴关系可以界定为政府和私人部门间的多样化安排"[③]。

---

① 李慧敏.读懂萨缪尔森[M].北京:经济日报出版社,2012:53,177.
② 李慧敏.读懂萨缪尔森[M].北京:经济日报出版社,2012:53,177.
③ 萨瓦斯.民营化与公私部门的伙伴关系[M].周志忍,译.北京:中国人民大学出版社,2017:8.

从本质上看,混合经济和PPP模式是一种协同使用市场调节和政府计划指导两种社会治理工具的制度安排,它既能较好地利用私人资本追寻利益最大化,自动满足市场短缺的特性,又能较好发挥信息权威发布、统筹规划、许可管制以及政策优惠、预警、监管等政府功能,有效规避市场波动和市场失灵的风险,较好地兼顾了公平和效率以及微观动力激励与宏观规划调控的关系。这种混合使用、协同发挥不同体制机制各自优长的改革方式,对解决当前我国民办普惠性幼儿园发展困境,理顺普惠性学前教育体系中各类幼儿园的关系具有重要的启发意义。

2.我国法律为构建新型普惠性学前教育体系提供了法理依据

究竟由谁来建设、运营和管理新型普惠性学前教育体系,我国相关法律有两方面的规定。

一方面,国家特别是各级人民政府应当承担起发展学前教育的法律责任。《中华人民共和国宪法》(以下简称《宪法》)第十九条规定:"国家发展社会主义的教育事业,提高全国人民的科学文化水平。国家举办各种学校,普及初等义务教育,发展中等教育、职业教育和高等教育,并且发展学前教育。"《中华人民共和国教育法》(以下简称《教育法》)第十八条规定:"国家制定学前教育标准,加快普及学前教育,构建覆盖城乡,特别是农村的学前教育公共服务体系。各级人民政府应当采取措施,为适龄儿童接受学前教育提供条件和支持。"

另一方面,国家鼓励各种社会力量举办学前教育。《宪法》第十九条同时规定:"国家鼓励集体经济组织、国家企业事业组织和其他社会力量依照法律规定举办各种教育事业。"《教育法》第二十六条规定:"国家鼓励企业事业组织、社会团体、其他社会组织及公民个人依法举办学校及其他教育机构。"

国家法律的上述两方面规定为我国今后相当长一段时间内构建和发展新型普惠性学前教育体系奠定了重要的法理基础。它强调政府在发展学前教育方面的主体法律责任和主导作用,同时又在建设路径和发展策略方面给予政府和社会较大的选择空间。即政府可以创建一种或几种其财力可以持久承受,能更好调动企业事业组织、社会团体、其他社会组织及公民个人共同参与的新型学前教育体系。

为落实这些法律规定,深入推进公共服务供给侧结构性改革,2019年,我国18个部门联合制定了《加大力度推动社会领域公共服务补短板强弱项提质量 促进形成强大国内市场的行动方案》(以下简称《行动方案》),明确指出"普惠性学前教育"不同于"义务教育",属于"非基本公共服务"范畴,在这个范畴中,"鼓励地方政府依法合规采取政府和社会资本合作(PPP)等方式,吸引更多社会力量参与建设、运营和服务"。这就从普惠性学前教育的公共服务属性和具体融资渠道两方面为建设各方积极投资建设、政府统一资助管理的新型普惠性幼儿园体系在操作层面提供了具体指引。

(三)新型普惠性学前教育体系的特性

1.突出教育公益性

公益性是新型普惠性学前教育体系不可或缺的基本属性。外部性和共享普惠性是判断一个事物是否具有公益属性的重要标志。外部性是一个事物能否成为公益事物的内在依据,而共享普惠性则是该事物公益性的外在表现。

首先,普惠性学前教育体系的公益属性来源于学前教育本身所具有的强烈的外部效应,即接受学前教育不仅仅对于儿童个人及其家庭具有良好效益和重要价值,而且对于他人特别是社会和国家的发展具有良好的溢出效益和鲜明的基础性、长远性价值。也就是说,一个人能否接受良好的学前教育不仅仅关系到个人的发展,而且关系到其他公民特别是社会和国家的持续发展和未来的国际竞争力水平。[①] 从这个意义上看,学前教育是支撑国家持续性发展不可或缺的基础性构成要素。鲜明的外部性是政府投资学前教育并对适龄儿童的入园率做出发展规划要求的重要学理依据。正如《中共中央国务院关于学前教育深化改革规范发展的若干意见》(以下简称《若干意见》)所指出的,"学前教育是终身学习的开端,是国民教育体系的重要组成部分,是重要的社会公益事业"。

其次,政府一旦投资建设或出资运营管理新型普惠性幼儿园,共享普惠性就成为该类型幼儿园必须具有的基本属性,它是社会公正在学前教育中的具体体现。即政府使用公共财政经费兴办一项公益事业,必须保证所辖区域内全体公民具有平等享用的机会。公益性属性决定了普惠性幼儿园不同于营利性民办幼儿园的两个重要特征:一是由于政府给予了相应的投入或资助,因而普惠性幼儿园对个人的收费应当是相对低廉的,这构成了其能够普遍惠及百姓的财政基础。正因为如此,《中华人民共和国教育法》第二十六条规定:"以财政性经费、捐赠资产举办或者参与举办的学校及其他教育机构不得设立为营利性组织。"二是普惠性幼儿园应当均衡发展,其设施条件、运营成本、收费标准以及教育质量趋向一致,这构成了它可以均衡布局从而保证多数适龄儿

---

① 刘磊,毕钰.英国近20年学前教育政策中的家庭视角解析[J].学前教育研究,2017(6):3-12.

童能够就近入园的内在品质依据。

2.凸显教育公平性

构建新型普惠性学前教育体系需要打破公办、民办二元结构,凸显公平。我国的民办普惠性幼儿园是在原有普通民办幼儿园的基础上发展而来的,修订后的《中华人民共和国民办教育促进法》(以下简称《民办教育促进法》)虽然用两分法解决了民办幼儿园的性质划分问题,但是没有解决普惠性学前教育体系中,传统公办幼儿园与民办普惠性幼儿园在性质定位、条件装备、资金投入、人员编制、教师素质等方面的差异问题。

近些年的大量研究印证了这种差异的显著存在及其不良后果。民办幼儿园整体特点表现为散、乱、小、差,缺乏行业领导者和现代化幼儿教育机构;民办幼儿园总体质量水平远远落后于公办园。[①] 公办幼儿园与民办幼儿园面临着完全不同的竞争环境,类似20世纪90年代的经济双轨制,形成了学前教育的二元市场。[②] 公办幼儿园和民办普惠性幼儿园的质量差异显著。[③] 政府增加对公办幼儿园的投入更加倾向于推进公办幼儿园示范园的建设,没有体现普惠性,却普遍呈现低效率与不公平性。[④]

从民办普惠性幼儿园与公办幼儿园在国家公共服务体系中的定位特征看,其本质属性是一致的,依据《行动方案》,两者均属于国家所规定的非基本公共服务项目中城乡普惠性学前教育资源的重要组成部分。但令人遗憾的是,近些年来,两者的境遇仍然极为不同。多数地区普惠性民办园的财政扶持标准明显低于公办园。[⑤] 2018年,河南省公办园年生均补助标准为3000~5000元,普惠性民办园年生均补助标准最低为200元。[⑥] 2018年,贵州省出台的《关于建立公办幼儿园生均公用经费财政拨款制度的指导意见》提出:"在

---

① 洪秀敏,朱文婷,钟秉林.不同办园体制普惠性幼儿园教育质量的差异比较:兼论学前教育资源配置质量效益[J].中国教育学刊,2019(8):39-44.

② 陈欢,王小英.普惠性民办幼儿园的困境与出路:基于经济学的视角[J].陕西学前师范学院学报,2018,34(2):103-108.

③ 罗妹,李克建.基于全国428个班级样本的学前教育质量城乡差距透视[J].学前教育研究,2017(6);李静,李锦,王伟.普惠性民办幼儿园教育质量评估与提升策略:基于对C市15所幼儿园的调查数据分析[J].学前教育研究,2019(12).

④ 王娅,宋映泉."幼有所育"中政府普惠性投入的必然性:来自六省县级面板数据的历史证据[J].学前教育研究,2019(6):14-24.

⑤ 杨卫安,袁媛,岳丹丹.普惠性民办幼儿园财政补助的问题与改进:基于全国部分地区补助标准的考察[J].教育与经济,2020,36(3):50-57.

⑥ 张竞昳.普惠性民办幼儿园可享财政奖补[N].郑州晚报,2017-12-06.

足额落实省定生均公用经费最低标准的基础上,各地可视财力情况按公办幼儿园生均公用经费拨款标准的一定比例,逐步将拨款制度延伸至普惠性民办幼儿园。"深圳市的情况也大致相同。

这说明,按照现有的政策,即使同在普惠性学前教育体系中,仍会长期存在设施条件、资助水平、教师队伍及办园质量差异显著的公办、民办两类幼儿园。有学者指出,当公办园在园幼儿占比达到50%后,如果不能弥补公办园和民办普惠园之间的财政资助差距,则子女无法上公办园的家庭的福利损失会非常大,它增加了社会成员之间的矛盾,也误导了社会情感。[①]

公办园和民办普惠性幼儿园的二元结构严重阻滞普惠性学前教育公平属性的有效实现。因此,构建新型普惠性学前教育需要把解决现有普惠性学前教育体系中公办幼儿园和民办普惠性幼儿园质量差异过大的问题作为改革的重点。通过将公办幼儿园和当前的民办普惠性幼儿园统一转制为新型普惠性幼儿园,设置专门的管理机构,按照统一的设置条件和财政资助标准进行扶持和监管的改革举措,打破公办园和民办园的二元结构,从而在体制机制改革方面为建设真正公正、平等、有质量的学前教育公共服务体系打下坚实的制度基础。

3.实现来源多样性

新型普惠性学前教育体系是在现有的幼儿园基础上改造形成的。其主要来源于四个方面:第一类,政府出资直接举办的幼儿园,主要有教育部门举办的、各级政府机关举办的幼儿园。第二类,公有单位出资举办的幼儿园,主要有事业单位举办的、国有企业举办的幼儿园。第三类,集体组织举办的幼儿园,主要有集体企业举办的、社会团体举办的、居委会或村委会举办的幼儿园。第四类,公民个人举办的幼儿园。

对于第一、第二类幼儿园应当直接划转为新型普惠性幼儿园;对于第三、第四类幼儿园应当通过各类优惠政策使之倾向于主动选择成为新型普惠性幼儿园。与以往的类别划分不同的是,一旦划归完成,这些幼儿园统称为政府统一出资运营管理的"新型普惠性幼儿园"。

通过划拨、回购、建设成本补偿奖励等方式对上述幼儿园进行资产分类核准处置后,归口管理的新型普惠性幼儿园一律按照统一标准由政府出资扶持其健康运营并在教育行政部门设立专门机构进行统筹管理。具体的管理方

---

① 曾晓东,刘莉.学前教育投入公办、民办"双轨制"及其可能的演进结果[J].教育经济评论,2019,4(3):87-97.

式,各地根据实际自主选择,如直接管理或以购买服务的方式由专门管理集团进行管理。

改造后可将社会中所有的幼儿园划分为三类,第一类统称为新型普惠性幼儿园,包含由政府或其他公有单位投资建设的幼儿园和由公民个人或集体组织投资建设的普惠性幼儿园;第二类为不提供普惠性学前教育服务的民办非营利幼儿园;第三类为民办营利性幼儿园。依据修订后的《民办教育促进法》,普惠性幼儿园均为"非营利"属性。这种分类可以大大提升转制后的民办普惠性幼儿园的地位和社会声誉。

4.体现政策创新性

新型普惠性学前教育体系通过将传统的公办幼儿园与民办普惠性幼儿园统一改造归类为新型普惠性幼儿园的方式,从体制机制上解决了传统的公办幼儿园与民办普惠性幼儿园质量差异过大问题。因此,应当把构建新型普惠性学前教育体系提高到减小社会贫富差距、促进不同境遇家庭儿童共同发展的高度来认识,这也是新型普惠性学前教育体系与现有普惠性学前教育体系的最大区别。这种统一归类的方式为落实党中央提出的"推进学前教育普及普惠安全优质发展,满足人民群众对幼有所育的美好期盼"[①]的总要求,提供了新的政策取向和运作思路。

构建新型普惠性学前教育体系为落实"公办民办并举,加大公共财政投入,着力扩大普惠性学前教育资源供给"[②]提供了一种新型的办园形态。这种办园形态较好地兼顾政府、举办者和家庭各方的利益,充分激发各方投入学前教育的积极性,并为各方财政投入预留了较大的协商空间。这为破解长期困扰我国学前教育发展的财政困境提供了有效进路和政策上的支持。

新型普惠性学前教育体系较好地处理了政府统筹规划管理和发挥办园主体积极性的关系,使传统的公办幼儿园与民办普惠性幼儿园真正成为平等竞争的办园主体,从而为增加幼儿园办园自主权,激发办园的活力和效率,在政策方面提供了重要保障。正如萨瓦斯所描绘的那样:"在管理者参与的竞争中,公共部门雇员被迫与私人签约者竞争。政府企业被投入到市场环境中。"[③]

---

① 中共中央国务院关于学前教育深化改革规范发展的若干意见[EB/OL].[2022-02-09].
  http://www.gov.cn/zhengce/2018-11/15/content_5340776.htm.
② 中共中央国务院关于学前教育深化改革规范发展的若干意见[EB/OL].[2022-02-09].
  http://www.gov.cn/zhengce/2018-11/15/content_5340776.htm.
③ 萨瓦斯.民营化与公私部门的伙伴关系[M].周志忍,译.北京:中国人民大学出版社,
  2017:5.

(四)构建新型普惠性学前教育体系的实施策略

建成新型的普惠性学前教育体系是一项复杂的系统工程,需要正视问题,统筹协作。

1.正视构建新型普惠性学前教育体系面临的主要问题

在建设统一的普惠性学前教育体系的过程中,如何统筹兼顾已有不同类型办园主体在办园角色和办园目标方面的差异是对改革者的巨大挑战。

目前我国主要有四种类型的幼儿园。这些不同类型的幼儿园在长期运营和发展过程中已经形成了不同的办园角色和办园目标。例如,政府办的幼儿园由于条件优越,发展历史悠久,多数已经成为一定区域内具有引领作用的示范型幼儿园。国有企业、事业单位举办幼儿园的初衷是解除本单位职工照顾孩子的后顾之忧。由于具有职工福利的性质,因而这类幼儿园通常不受经费短缺的困扰。集体企业、社会团体、居委会或村委会举办的幼儿园,由于财政来源有限,保证收支平衡是这类幼儿园维系运营的底线标准。若收支难以平衡,降低办园条件和教育质量标准通常就成为他们在更低层次上实现收支平衡的主要方式。公民个人举办幼儿园的目标比较复杂,确有一些举办者基于高度的社会责任感,不求经济回报,捐资兴办幼儿园。但绝大多数民办园举办者期待获取较高的综合回报。[1] 同时,如何按照一体化的解决方案将已经获得发展优势的公办幼儿园顺利纳入统一的新型普惠性幼儿园体系也会面临一些阻力。

由于情况十分复杂,在现有法律和政策框架下,尚未找到各方均可接受的较为科学合理并具有鲜明可操作性的成本计算方式和前期投入奖补办法。其中的主要难点有两个:第一,出台哪些优惠政策引导更多的民办园转制成由政府统一资助管理的普惠幼儿园;第二,如何对投资建设主体不同、设施水平不同的幼儿园进行补偿和奖励。因此,研究出台过渡性政策和解决相关问题的预案应当成为新型普惠性幼儿园一体化改革的重要组成部分,需要政府有坚定的改革决心和推动协作的行动智慧。

2.探索有针对性的政策策略

第一,基本保证各类主体办园目标的达成,以推动各方顺利转制为统一的新型普惠性幼儿园。

应当看到,现存的不同性质和类型的幼儿园是在长期发展过程中逐渐形

---

① 刘磊,谷忠玉,孙海萍.什么因素影响着学前教育毛入园率:基于对全国31省市三期学前教育三年行动计划中毛入园率的审视与思考[J].教育发展研究,2020,40(12):31-37.

成的,其办园目标都有一定的合理性,应当予以尊重。建设新型普惠性幼儿园体系需要在保障其合理目标实现的前提下,创新性地达成更多、更合理的学前教育目标。

对于现有的具有引领作用的政府举办的示范型幼儿园,要引导它们不再依赖以往的制度、政策和办园条件优势,而是逐渐习惯于在相似的制度、政策环境和硬件条件下,依赖不断创新的先进管理模式和符合时代发展的教育方式继续引领新型普惠性幼儿园的发展。

对事业单位、国有企业举办的幼儿园,应当制定相应的政策继续保障其职工子女入园的优先权,并鼓励他们继续对幼儿园适度投入。

对于集体企业、社会团体、居委会或村委会举办的幼儿园,要充分肯定其在解决区域性"入园难""入园贵"方面所做出的重要贡献,根据布局的实际需要,尽可能采取回购的方式将其统筹纳入新型普惠性幼儿园布局体系。

对于公民个人举办的幼儿园,须在现有的法律和政策框架下,采取社会各方都能接受的奖补方式和包括"减免租金、派驻公办教师、培训教师、教研指导等"①在内的各种支持政策,引导其中的大多数幼儿园转制为政府统一资助管理的新型普惠性幼儿园。对此,政策制定应注重两个方面。一方面,按照相关法律和政府已有文件的规定,在操作层面上落实各项优惠政策和综合奖补办法。笔者通过一些调查发现,民办幼儿园举办者对经济回报实际上有个心理容纳区间,低者认为其建设资金回报率不能低于银行存款三年期利息,高者认为建设资金回报率不能低于当地工商企业现年平均利润率。因此,必须创建一种新的综合奖补机制和计算标准,保障选择新型普惠性幼儿园的个人投资者获得稳定合理的补偿和奖励。另一方面,采取强有力措施消解个人举办者在选择幼儿园类型方面的各种"小算盘",提前遏制其各种违规违法的侥幸心理和谋求暴利的追求。一是限制营利性民办幼儿园获得超额利润,从而为大多数民办幼儿园转制为新型普惠性幼儿园提供选择依据。应当说,《若干意见》中所制定的遏制营利性幼儿园过度逐利行为的措施是有远见的,如"民办园一律不准单独或作为一部分资产打包上市,上市公司不得通过股票市场融资投资营利性幼儿园,不得通过发行股份或支付现金等方式购买营利性幼儿园资产"。二是要预先制定并公布一系列监管和审计办法,严格约束少数民办园举办者在选择高收费非营利幼儿园后,利用制度设计和监管方面的漏洞,违

---

① 中共中央国务院关于学前教育深化改革规范发展的若干意见[EB/OL].[2022-02-09].
http://www.gov.cn/zhengce/2018-11/15/content_5340776.htm.

规套取免税后形成的丰厚利润。

第二，区分固定设施建设成本和日常运营成本，为形成科学合理的成本分担和奖补机制打下良好的基础。

新型普惠性学前教育体系有两个不能缺失的基本追求：一是为了保证教育公平，所有新型普惠性幼儿园的设施条件和运营成本应当是大致相同的，只有这样才有可能为民众提供同价同质的普惠性学前教育服务；二是为了吸引更多的民间资本投资普惠性幼儿园，应当给予投资者以多种形式的奖励和补偿。这就需要创建一种新的分类计算方式和奖补机制。

其一是分类评估固定设施建设成本。固定设施建设成本指的是，为达到幼儿园设置标准所付出房屋场地、基本教学和生活设施、环境配套建设以及购置土地所付出的资金支出。为保障幼儿园的正常运行，租用房屋场地和设施的费用建议纳入固定设施建设成本并由政府来承担，否则会加大这类幼儿园儿童家庭分担的比例。

其二是在区域内统一核定日常运营成本。这一措施的目的是首先从政府财政上保障普惠性幼儿园的教育质量大致相当，从根本上转变现有的民办普惠性幼儿园的日常运营成本和教育质量明显低于公办幼儿园的局面。笔者注意到，从 2019 年开始，北京等地已经开始给予公办幼儿园和民办普惠性幼儿园同等额度的补贴，这一做法可以视为向建设新型普惠性学前教育体系迈出了重要一步。日常运营成本核算的原则有两个方面。第一方面，总费用应当能够保证新型普惠性幼儿园按照国家的质量标准顺利完成教育与保育任务。第二方面，运营成本由政府投入和家庭缴纳的保教费共同负担。政府和家庭各自承担的比例，可以视各地的财政情况由相关各方协商确定，但政府承担的部分不应低于 51%，以保证政府在普惠性学前教育中的主体责任和主导作用。考虑到近些年与同属于非义务教育的普通高校和普通高中相比，学前教育阶段家庭分担的比例更高的情况，[①]政府承担的比例应逐年提高。按照相关的国家法律要求，日常运营成本严格用于幼儿园本身，结余部分可以沉淀到下一年使用，但不能挪作他用。

需要特别指出的是，政府对所有新型普惠性幼儿园按照统一标准资助后，会大大减轻国有企业、事业单位举办的幼儿园的财政负担，这符合中央所确定的企业集中精力做好主营业务，政府做好服务工作的总体改革思路。

---

① 刘焱,郑孝玲.关于普惠性学前教育公共服务属性定位的探讨[J].教育研究,2020,41(1):4-15.

第三，分类统筹处置固定建设成本的前期投入，形成对民间资本有吸引力的奖补机制。

对于政府、国有企事业单位建设的幼儿园，因其建设资金来源的公有属性，参照之前所实施的国有企业所办中小学无偿划归地方政府以及中央规定的部队处置幼儿园的办法，不再考虑给予其固定建设成本奖补，其幼儿园的所有权应当无偿转让给当地政府，并由当地政府统一运营管理。

对于集体建设的幼儿园和现有的非营利民办普惠性幼儿园可以安排两种解决方案。

第一种方案，政府回购。政府严格遵循审计、评估等法定程序，按照双方均可接受的价格将幼儿园收归国有。如果政府资金不足，可优先回购集体组织建设的幼儿园并按照逐年有序收购的办法实施。

第二种方案，由政府每年按照幼儿园当年的固定设施建设成本总额度（经过严格审计和评估）减掉折旧费后的额度，按照当地工商企业现年的平均利润率，给予举办者主要是个人投资者综合补贴。这一措施的目的是通过稳定的经费奖补，使政府能用较少的资金吸引较多的社会资本投资普惠性幼儿园的固定设施建设。这一扶持方式符合新修订的《民办教育促进法》所规定的"政府补贴、基金奖励"以及《若干意见》中规定的"综合奖补"的基本原则。

第四，创建日常运营成本分担协商机制和推动转制的过渡性安排机制。

《若干意见》明确指出，健全学前教育成本分担机制。各地要从实际出发，科学核定办园成本，以提供普惠性服务为衡量标准，统筹制定财政补助和收费政策，合理确定分担比例。

在新型普惠性学前教育体系中，对于政府和家庭各自应承担的运营成本的比例问题，可成立由各相关方面组成的协商组织，在广泛征求各方意见的基础上，按照既定的基本原则和协商程序解决。在协商过程中要充分尊重幼儿家庭作为运营成本负担方之一的主体地位；协商解决之后应当制定相应的制度，安排幼儿家长的代表参与幼儿园的有关决策和管理。

对于政府、国有企事业单位所属幼儿园转制为新型普惠性幼儿园所面临的衔接问题，要研究解决预案，做好各种过渡性安排。比如，对于转制期间政府可能面临的财政压力问题，可采用原举办单位逐年减少投入的方式来解决；对于人员编制的性质问题，可按照老人老办法、新人新办法的方式来解决；对原先不同类型幼儿园教师素质差异较大问题，可以采取统一归类后人员交流和差异化培训等方式来解决。

二、千方百计解决深圳学前教育当下面临的突出问题

(一)加快推进学前教育学区化现代化治理

作为普惠性学前教育供给体系主体的公办园,它具有兜底线、促公平、平抑幼儿园收费、引领办园方向、提高保教质量等重要作用。然而,其面临的困惑与质疑却是不可回避的客观存在,推动其可持续发展必须完善相应的保障措施。

首先,抓紧推进学前教育学区建设,实现学前教育学区化治理全覆盖,构建起学前教育现代化治理体系。通过依托学前教育学区,带动学区内公办园、普惠性民办园、非普惠性民办园进行教研科研、资源共享、推广先进办学经验等,促进学区内幼儿园全面提高办园水平。

其次,积极发挥粤港澳大湾区核心城市作用,吸引境外甚至是国外的优质学前教育集团来深圳举办分园,成立国际化、现代化学前教育学区。由新集团担任部分管理经验聚集、人才培养孵化、课程资源输出等任务,充分发挥优质学前教育资源的辐射引领作用,扩大优质资源的覆盖面和受益面,满足大湾区人民群众"好上学""上好学"的需求。

最后,区教育行政部门负责统筹管理学前教育学区化治理工作,区教育科学研究院需为每一个学区足额配备一位专职学前教研员,一对一对接学区中心园的教研员,组织开展以学区为平台的各类教育教学科研和培训活动,为责任学区的发展提供专业指导。专职教研员由区委组织部(编办)给予专项编制的支持,便于其在区学前科的领导下统筹协调学区的各项工作,同时负责对各学区工作的具体落实情况履行指导、监督及考核等岗位职责。应当逐步实现幼儿园管理、教育与中小学"脱钩",加大帮扶薄弱园的力度,缩小园际差距,实现公办、民办幼儿园优质均衡发展,从而为构建在全国具有先行示范作用、能促进学前教育高质量持续发展的新型普惠性学前教育体系做好各种前期准备。

(二)全方位监管和扶持民办园高质量发展

为确保政策的顺利落地,不断推进普惠性民办园的优质发展,有必要通过构建全方位监管体系和加大对民办园扶持力度的方式,促进民办园与公办园的均衡发展。

首先,进一步明确普惠性民办园向社会提供公益性、普惠性服务的定位,建立并健全规范办园的相关制度,在依法依规科学管理、不断改善办园条件、切实保障教职工福利待遇等方面对普惠性民办园提出具体要求和监管措施。

《若干意见》中提出："民办园要参照当地公办园教师工资收入水平,合理确定相应教师的工资收入。"因此,可结合《深圳市公办幼儿园教职工过渡期薪酬参照基准》,合理测算出民办园教职工薪酬水平,同时严格按照实际工资而非最低工资标准缴纳社保和住房公积金,其中住房公积金缴存比例参照公办园标准执行等。

其次,有研究表明,政府财政补贴对普惠性民办园的教育质量有显著的正向预测作用。[1] 为此,有必要在现有的基础上进一步加大对普惠性民办园的财政支持力度。2021年,深圳市对《深圳市普惠性幼儿园管理办法》进行了修订,提议将普惠性民办园的奖励性补助最低标准调整为生均6000元,相较于原来的每班每年4万元有了较大幅度的提高。现在看来,有必要参照公办幼儿园的财政支持标准,进一步加大补助力度。

最后,除了提高相应的支持力度之外,还应制定对政府奖补经费使用情况监管的相关条款,明确其使用范围,同时将其列为专项督导检查的重点内容,确保这笔资金用在幼儿园的教育教学方面,而不是变相流入举办者个人腰包中。要灵活运用暗访、飞行检查、举报核查等措施进行检查,对违规使用经费和不配合监督、检查、审计的园所予以通报批评并责令限期整改,整改不到位的取消普惠园资格,并追究举办者的法律责任。

（三）精准施策让幼儿园教师安居乐学善教

百年大计,教育为本;教育大计,教师为本。幼儿园教师的频繁外流不仅容易引发在岗教师流动的"滚雪球效应",还有可能对儿童的身心发展造成负面影响。[2][3][4] 为此,有必要从涨薪、减负和增量等方面入手,切实增强幼儿园教师的城市归属感,既要"引得来",还要"留得住""干得好"。

首先,应大力提高幼儿园教师待遇。市政府可以考虑参照相似性和可比性最高的小学教师当年的人均年收入（如2019年深圳市小学教师人均年收入

① 刘焱,郑孝玲,宋丽芹.财政补贴对普惠性民办幼儿园教育质量的影响路径[J].教育研究,2021,42(4):25-36.

② WHITEBOOK M,SAKAI L.Turnover begets turnover:an examination of job and occupational instability among child care center staff[J].Early childhood research quarterly,2003,18(3):273-293.

③ WHITEBOOK M,HOWES C,PHILLIPS D,et al.Who cares? Childcare teachers and the quality of care in America[J].Young children,1989,45(1):41-45.

④ HALE-JINKS C,KNOPF H.Tackling teacher turnover in child care:understanding causes and consequences,identifying solutions[J].Childhood education,2006,82(4):219-226.

为 209241 元)来明确幼儿园教师的平均薪酬。同时,通过设立幼儿园教师专项招聘计划吸引更多乐教适教善教的本科及以上学历人才来深从事幼儿园教师职业,并专门研究制定针对性的人才安居政策,在租房和生活补贴以及房源保障、租金优惠等方面予以适当倾斜。

其次,市教育局可以从源头上为幼儿园减负松绑,让年轻教师在专注于自身教育教学工作的同时也能兼顾好个人生活。如尽可能优化精简各种形式的检查评估工作和重复低效的文字堆砌工作,将教师从无意义的材料润色和无休止的环境创设中彻底解放出来,真正提升其专业发展动力和效率。

再次,团市委或市妇联可发起并实施年轻女幼师关爱计划,通过定期开展交友联谊活动,妥善解决广大外地来深年轻幼儿园教师的个人情感问题,免除其后顾之忧。

最后,可挖潜增量,加强本地的学前教育师资职前培养。如想方设法扩大市内各高校的学前教育专业大专、本科及研究生层次招生规模,建立并完善幼儿园教师学历提升通道。同时,市政府也可以研究制定相关政策,支持和鼓励各区采取委托或定向培养的方式,与国内一流高校联合培养高素质学前教育专业人才。

在本章结束之前,笔者简明概括三地学前教育发展和改革的要点:

深圳的学前教育的改革和发展可分两步走,第一步,在现有的管理体制下,解决目前学前教育的突出问题。特别是要借鉴香港的经验,采取有力措施,重点解决 0 至 3 岁儿童入园难的问题。第二步,在管理体制和运行机制方面大刀阔斧地进行根本性的改革,构建政府统一资助管理的新型普惠性学前教育体系,引领粤港澳大湾区乃至全国的学前教育步入新的发展阶段。

香港的学前教育重点要解决好当前学前教育面临的突出问题。一是各个有关方面特别是香港特区政府要把学前教育作为基础教育的重要组成部分,继续加大投入,出台相应的管理政策,保证幼儿园教师工资水平具有较高的职业吸引力,从而稳定好教师队伍。二是要统筹兼顾举办方、家庭和教师各方面的利益,出台有力的管理措施控制住杂费不断攀升的趋势,减轻家庭的负担。三是要改革评估标准和方法,兼顾各个方面的诉求,不断提高评估的科学化水平,使之具有明确的指导性和可行性。

澳门的学前教育改革和发展要在两个方面发力。一是要通过提升教师基础学历水平和建立定期培训机制等方式不断提高教师队伍的专业化发展水平。二是要积极纠正幼儿园教育偏小学化倾向。一方面要积极推进独立建制的幼儿园的发展,改变多数幼儿园依附小学的局面;另一方面,要在小学管理层面上加大幼儿园管理者的比例,以保证幼儿园在学校领导决策环节中有充分的话语权,目的是促进学校的相关决策符合学前教育运行和发展的客观规律。

另外三地合作的空间巨大,可从三个方面进行深度挖掘:

一是发挥各地的优势,在培训课程、实习基地建设等诸多方面进行整体设计与实施,推进师资队伍的联合培养。

二是建立稳定可行的相互交流机制,进一步提高三地在办学理念、教学方式改革等诸多方面相互借鉴的层次和水平。

三是强化三地的联合研究,充分调动三地高校、研究机构、教育行政管理部门和幼儿园参与研究的积极性,针对三地学前教育共同面临的突出问题进行联合攻关,从而提出有充分科学依据、可行性强的高水平解决方案。

第二章
粤港澳大湾区基础教育课程改革

第一节 深圳市新世纪以来基础教育课程改革

世纪之交,世界范围内进行了面向新世纪的课程改革浪潮,不同课程思潮相互激荡,不同国家相互借鉴,为丰富各国的课程改革思想与实践提供了广阔的视野。中国内地、香港、澳门先后启动了全面系统的基础教育课程改革。深圳市作为国家基础教育课程改革实验区所在的城市,在课程改革方面具有一定的典型性,本节将对深圳市基础教育课程改革的历程与经验、目前关注的重点内容,以及未来需要重点关注的议题进行讨论分析。

一、深圳市新世纪以来基础教育课程改革历程与经验

(一)历程

课程与教学是学校教育的核心,是落实立德树人根本任务,实施素质教育的主要途径。新世纪以来我国基础教育课程进行了三次重要的改革,一是2001年开启的全国第八次课程改革,二是2011年义务教育课程标准修订和2017年普通高中课程方案和课程标准修订,三是2022年新的义务教育课程方案和课程标准颁布。在国家基础教育课程改革背景下,深圳市经历着同步的课程改革。

1.2001年新课程改革

在课程改革全球化浪潮推动下,[①]我国于2001年6月印发《基础教育课

---

① 尹弘飚.全球化时代的中国课程改革[J].高等教育研究,2011,32(3):69-75.

程改革纲要(试行)》,开启了我国新世纪基础教育课程改革的序幕,这是一次被期许为概念重建、结构再造和文化重生的规模宏大且深入彻底的课程改革。教育部在全国设立了 38 个义务教育课程改革实验区,深圳市南山区是广东省唯一的国家级课程改革实验区,2002 年和 2003 年深圳市的福田区、罗湖区和盐田区,以及宝安区和龙岗区先后被确立为省级基础教育课程改革实验区。深圳市涌现出了较多的课程改革典型。比如深圳市育才中学,2004年入学的经过初中课程改革的首批高中生思维活跃,知识面广,创新意识浓,合作意识强,体现出初中课程改革的显著成果。学校通过扎实系统的课改实验,取得了较好的成果。课改引发了学校管理的深刻变革:教学管理适应了课程结构的变化,教学行为发生了变化,评价方式发生了变化,教师对新课程理念高度认同,教师的合作意识有所增强,教师的科研能力有所提高,教学环节得到优化,学生的整体素质有所提升。不过,也存在一些问题,如体制和机制的创新问题,课改与高考的对接问题,教师培训的实效问题。① 在全国基础教育课程改革的深入实施阶段,南山区作为国家级首批课程改革实验区,课程改革百花齐放,涌现出了许多改革创新的典型学校。深圳市南山区对新课程前期实施的情况进行了全面调研,直面新一轮基础教育课程改革的实践困惑,比较深入、系统地探讨了新课程创新的精神实质、观念与行为存在距离的原因、综合课程存在的问题、新课程实践中教研的对策以及新课程评价改革的出路等问题。②

2.2011 年义务教育课标修订和 2017 年普通高中课程方案与课标修订

在总结前十年义务教育课程改革经验基础上,根据《国家中长期教育改革发展规划纲要(2010—2020)》中贯彻以能力为重、加强中华民族优秀传统文化等育人要求,2011 年 12 月教育部印发了义务教育语文等学科的 19 个课程标准(2011 年版),标志着我国新世纪义务教育课程改革进入新的阶段。此次义务教育课程标准修订,解决 2001 年版课标中学科容量过多、难度偏大,有些学科具体内容体现循序渐进的梯度不够,相关学科、学段间的衔接有待加强等问题。③ 新修订的普通高中课程方案在培养目标上进一步提升学生综合素质,

---

① 叶延武.高中课程改革:实验、问题与对策:基于一所样本学校的案例研究[J].课程·教材·教法,2006(4):3-9.

② 深圳市南山区课程改革调研组.课程改革的理性反思[J].课程·教材·教法,2006(9):3-8.

③ 焦新.建立更加符合时代要求的基础教育课程体系:教育部基础教育课程教材专家工作委员会就印发义务教育课程标准(2011 年版)答记者问[N].中国教育报,2012-02-08(2).

着力发展核心素养,使学生具有理想信念和社会责任感,具有科学文化素养和终身学习能力,具有自主发展能力和沟通合作能力。^①此次普通高中课程方案和课程标准修订的重要特点就是突出课程的思想性,以核心素养为纲落实立德树人的根本任务,以及通过制定学业质量标准来细化培养目标,引领教材开发和课程教学评价。

2020年12月,深圳市制定印发了《普通高中新课程新教材实施国家级示范区建设工作三年规划(2020—2023年)》,建立了普通高中新课程新教材实施领导小组、专业指导委员会、工作小组和评估督导小组等组织机构和保障机制,遴选建设了10所示范校和28个学科示范基地,全面指导各普通高中根据实际情况制定落实课程建设方案,持续研制《深圳市普通高中新课程新教材学科教学指南》,全面推进课堂教学改革。充分加强高一、高二调研考试评价的导向作用,定期召开了示范区年度总结会,组织了10余场新课程新教材实施经验与成果交流活动。^②不少学校在课程实施中进行了卓有成效的探索。如明德学校基于核心素养建构了语文课程谱系:语文必修课程——以要素组合为路径的语文课堂模型建构;语文选修课程——以学科跨界为路径的语文课程模型建构;语文活动课程——以社会进入为路径的语文生态模型建构,以此实现提升学生语文能力和核心素养的目标。^③2018年国家基础教育教学成果奖中深圳市有六个成果获奖,体现了课程改革的部分成果:《用教育数学思想改革初中数学课程的研究与实践》《“教·学·评一体化”理科探究教学:教学范式的视角》《习本课堂:未来课堂教学的新理念和新方法》《深圳中小学课程形态变革研究》《提升中学历史教师教学设计实践能力的“五引”教研模式研究》《地方优秀文化融入国家课程校本转化研究》。不过,随着示范区建设由顶层谋划设计阶段步入全面深化改革阶段,建设工作中遭遇的困难与挑战越来越多、越来越复杂,突出表现为如下三个方面:一是新课程素养导向与招生考试评价衔接不足,二是学科教师新课程新教材实施能力仍需持续提高,三是示

---

① 教育部.普通高中课程方案:2017年版[M].北京:人民教育出版社,2018:3.
② 深圳市示范区.普通高中新课程新教材实施国家级示范区(校)建设年度总结(2020—2021学年)[EB/OL].[2022-05-01].http://szeb.sz.gov.cn/attachment/0/919/919634/9382585.pdf.
③ 程红兵.基于核心素养的语文课程改革:语文课程校本化实施的明德样本[J].课程·教材·教法,2018,38(1):12-19.

范区建设的辐射范围与示范力度有待加强。①

3.2022年义务教育课程方案和课程标准修订

新时代背景下为了全面贯彻党的教育方针,落实立德树人根本任务,2022年4月教育部印发了义务教育课程方案和课程标准(2022年版)。此次课程方案和课标修订强调扎根中国大地办教育,坚持德育为先,提升智育水平,加强体育美育,落实劳动教育,反映时代特点,强调课程的综合性与实践性,努力构建具有中国特色、世界水准的义务教育课程体系,聚焦中国学生发展核心素养,培养学生适应未来发展的正确价值观、必备品格和关键能力。②

(二)若干经验

过去二十年来的课程改革坚持了正确的改革方向,体现了先进的教育理念,为基础教育质量提高做出了积极贡献。但也出现了诸多不可小视的问题:缤纷的课改理念让教师无所适从,新课标打乱了学科课程的结构体系,教材的编写忽视了学科知识的逻辑顺序,改革使简单的教学变得越来越复杂,学校课改实践急功近利等。③ 总结过去,深圳市基础教育课程改革中的若干经验如下。

1.以开放创新进取的心态积极接纳课程改革

G.E.Hall与S.F.Loucks把课程实施从"无"到"有"分为八个层次:未使用、定向、准备、机械地使用、例行化、精致化、统整、更新。④ 未使用指使用者对课程改革缺乏了解,或者了解不多,并未准备参与课程改革。定向指使用者已经获取或正在获取课程改革资料,且已经探讨或正在探讨课程改革的价值取向及其对使用者的要求。准备指使用者正在为首次使用改革的课程做准备。显然,课程实施者的态度是决定课程改革是否真正实施的首要条件。深圳是一座充满改革开放精神的城市,敢闯敢试、开放包容、务实尚法、追求卓越是新时代的深圳精神。不论是市区的教育管理部门,还是学校和教师对于课程改革秉持积极主动的参与态度,形成了积极的课改氛围和文化。教育主管

① 深圳市示范区.普通高中新课程新教材实施国家级示范区(校)建设年度总结(2020—2021学年)[EB/OL].[2022-05-01].http://szeb.sz.gov.cn/attachment/0/919/919634/9382585.pdf.

② 教育部.义务教育课程方案:2022年版[M].北京:北京师范大学出版社,2022:13.

③ 朱立峰.我国基础教育课程改革问题反思(一)[J].中小学管理,2011(2):19-22.

④ HALL G E,LOUCKS S F.A developmental model for determining whether the treatment is actually implemented[J].American educational research journal,1977,14(3):263-276.

部门、教育教学科研部门的不少工作人员回忆起世纪初的课程改革都称之为一段激情燃烧的岁月。

2.重视区域层面的课程改革规划

影响课程实施的因素是多层面且复杂的,包括课程改革本身的因素,如需求、明确性、复杂性、质量、实用性;地方因素,如社区、学区、校长和教师;外部因素,如政府和其他部门。① 课程改革可以由学校和教师发起,但要在更大范围内进行并取得持续性的效果,就需要区域层面的强力支持,对于中国的教育管理环境来说就更是如此,来自上级部门的支持对于课程改革的成功是必不可少的基础性和关键性因素。深圳市在课程改革中注重管理机构和制度建设,如市区设立课改办专责机构,由市区教育局副局长任主任,南山区还成立课改领导小组,由副区长任组长,以便在更高层面和更大范围进行课程改革动员、筹集资源和信息交流等。市区两级出台了课程改革的实施方案、年度报告和评估总结,有力地推进了课程改革的实施。比如在 2022 年 4 月教育部颁布义务教育新课程方案和课程标准后,南山区于 5 月举办了主题为"基于核心素养的课程改革:价值重塑与路径再造"的论坛,邀请教育部义务教育课程改革专家组核心成员解读课改方案,并且发布了《南山区义务教育新课程改革创新行动计划(2022—2025 年)》,对区域层面的课程改革实施进行了顶层设计和具体方案的部署,对学校层面的课程方案设计进行了指导。该创新行动计划的出台,对于南山区义务教育课程改革的实施提供了重要的领导和保障。

3.重视学校和教师的首创精神

义务教育课程方案(2022 年版)强调学校依据省级义务教育课程实施办法,立足本校办学理念,分析资源条件,制订学校课程实施方案,注重整体规划,有效实施国家课程,规范开设地方课程,合理开发校本课程。② 课程实施有忠实取向和调适取向之分,有效的课程实施总是需要一定的调适和创造性转化,所以学校和教师在课程实施中的主体性、能动性就显得非常重要。来自学校的经验认为校本行动是推动高中课程改革的内驱力,校本行动是学校实现课程改革目标的重要途径和手段,是一种基于学校自身的主动创新和自主实践,它以自我管理、自主发展为核心,强调学校自发参与变革以及使变革灵活适应特定环境的能力建设。校本行动的主体是学校的管理者和教师,校本

---

① FULLAN M.教育变革的新意义:第四版[M]武云斐,译.上海:华东师范大学出版社, 2010:87.

② 教育部.义务教育课程方案:2022 年版[M].北京:北京师范大学出版社,2022:13.

培训是校本行动的切入点,校本教研是解决具体问题的主攻点,校本课程开发与管理是彰显学校特色的生长点,校本评价是学生发展的落脚点。校本行动的主要目的是创造性地提高实验高中新课程实施的水平和能力,促进教师的专业发展水平和学生素质的全面提高。① 深圳市在推行课程改革中,充分激发学校和教师的活力,比如市教科院组织实施的"好课程"建设项目带动了学校课程体系的建设。此外,重视市区校的教研科研课题开展,通过课题引领,也比较有效地促进学校课程建设和教师的课程实施。

二、当前课程改革的热点

(一)核心素养

在注重创新发展的后工业、信息化和知识经济社会,对未来人才处理复杂情境中问题能力的培养越加受重视。深圳是一座具有开放、创新精神的国际化都市,课程与教学中格外重视学生创新精神和实践能力的发展。核心素养的提出与受到重视是教育回应时代的产物,培养核心素养是 2017 年普通高中课程标准的主线,也是 2022 年版义务教育课程方案和课程标准修订的重要方向之一。比如深圳市 2017 至 2021 年教育科学规划立项课题中共有 171 项题目中含有"核心素养",2017 年有 27 项,2018 年有 56 项,2019 年有 16 项,2020 年有 32 项,2021 年有 40 项,年均 34 项。大部分项目聚焦于在具体学科中核心素养的培养,由此可见,深圳市中小学对于核心素养研究与实践的重视程度。随着 2022 年版的义务教育课程改革方案的颁布与实施,今后几年,核心素养会成为引领义务教育阶段课程与教学改革的核心概念,对其内涵以及教学中学科核心素养落实的实践探索与理论反思会持续深化。

(二)学校课程体系

在 2001 年的课程改革中提出实施国家课程、地方课程和校本课程三级课程管理体系,为我国基础教育课程多样化,为学校开发校本课程提供了制度保障,也激励了国家课程的校本化实施。深圳市中小学普遍重视学校课程体系建设,把课程体系建设作为有效落实国家课程、规范实施地方课程和合理开发校本课程的抓手。一方面是市级层级的大力推进,深圳市教育科学研究院组织实施中小学"好课程"项目,包括学校课程体系项目、精品课程项目和特色课

---

① 叶延武.校本行动:推进高中课程改革的内驱力:广东省深圳市育才中学提供的一个视角[J].课程·教材·教法,2007(6):24-30.

程项目,重点围绕学科、活动、探究和职业四大课程形态推进。每个实施周期为三年,目前已经实施了两个周期。给予项目较为充分的经费支持,如立项的20个学校课程体系优化项目每年支持 50 万元。通过"好课程"项目,推进了全市中小学重视学校课程体系建设的文化氛围,培育支持了一批学校课程体系建设的优质学校。

(三)研究性学习

研究性学习是一种把学生投入探究活动中的综合的教学取向。在研究性学习中,学生通过提问、辩论、预测、制订计划、收集与分析资料、形成结论、相互交流、提出新问题、创造成果来寻求问题的答案。[①] 是学生在教师指导下,从自然、社会和生活中选择和确定专题进行研究,并在研究过程中主动地获取知识、应用知识、解决问题的学习活动。[②] 研究性学习自 2001 年列入新课程改革必修课以来,作为一种新的学习方式被中小学逐渐接受。如今,PBL(project-based learning,problem-based learning)已经在深圳中小学蔚然成风,或作为某门课程中的学习方式,或作为独立的课程形态,或作为学科课程中的跨学科主题学习方式实施。深圳市教育科学研究院设立中小学"小课题"研究,带动小学、初中和高中学生的项目式学习。以项目学习为抓手,整体谋划区域推进策略和方案,构建项目学习区域特色课程体系,探索出了项目式学习的区域模式,认为转变学习方式是深化区域课程教学改革的重要途径,从整体上提升区域教学质量和水平。[③] 很多学校以研究性学习促进跨学科课程整合。[④]

(四)STEM 教育

STEM 教育在帮助学生打好扎实的科学、技术、工程和数学知识的基础之上,培养学生创新精神与实践能力,促进创新型、创业型人才的成长。STEM 教育具有跨学科、趣味性、体验性、情境性、协作性、设计性、艺术性、实证性、技术增强性九个核心理念。[⑤] 深圳市中小学比较重视 STEM 教育,盐田

① BLUMENFELD P C,SOLOWAY E,MARX R W,et al.Motivating project-based learning:sustaining the doing,supporting the learning[J].Educational psychologist,1991,26(3&4):369-398.

② 教育部(2001b).普通高中"研究性学习"实施指南(试行)[EB/OL].[2022-05-01].http://www.moe.gov.cn/srcsite/A26/s7054/200104/t20010409_166077.html.

③ 陈尚宝,李正福.以项目学习推动区域学习方式变革[J].人民教育,2020(18):61-63.

④ 王树宏.指向儿童完整生活:跨学科课程的设计与实施[M].武汉:华中师范大学出版社,2021.

⑤ 余胜泉,胡翔.STEM 教育理念与跨学科整合模式[J].开放教育研究,2015,21(4):13-22.

区在区域层面进行多年的探索,形成了有效的模式,提出以学习方式变革促进教育质量提升的方案。历经五年探索,项目研究团队梳理了基于体验、表达、问题、项目和创造等 5 大类 22 种新型学习方式,发布了《让学习更真实地发生——深圳市盐田区面向未来教育的学习方式变革行动方案》。研发了基于学科、情境、生活的项目式学习区域实践模式,并针对各模式开发了相应的实施路径和保障方案。区内学校结合校情,选择相应的项目式学习模式进行课程开发和教学实践,开发出具有学校特色的项目式学习案例,最终形成区域特色的项目式学习课程体系。[①] 此外,深圳市中小学也非常重视创客教育,许多中小学搭建了创客空间,开设了创客校本课程。

(五)教师发展

学校课程的发展需要有力的学校课程领导和高素质的教师。深圳市有一支事业心和责任心强,学科知识丰富,教育能力良好,善于学习和探索新事物的教师队伍。特别是近年来注重高水平大学毕业生的引进,为建设高素质专业化创新型的教师队伍注入了活力。2019 年全市招聘北大清华顶尖高校毕业生 345 人,"双一流"和部属师范大学毕业生达 92%,硕士以上学历达82%。[②] 深圳市重视高层次的教师培训,如组织教师进行海外培训。市区级设立众多的名师工作室,为优秀教师的卓越发展,以及带动青年教师成长搭建平台。评选并嘉奖市区级年度教师,为鼓励和支持专家型教师成长,发挥他们的模范带头作用提供重要舞台,也进一步带动了社会尊师重教的氛围。深圳市中小学都设有教研中心,为校本教师的专业发展提供制度支持和组织保障。

三、需要重点关注的议题

要落实教育立德树人根本任务,在粤港澳大湾区建设背景下,有效实施义务教育和普通高中课程方案,深圳市基础教育课程改革需要加强以下几个方面的建设。

(一)加强国际理解教育

《粤港澳大湾区发展规划纲要》中提出,要把深圳建设成为国际化的创新型城市。与纽约湾区、旧金山湾区和东京湾区相比,粤港澳大湾区的国际化水

---

① 陈尚宝.基于 3E 模型的中小学 STEM 教育探索[M].桂林:广西师范大学出版社,2020:12.

② 深圳市教育局.2020 深圳教育年鉴[M].北京:商务印书馆,2021:12.

平有较大差距。2021 年,中央人才工作会议提出建设粤港澳大湾区国家高水平人才高地的任务,而深圳是国家高水平人才高地建设的核心城市。深圳的国际化人才比例小,国际化在制度和人文等软环境上的短板比较明显。《粤港澳大湾区发展规划纲要》中提出的国际教育高地,需要从基础教育开始,培养青少年的国际视野和多元文化理解与沟通能力。

（二）加强综合课程

真实社会中,自然、地理、历史、人文和科学有着紧密的联系,华人社会学校课程中存在学科分割和学生缺乏探索空间的通病,[①]在强调青少年学科知识掌握的同时,使得学生对学科知识体系、跨学科知识联系、学科知识与真实社会的关联缺乏关注与理解,从而使得学科知识的学习缺乏活力与深度。通过加强跨学科的融合课程建设,增进学生的以学科和跨学科的大概念、大观念为主题的综合性学习,学生的学习更具有结构性、意义性和发展性。

（三）推进评价方式改革

教育评价具有重要的导向和激励作用,要根据中共中央国务院印发的《深化新时代教育评价改革总体方案》精神,破除唯分数和唯升学倾向,切实改进结果评价,强化过程评价,探索增值评价,落实综合评价。要特别加强学校领导和教师对于评价价值、基本理念、方式方法和结果运用的深入理解和掌握,使得评价成为改进课程与教学过程,促进学生深度学习和全面而又个性发展的重要政策工具。

（四）强化对教师的专业支持

深圳中小学教师的个人素质、学科知识、教学能力和事业心都比较高,在此基础上面向教育现代化建设高素质专业化创新型教师队伍,从文化生态学的角度,首先需要切实减轻教师非教学工作负担。深圳是一座快节奏高效率的城市,中小学教师的工作负担普遍较高,加班时间长,对教师的身心造成了较大的影响。这就需要认真贯彻教育部《关于减轻中小学教师负担进一步营造教育教学良好环境的若干意见》,减少不必要的"表表册册"和其他非教学工作,让教师有时间、有心境来静下心来备课、上课、开展有效的教研活动。

---

① 卢乃桂.基础教育课程改革对中国内地和香港教师的挑战[J].教育发展研究,2002(4):22-29.

第二节　香港新世纪以来基础教育课程改革

香港是我国特别行政区之一,它占据着优越的地理位置,拥有特殊的历史背景,成为中西文化的交汇地。香港常常能较早地引进先进的教育理念,这也使得香港基础教育课程改革能走在前列,其基础教育课程改革理念对内地、澳门等地都有一定的借鉴意义。本节将通过简要概括香港基础教育课程改革的历程,总结其经验,聚焦当下的改革重点,探讨香港未来基础教育课程改革的方向。

一、历程、特点与经验

（一）历程

香港以 2001 年课程发展议会发布的《学会学习——课程发展路向》为标志,开启了新世纪一系列全新的课程改革,至今已二十年有余。回顾香港的课程改革,主要可以分为两个阶段,第一阶段的课程改革主要聚焦于小学和初中,从政府、学校及教师、学生等各个层面着力推进落实课程改革。该阶段课程改革重点项目包括推行四个关键项目、利用有效的学与教策略等。第二阶段的课程改革主要聚焦于高中。2009 年,香港高中和大学学制由原来的"五二三"改为"三三四",使得中学的课程设置和考试评价制度都发生了巨大转变。香港新世纪课程改革以新学制的实行为分水岭划分为两个阶段,以下将分别进行简要概述。

1. 第一阶段（2001—2009 年）

香港回归前进行过多次课程改革,但效果并不理想。香港回归后,香港特别行政区政府于 2000 年提出《终身学习、全人发展:香港教育制度改革建议》,开启了香港新世纪的教育改革。由此确定了香港在 21 世纪的教育目标为:让每个人在德智体群美各方面都有全面而具个性的发展,能够一生不断自学、思考、探索、创新和应变,具充分的自信和合群的精神,愿意为社会的繁荣、进步、自由和民主不断努力,为国家和世界的前途做出贡献。[①]

"终身学习、全人发展"的教育目标,要靠学校的课程来实现。2001 年 7

① 香港教育统筹委员会.终身学习、全人发展:香港教育制度改革建议[EB/OL].[2022-05-01].https://www.e-c.edu.hk/tc/publications_and_related_documents/rf1.html.

月,课程发展议会发布了《学会学习——课程发展路向》,该报告定出了香港未来十年学校课程发展的大方向,分为短期、中期和长期三个阶段全面改革香港中小学课程。由此确立了学校课程的整体目标,与二十一世纪教育目标相辅相成,认为课程应:为所有学生提供终身学习、全人发展所需的基要学习经历,并因应个别学生的潜能,使能在德智体群美五育均有全面的发展,成为积极主动、富责任感的公民,为社会、为国家以至全球做出贡献。①

所有学生都有能力学习并学有所成,是 2001 年起的基础教育和其后的高中课程的根本理念。为此课程发展议会设置了一个开放而灵活的课程架构,它由三个互相联系的部分组成,即学习领域、共通能力、价值观和态度。课程架构富有弹性,容许不同深度与广度的课程内容,多元的学习策略和风格,以照顾个别学生的需要。② 2002 年,课程发展议会发布《基础教育课程指引——各尽所能·发挥所长》(小一至中三),为基础教育改革的落实提供了更实际的指导,短期阶段主要是经验积累,必须不断检视课程改革的效果和问题,因此教育统筹委员会于 2002、2003、2004 和 2006 年接连发布了四个教育改革进展报告,检视了 2001 年的课程改革效果。

教育统筹局在此阶段也致力于高中课程的改革,于 2005 年和 2006 年发布了《高中及高等教育新学制——投资香港未来的行动方案》和《策动未来——职业导向及特殊学校的新高中学制》两份路向图。这一阶段也取得了不错的改革效果③:(1)超过 75% 的学校已制定或继续执行既定的学校整体课程发展五年短期策略,并发展校本课程以契合学生需要,以及制定学校的整体评估及家课政策。(2)在提供宽广而均衡的课程,透过五种基要的学习经历以促进学生全人发展方面,学校都有明显进步。再者,差不多所有校长都认为五种基要学习经历有效用。(3)超过 70% 中小学校长认为,在"学校作为一个学习社群"及"学校资源的配套"两方面都有改善。(4)超过 70% 中小学校长认为,推行课程改革至今,他们在领导能力、专业发展、与教师协作及对课程发展的了解方面均有改善。(5)超过 70% 的小学校长及超过 50% 的中学校长表示,自 2001—2002 学年推行课程改革至今,学生在以下各方面均有改善:沟通

①　香港课程发展议会.学会学习:课程发展路向[EB/OL].[2022-05-01].https://www.edb.gov.hk/tc/curriculum-development/cs-curriculum-doc-report/wf-in-cur/index.html.

②　香港课程发展议会.学会学习:课程发展路向[EB/OL].[2022-05-01].https://www.edb.gov.hk/tc/curriculum-development/cs-curriculum-doc-report/wf-in-cur/index.html.

③　香港教育统筹委员会.教育改革进展报告(四)[EB/OL].[2022-05-01].https://www.e-c.edu.hk/tc/archives/progress004_pdf.html.

能力、批判性思考能力、创造力、自学能力及习惯、学习动机和兴趣、国民身份认同、尊重他人、责任感和整体学习表现。

2.第二阶段（2009—2021 年）

高中和高等教育新学制一直是教育改革的重要一环,经过四年的筹划和准备,新学制于 2009 年实施,循序渐进地引入全新的三年制高中课程。评估亦作出相应的改革,从 2012 年起,香港中学文凭考试取代旧有的香港中学会考和香港高级课程程度会考,而新学制下的首届高中毕业生亦升读新的四年制学士学位课程或选择其他多元出路。

为了学校、教师和家长能够更好地理解课程改革理念,以及更好地落到实处,课程发展议会于 2009 年发布《高中课程指引——立足现在·创建未来》（中四至中六）,2014 年课程发展议会发布《基础教育课程指引:聚焦·深化·持续》（小一至小六）,2015 年发布《学校课程持续更新:聚焦、深化、持续》,2017 年发布《中学教育课程指引》。以基础教育课程指引的更新为标志,开启了新的一轮改革,称之为"学会学习 2.0"。

教育局在 2017 年 11 月成立学校课程检讨专责小组,整体检讨中小学课程,并于 2020 年 9 月发布最后报告《优化课程迎接未来、培育全人启迪多元》,专责小组的成立目的是:整体检讨中小学课程,主要探讨如何提升学生的学习能力,培养 21 世纪他们所需的价值观和素质;如何更有效照顾学生的不同能力、兴趣、需要和抱负;如何优化课程以创造空间和机会促进学生的全人发展;以及如何促进中小学阶段的衔接。①

以下整理了自 2001 年来课程改革大事记,详见表 2-1。

表 2-1　2001 年以来香港课程改革大事记

时间	课程改革大事
2001 年	《学会学习——课程发展路向》
2002 年	《教育改革进展报告（一）》 《基础教育课程指引——各尽所能·发挥所长》（小一至中三）
2003 年	《教育改革进展报告（二）》
2004 年	《教育改革进展报告（三）》
2005 年	《高中及高等教育新学制——投资香港未来的行动方案》
2006 年	《教育改革进展报告（四）》 《策动未来——职业导向及特殊学校的新高中学制》

---

① 林智中,何瑞珠,曾荣光.香港课改二十年的现状与展望:中学教师和校长的看法[J].教育学报,2020,48(1):1-21.

续表

时间	课程改革大事
2009 年	实施高中三年、大学四年的新学制 《高中课程指引——立足现在·创建未来》(中四至中六)
2012 年	香港首届文凭考试
2014 年	《基础教育课程指引——聚焦·深化·持续》(小一至小六) 标志着开启"学会学习2.0"
2015 年	《高中课程指引——立足现在·创建未来》(中四至中六)更新 《学校课程持续更新：聚焦、深化、持续》
2016 年	《新学制中期探讨与前瞻报告——持续优化不断进步》
2017 年	《中学教育课程指引》
2020 年	《优化课程迎接未来、培育全人启迪多元》
2021 年	《中学教育课程指引》补充说明

任何改革都不可能一帆风顺、一蹴而就，课程改革也不例外，自"学会学习"课程改革以来，教师和校长，甚至于学生和家长，他们的态度和观念、工作和学习都发生了转变，对实施状况也有很大的影响。[①] 因如此，在 2001 年课程改革之后的一段时间，以及新高中课程实施后，香港教育当局进行了多项实施状况调查。而新高中课程方面，官方发布了《新学制进展报告：新高中学习旅程——稳步迈进(增订版)》及《新学制中期检讨与前瞻报告：持续优化、不断进步》。这一阶段的课程改革成效，可以从以下两个方面来看：

(1)学生学业成就

考察香港学生在课程改革下的学业成就，不能把目光仅放于香港社会，借用 PISA(OECD 举办的学生能力国际评估计划)、TIMSS(国际教育成就评估协会举办的国际数学与科学教育成就趋势调查)、PIRLS(全球学生阅读能力进展研究)这样的国际机构的研究资料，可以从世界范围内来看香港课程改革的效果。以下整理了近几年香港在国际测试中的成绩，详见表 2-2。

PISA 主要测试世界各地 15 岁学生的语文、数学、科学能力，从表 2-2 来看，自 2001 年的课程改革以来，香港在 PISA 上的成绩稳定地保持在前列位置，但是可以看到从 2015 年开始，科学成绩有所下降，到了 2018 年三个科目都不如以往；再者，TIMSS 以往的数据也表明香港学生拥有良好的科学和数学能力，但在 2019 年中二的学生成绩有所下降，有学者提出这可能受到新高

---

① 林智中,何瑞珠,曾荣光.香港课改二十年的现状与展望:中学教师和校长的看法[J].教育学报,2020,48(1):1-21.

中学制影响：在新学制下，同时修读 3 科理科（物理、生物及化学）和修读高等数学课的学生比率均有明显下降，导致在国际测试中香港学生数学和科学成绩均有所下降。[①] PIRLS 成绩显示香港学生自 2001 年课改以来，其阅读方面的表现有明显改进，但据 PIRLS 2016 年的结果，香港学生的阅读兴趣水平低于全球的平均水平，这也需要引起学校和家长的关注。总体而言，我们的确可以借用这些国际调查报告的数据来对香港学生成绩做一个评估，但是仅从这些报告，我们也无法确定课程改革是否直接给学生带来学习改进，若想得出一个确切的答案，还需要从更多方面来考察学生的学业成就。

表 2-2 香港学生的各项国际成就

年份	PISA（15 岁）			TIMSS（小四和中二）				PIRLS（小四）
	阅读	数学	科学	数学		科学		阅读
				小四	中二	小四	中二	
1999	—	—	—	—	第 4 位	—	第 15 位	—
2000	第 6 位	第 1 位	第 3 位	—	—	—	—	—
2001	—	—	—	—	—	—	—	第 14 位
2003	第 10 位	第 1 位	第 3 位	第 2 位	第 3 位	第 4 位	第 4 位	—
2006	第 3 位	第 3 位	第 2 位	—	—	—	—	第 2 位
2007	—	—	—	第 1 位	第 4 位	第 3 位	第 9 位	—
2009	第 4 位	第 3 位	第 3 位	—	—	—	—	—
2011	—	—	—	第 3 位	第 4 位	第 9 位	第 8 位	第 1 位
2012	第 2 位	第 3 位	第 2 位	—	—	—	—	—
2015	第 2 位	第 2 位	第 9 位	第 2 位	第 4 位	第 5 位	第 6 位	—
2016	—	—	—	—	—	—	—	第 3 位
2018	第 4 位	第 4 位	第 9 位	—	—	—	—	—
2019	—	—	—	第 2 位	第 15 位	第 5 位	第 17 位	—

资料来源：基于林智中等的表格进一步补充而成。林智中，余玉珍，李玲.二十年来香港课程改革的实施与成果[J].教育学报，2019，47(1)：1-29.

（2）学校文化的转变

"学会学习"课程改革的一个重点是营造学与教的新文化，经过了二十年的发展，学校文化切实发生了许多转变。其一，教师和校长多认同"以学生为

[①] 林智中，余玉珍，李玲.二十年来香港课程改革的实施与成果[J].教育学报，2019，47(1)：1-29.

本"的教育理念,能够关爱学生,关注学生的需求,采用多元的评价方式、多样的教学方法,以多元策略促进学生发展。其二,学校内形成了良好的自评文化,教师不再是单打独斗,常互相观课提升教学效能,进行教学反思改善教学。

(二)特点

1.课程架构开放

香港的课程宽广而均衡,提供多元和专门的选择,以配合学生在学术、专业和职业的发展需要。基于七个学习宗旨的课程架构包括:五种学习经历,八大学习领域,九种共通能力,价值观和态度。[①] 其中五种学习经历包括:德育及公民教育,智能发展,社会服务,体艺发展,与工作有关的经验。八大学习领域包括:中国语文教育,英国语文教育,数学教育,个人、社会及人文教育,科学教育,科技教育,艺术教育,体育。九种共通能力包括:基础能力层面的沟通能力、数学能力、运用资讯科技能力;思考能力层面的明辨性思考能力、创造力、解决问题能力;个人及社交能力层面的自我管理能力、自学能力、协作能力。

2.注重课程内容的国民身份认同以及科技与多元文化教育

香港回归前,其教学语言以英语、粤语为主,很多学生没有学习过普通话。回归后,为了加强学生的国民身份认同及爱国情感,香港开始重视汉语和国民教育。2002 年,课程发展议会在《中国语文教育学习领域课程指引》中提到,通过语文教学使学生能说流利的粤语和普通话。国民教育课程也受到重视,香港于 2015 年正式推行这门课程。[②]

世界技术更新迭代速度非常快,而香港也早早意识到这一点,在 2001 年课程改革文件中就已经把"运用资讯科技进行互动学习"作为跨学习领域的四个关键项目之一,把科技课程和信息技术课程也纳入课程科目设置中,在 TALIS 2013 年的调查报告中也提到,教师认为需要发展他们的 ICT 技能(information and communication technology skills)。2015 年,香港也正式地提出推行 STEM 教育,大力发展学生科技知识与能力。

香港课程注重发展学生的多元能力,让学生按个人志趣选择多元出路,例如,2014—2015 学年,超过 70% 的高中提供了"应用学习",大部分校长均认为,"应用学习"可以配合学生的志向、兴趣和学习方式,以照顾学生多样性。除此之外,学校还提供六种"其他语言"的学习,以照顾个别学生的需要和志

---

① 香港课程发展议会.学会学习:课程发展路向[EB/OL].[2022-05-01].https://www.edb. gov.hk/tc/curriculum-development/cs-curriculum-doc-report/wf-in-cur/index.html.

② 王岚.香港基础教育课程改革及其启示[J].世界教育信息,2016(8):69.

向,并回应本地实际需要。①

3.课程实施灵活放权

学校和教师拥有充分的自主权,方便因校制宜、因材施教,实现灵活管理。教师在教学过程中,可根据当下的需要选择适合学生的学习材料,包括教科书、报纸杂志、网络资源等,依照学生的水平现状制定出有助于学生学习的方法,不遵循套路,并根据教学进度与学生的差异适时调整策略与方法,避免了一刀切的形式主义做法。② 香港也特别重视校本课程的开发,尤其鼓励学校根据本校文化和当地特色自主地实施课程。

4.课程评价注重学生基本能力

香港课程评价范围十分广泛,方式多元,此外,教师、学生、家长共同参与到评估中来。为提高学与教的成就,香港绝大部分学校采用了适当的评估模式和制定了评估政策。将对学生基本能力的评估放在了十分重要的评估方面,而对学生基本能力的评估主要是从学生评估和全港性系统评估两方面进行。学习评估主要了解学生在中、英、数三个科目中的学习困难,教师根据学生学习中的困难及时提供帮助,达到提高学生学习效能的目的。到 2006 年,香港已有超过60%的小学以及超过 80%的中学使用该系统以提升学生的基本能力。全港性系统评估是协助学校管理层了解学生在小三、小六、中三完结时,在中、英、数三科基本能力的整体表现,借以回馈教学、优化课程设计和改善教学策略。③

5.课程决策民主化

教育统筹局和课程发展议会保持与社会人士紧密相连,鼓励公众对各项教育课题发表意见,广泛吸纳民间意见,集思广益,使得制定出来的决策与报告更加科学化。举例来说,在正式实施高中及高等教育新学制前,教育统筹局于 2004 年发布了《新高中课程核心及选修科目架构建议(咨询初稿)》,2005年发布了《新高中课程及评估架构建议——第二次咨询稿》,并就咨询结果发布报告书,2006 年发布《策动未来——就职业导向教育及特殊学校的新高中学制做进一步咨询》,同年发布报告书,可见新学制的出台经过了长时间的准

---

① 香港课程发展议会,香港考试及评核局,香港特别行政区教育局.新学制中期检讨与前瞻报告:持续优化、不断进步[EB/OL].[2022-05-01].https://334.edb.hkedcity.net/new/doc/chi/MTR_Report_c.pdf.
② 和学新,杨静.21 世纪以来香港基础教育课程改革及其启示[J].现代基础教育研究,2014,13(1):31-32.
③ 和学新,杨静.21 世纪以来香港基础教育课程改革及其启示[J].现代基础教育研究,2014,13(1):31-32.

备,同时广纳意见,正体现了课程决策的民主化与科学化。

6.政府资源投入大

2001 年的课程发展路向书指出,政府因应学校不同的环境及需要,就系统、学校、教师及学生层面,推出各种支援措施,包括:课程资源及辅助材料、协作式研究和发展计划(种子计划)、教师及校长培训、图书馆发展计划、到校校本支援、为师生创造时空、推广策略及网络、本地及国际的顾问服务和其他支援措施。[1] 在香港课程改革的落实中,政府的投入的确特别大,有研究者在整理官方的数据后发现:香港自 2008—2009 学年至 2016—2017 学年……推行新高中学制,资助小学及中学的学额单位成本更大幅增加,增长率分别为96.3%和 103.7%。[2]

7.尊重学生差异,照顾多样性

香港课程改革始终强调因应学生不同的需要和兴趣,而调适课程、教学模式和评估材料等。香港教育局重视照顾学生的多样性,包括资优学生、非华语学生和有特殊需要的学生等,为帮助学校克服这些挑战,教育署赋予学与教更大弹性、提供更多支援服务和专业发展,除此之外,教育局提供大量财政资源,包括学校发展津贴、多元学习津贴和优质教育基金等。[3]

(三)经验

1.循序渐进,稳步前行

香港课程改革一步一个脚印,不激进不急于求成,在 2000 年新的一轮教育改革开启后便发布课程改革咨询文件,首先将改革的重点放在小学与初中,并详细地制定短期阶段(2001-01—2005-06)发展的目标与重点。通过几年时间积累经验,待中小学课程改革稳步前行时,再推进高中新学制,进行高中课程改革,同时教育局十分重视各个学习阶段的衔接,各个阶段的课程改革构成"终身教育、全人发展"的系统工程。

2.群策群力共担当

课程发展议会于 1999 至 2001 年 6 月间进行学校课程整体检视的工作,

---

① 香港课程发展议会.学会学习:课程发展路向[EB/OL].[2022-05-01].https://www.edb. gov.hk/tc/curriculum-development/cs-curriculum-doc-report/wf-in-cur/index.html.

② 林智中,何瑞珠,曾荣光.香港课改二十年的现状与展望:中学教师和校长的看法[J].教育学报,2020,48(1):1-21.

③ 课程发展议会,香港考试及评核局,香港特别行政区教育局.新学制中期检讨与前瞻报告:持续优化、不断进步[EB/OL].[2022-05-01].https://334.edb.hkedcity.net/new/doc/chi/MTR_Report_c.pdf.

社会很多不同界别的人士均有参与这次课程检视,包括学生、家长、教师、校长、学校图书馆主任、出版商、本港和海外的学者、师资培训人员、专业人士和雇主、青少年团体,以及非政府的团体组织等。[①] 在课程检视期间,分别透过正式的参与途径(例如正式的委员会、工作小组、研讨会和公开论坛等),以及非正式的咨询网络,收集了不少意见,并参考了本地研究的成果及其他各地的课程发展经验。正是有前期如此多的准备工作,各界力量的参与,才促成了"学会学习"课程改革的开展与落实,同样"学会学习 2.0"亦是如此。

3.重视咨询机构的作用

香港有众多的教育咨询机构,其中在课程改革中发挥较大作用的咨询机构主要有教育统筹委员会、教育委员会、课程发展议会、师训与师资咨询委员会、"目标为本课程"咨询委员会等。例如课程发展议会主要就幼稚园至高中各教育阶段的课程发展事宜,透过教育局常任秘书长向香港特别行政区政府提供意见。[②] 自 1999 年起,每年都会进行课程检视,并发布检视报告。咨询机构通过集思广益的方式形成的教育思路,使得各项课程文件的形成和每一个重要措施的推行都有酝酿和听取意见的机会,"取之于民"的教育思想才是真正符合本地实情的,才可有所针对地制定政策,实现"用之于民",不仅实现决策民主化和科学化,更能实现改革效益最大化。

4.以多样化评价方式促学促教

香港传统的评价机制过于凸显选拔性,导致很多学生过早分流,失去了进一步发展的机会。课程改革后,各个学校都有自己清晰的校本评估政策,而公开评核方式各不相同。在基础阶段香港教育局改革了中一学位分配机制,通过"基本能力评估"考察学生的学习效果。在高中阶段,取消了中学会考和香港高级课程程度会考,代之以香港中学文凭考试,文凭考试以水平参照模式为主,学生的成绩被评为 1～5 个等级,学生的成绩等级和校本评核成为高校招生的主要参考。[③] 而校本评核是文凭考试成绩的重要组成部分,它是在日常的学习和教学过程中,由任课老师来评估学生的表现的一种方法,该评核成绩将计入学生的香港文凭考试成绩之中。为了使教师了解评分标准,在对每一

① 香港课程发展议会.学会学习:课程发展路向[EB/OL].[2022-05-01].https://www.edb.gov.hk/tc/curriculum-development/cs-curriculum-doc-report/wf-in-cur/index.html.
② 香港课程发展议会.课程发展议会架构[EB/OL].[2022-05-01].https://cd1.edb.hkedcity.net/cd/cdc/tc/cdc.html.
③ 和学新,杨静.21 世纪以来香港基础教育课程改革及其启示[J].现代基础教育研究,2014,13(1),28-36.

门学科进行校本评核前,香港考试及评核局就评分准则、详尽指引等相关内容对教师进行培训。另外,香港高中会以档案的形式把学生的日常学习情况保存下来,成为评价学生的参考内容,一定程度上会影响到学生的升学,这种评价方法被称为"学生学习的概览制度"。[①] 可见,香港课程评价方法多样,学校和教师在一定空间内可以自主评价学生,同时确保学生的能力得到全面评估。

5.设置小学课程统筹主任,提升学校课程领导能力

香港教育局于 2001 年 10 月提出在小学设置课程统筹主任,主要负责支援校长领导课程发展,这一职位原本只是"临时性的",但在 2006 年的《教育改革进展报告(四)》中提出将这一职位转为常额制。课程统筹主任有效地提升了学校课程领导水平,具体可表现为以下方面:其一,课程统筹主任专业水平高,是由有经验的教师群体中选出的,具有相关课程发展的实践经验;其二,同时课程统筹主任指向性强,可以专注校内课程发展;其三,课程统筹主任负责课程规划的同时要承担一定的教学事务,使得学校的课程发展是建立在真实的课堂教学实践上的,更能为学校课程发展服务。[②]

二、当前课程改革的主要内容

(一)推广 STEM 教育

STEM 是代表科学(science)、科技(technology)、工程(engineering)和数学(mathematics)学科英文首字母的缩略词。2015 年,香港特区政府首次提出推动 STEM 教育,课程发展议会于 2016 年 12 月发布《推动 STEM 教育——发挥创意潜能》报告,除了期望学生可以紧贴科学、科技和数学教育学科的改变,建立稳固的知识基础,还期望加强综合和应用知识与技能的能力,培养创意,以及创新、协作和解决问题的能力,这些都是 21 世纪必须具备的基本技能和素质。香港特区政府希望通过在学校推动 STEM 教育,培育更多具有不同范畴和水平技能的多元人才,以增强香港的竞争力。[③] 推动 STEM 教育,建议的策略包括更新科学、科技和数学教育学习领域的课程,丰富学生学习活动,提供学与教资源,加强学校与教师的专业发展,加强与社区伙伴的协

---

① 王岚.香港基础教育课程改革及其启示[J].世界教育信息,2016(8):68-71.

② 黄声华,尹弘飚.香港课程领导研究二十年[J].当代教育与文化,2018,10(6):24-28.

③ 香港特别行政区教育局.推动 STEM 教育:发挥创意潜能[EB/OL].[2022-05-01].https://www.edb.gov.hk/attachment/tc/curriculum-development/renewal/STEM_Education_Report_Chi_20170303.pdf.

作和联系专业社群,以及进行检视及分享良好示例。①

(二)加强资讯素养

资讯素养是指具备有效使用资讯的能力和在使用态度上符合道德操守。2018 年教育局制定了《香港学生资讯素养》学习架构,旨在帮助学校了解如何发展学生的知识、技能及态度,让他们在不同的学习阶段中懂得如何使用资讯及资讯科技。目的是帮助学生:辨识对资讯的需要;寻找、评鉴、提取、整理和表达讯息;创造新的意念;应付资讯世界的变化;避免作出缺德的行为,如网络欺凌和侵犯知识产权。期望学生有道德、灵活而有效地使用资讯和资讯科技,成为一个负责任的公民和终身学习者。② 由于资讯素养涉及不同的知识,因此《香港学生资讯素养》厘清了价值教育、共同能力、四个关键项目及主要学习领域与资讯素养之间的关系,为学生提供在有意义的情境下培育和应用资讯素养的机会。

(三)延伸从阅读中学习至跨课程阅读/跨课程语文学习

《学会学习——课程发展路向》指出,四个关键项目可以帮助学生在各个学习领域或跨学习领域发展独立学习的能力,其中一个项目是从阅读中学习。新发布的《基础教育指引》和《中学教育课程指引》中仍留出专门的篇幅给"从阅读中学习",可见其培养跨领域学习的有效性和重要性。

读写能力是指能有效阅读和写作,以达成预期的目标及/或成果,同时增进个人知识和发展潜能。在学校层面,培养学生掌握读写能力,是语文学习的核心。在适当的情况下,不同学习领域可创设有意义的学习目的和学习情境,以推动"跨课程阅读",提供机会让学生拓宽学习领域上的知识基础,并能应用和巩固语文课堂所学的阅读技巧和策略。同样地,不同学习领域亦可推动"跨课程语文学习",通过提供真实的学习情境,让学生运用读写能力来建构知识,达至终身学习。③ 阅读并不只是存在于语文学科之中,每个学科都含有一点"语文味",发展跨课程阅读或跨课程语文学习对于学生的终身发展具有极其重要的意义。

---

① 香港特别行政区教育局.推动 STEM 教育:发挥创意潜能[EB/OL].[2022-05-01].https://www.edb.gov.hk/attachment/tc/curriculum-development/renewal/STEM_Education_Report_Chi_20170303.pdf.

② 香港课程发展议会.学校课程持续更新:聚焦、深化、持续[EB/OL].[2022-05-01].https://www.edb.gov.hk/attachment/sc/curriculum-development/renewal/Overview_sc_2015Dec.pdf.

③ 香港课程发展议会.学校课程持续更新:聚焦、深化、持续[EB/OL].[2022-05-01].https://www.edb.gov.hk/attachment/sc/curriculum-development/renewal/Overview_sc_2015Dec.pdf.

(四)推广价值观教育

香港不久前发生的大规模社会动荡事件,不少年轻人牵涉其中,有些更是以极端手段争取政治诉求,如何有效加深年轻人对国家的认识,以及教导他们尊重不同的意见、热爱和平、尊重法治和守法等尤为重要;而在疫情时代,学校更应加强生命教育,从而培养人们正确的价值观和素质,使他们可以应对突如其来的危机,同时协助他们提升公民意识和社会责任感。[①] 香港是我国特别行政区之一,由于一些历史原因,香港具备中西文化和价值观共存的独特性,因此价值观教育在促进学生全面发展上具有不可替代的作用。早在《学会学习——课程发展路向》中,价值观教育便是课程架构三个组成部分之一,也是四个关键项目之一。价值观教育包含公民教育、《基本法》教育、生命教育、品德及伦理教育等范畴。2008 年课程发展议会提出的德育及公民教育课程架构,列出了七种首要培育的价值观和态度,分别是:坚毅、尊重他人、责任感、国民身份认同、承担精神、诚信和关爱。[②] 2021 年,课程发展议会编订了《价值观教育课程架构》(试行版)供学校使用。

(五)电子学习

电子学习的英文是 E-learning,E 可以是 electronic(电子的),可以是 efficient(有效率的),可以是 effective(有效的),也可以是 enjoyable(有趣的),而Learning 是电子学习中的核心,简单说来,电子学习是透过不同的媒介(包括数码资源及通信工具等),以学生为中心,运用不同的学习策略,来达到学习目的。突如其来的疫情使电子学习成为实现"停课不停学"的重要途径,因为电子学习是一种开放、灵活的学习模式,可以跨越时空的界限。2021 年教育局推出《优质教育基金电子学习配套计划》,以支援学生电子学习,确保所有学生有平等机会接受电子学习及提供配套以推动电子学习。[③] 电子学习不仅对学生有益,同时也对教师有益,电子学习的精髓在于提高学与教的效能,以此期望达到七个愿景:一是以学生为中心的自主学习;二是教师成为学习促进者;三是学生成为具备世界视野的终身学习者;四是学生通过探究和协作,构建知

---

① 香港学校课程检讨专责小组.优化课程迎接未来、培育全人启迪多元[EB/OL].[2022-05-01]. https://www. edb. gov. hk/attachment/tc/curriculum-development/renewal/taskforce_cur/TF_CurriculumReview_FinalReport_c.pdf.

② 香港特别行政区教育局.德育及公民教育课程架构(2008)[EB/OL].[2022-05-01].htps://www.edb.gov.hk/tc/revised-MCE-framework2008.

③ 香港特别行政区政府.教育局推出"优质教育基金电子学习配套计划"[N/OL].[2022-05-01].https://www.info.gov.hk/gia/general/202110/20/P2021102000360.htm.

识;五是学生具备资讯素养;六是学生发挥创意;七是愉快的学习模式。而教师需要厘清,电子学习并无既定的模式,应该针对学校的优势和学生的特点,遵循多元化的发展方向。

三、面临的问题与趋势

(一)问题

1.教师压力大,深陷两难境地

课程改革对教师提出了更高的要求,为了更好地将改革落到实处,教师的工作量是与日俱增。调查发现,超过一半受访教师每星期工作 56 小时及以上,超过八成的受访者表示他们感到颇大或极大的工作压力。[①] 课程改革要求"不让一个学生掉队",但是教师在有限的时间内要关注到每一个学生并非易事,教师频频提及需要在这一方面获得支援,可见照顾学生差异也给教师带来了不少压力。由于课程改革的频繁进行,教师陷入提升自己的教学水平与应付上级部门的政策压力的两难境地,[②]各项政策频频发布,却忽视了教师是否有能力接受与落实。例如通识教育课程的设置,大多数教师并不熟悉这一课程,由于它涉及的范围广,不仅需要教师拥有丰厚的教学知识,还需要教师能用恰当的教学法教授,导致这一课程效果并不能达到预期。即使政府提供巨资也不能帮助教师的专业能力在短时间内就得到质的飞跃,教师专业发展需要时间,各类课程改革培训接踵而来,教师应接不暇,理想与现实的冲突浇灭了教师课改的热情,降低了教师的主体参与性。

2.学生负担未减

课程改革初心是给学生减负增效,但是由于学校、家长和学生仍看重公开考试的成绩,导致学生的考试压力仍旧未减,原因之一是大学和专上学院仍然主要通过文凭考试的成绩来录取学生,在学生课程学习过程中形成的"学生学习概览"本应作为大学招生的考核标准之一,但是在实际大学录取中,很少学校看重这方面的资料,[③]使得学生、家长、学校不得不把重心放在学科学习和考试上,这也就导致了全人教育无法真正实现。除了文凭考试,"全港性系统

① 林智中,余玉珍,李玲.二十年来香港课程改革的实施与成果[J].教育学报,2019,47(1):1-29.
② 王岚.香港基础教育课程改革及其启示[J].世界教育信息,2016(8):70.
③ 林智中,余玉珍,李玲.二十年来香港课程改革的实施与成果[J].教育学报,2019,47(1):1-29.

评估"(Territory-Wide System Assessment,TSA)本意是为学校提供更多支援,但是由于学校为了保持竞争力、保持声誉,为了提升 TSA 总成绩不断操练学生,学生的学习压力日渐沉重。除了考试压力,课程过多且内容太深,都给学生带来不少压力,学生不得不参加各种各样的补习班,缺乏休息与娱乐时间,这也给学生带来了不少负面影响。

3.校长、教师的自主性受限

自课程发展议会于 1999 年改组后,教师和社会人士的参与性大大下降,高层官员的影响力则大大提升。政府在教育中采用了"管理主义"的推行策略,引入"市场化"机制,推行问责措施,[1]使学校和教师需要按照官方所订立的方向发展,这使得学校和教师的专业自主性大打折扣。除此之外,管理主义的理念和推行问责制度使得越来越多家长把教育看作一种服务,教师和学校是服务的提供者,[2]倘若无法满足家长的需求,家长便可以进行投诉。家长认为他们提供了学费和资助,他们诸多的诉求都必须得到满足,这使得教育活动变成了一种如商品买卖的活动,寒了一个个教育者的心。

4.全人教育氛围不足,考试操卷文化仍是主导

课程改革出发点是实现"全人教育",但是实际上,学术以外的教育培养并没有受到重视。"新高中课程实施调查研究 2011"的资料显示了艺术、体育、两文三语、广阔知识基础、国民身份认同及公民教育的不足。一些学生和家长质疑"其他学习经历"及"学生学习概览"的价值,认为学生应投放更多实践以争取更好的考试成绩,报读大学及专上课程。

香港中文大学的学生能力国际评估中心与香港中学校长会合作进行的一项关于教师和校长对过往二十年改革的看法的调查研究显示,校长和教师都倾向认为改革并未能根本改变高中考试操练文化,亦未达至学会学习的能力导向目标。[3] 而正因为社会和升学制度偏重关注学术成绩,学生的身体素质有待改善,在 2013—2014 学年分析约十万名学生的体能资料发现,学生总体的体能表现在各方面均逊于内地、新加坡及欧洲的学生,肥胖率高,这大大提升了患上心脏病和糖尿病等疾病的风险。

① 林智中,余玉珍,李玲.二十年来香港课程改革的实施与成果[J].教育学报,2019,47(1):1-29.

② 林智中,余玉珍,李玲.二十年来香港课程改革的实施与成果[J].教育学报,2019,47(1):1-29.

③ 林智中,何瑞珠,曾荣光.香港课改二十年的现状与展望:中学教师和校长的看法[J].教育学报,2020,48(1):1-21.

5.学生与教师的心理健康不容乐观

由于学生的负担越来越重,学生的心理压力也越来越大,岭南大学公共政策研究中心(2016)自 2012 年至 2016 年追踪及量度香港 8 至 18 岁儿童的快乐程度(珠海学院民意及民调中心,2017),结果显示香港儿童的快乐指数近年呈现跌势;2017—2018 年度的香港儿童快乐指数调查发现,小四学童的快乐指数跌幅最为显著,由上一年度的 7.3 分跌至 6.94 分,得分甚至比小五和小六学生的还低,这打破了以往研究发现"越年幼越快乐"的情况。[①] 一项有关教师压力的调查发现,在巨大的工作压力下,教师出现情绪病的症状,有三成受访者在受访前两星期曾出现中度严重或严重程度的抑郁症状,包括情绪低落、抑郁或绝望、疲倦、坐立不安、难以入睡及难以专注等情况。[②]

6.课程弹性不足,学生个别差异越来越大

新高中课程设计弹性不足,必修科目的比例过重,选修科目所占百分比小,导致课程选择面变得狭窄,并且在高中各个学科中,除了数学和英语有分层的选择外,其他学科都只有一个层次的难度和广度,[③]无论学生能力如何,他们都只能在一个班上课,差异无法得到照顾。

在多元的学科组合下,大多数选修科目只能开一班,既不能满足优秀学生的期待,亦不能照顾弱势学生的水平,这便出现了能力较高的学生吃不饱,能力较弱的学生吃不消的情况。香港中文大学的学生能力国际评估中心与香港中学校长会合作进行的一项关于教师和校长对过往二十年改革的看法的调查研究显示,高中学生在学科知识和通才的培养两方面均有不足,升读大学的学生,在学科知识上不及高中学制改革之前,通才教育也未算成功,形成"既不专,亦不通"的现象。[④]

(二)趋势

1.修正正规课程、加强非正规课程

香港教育的一个特点是重视正规课程与非正规课程的协调发展,修正正规

---

① 林智中,余玉珍,李玲.二十年来香港课程改革的实施与成果[J].教育学报,2019,47(1):1-29.
② 林智中,余玉珍,李玲.二十年来香港课程改革的实施与成果[J].教育学报,2019,47(1):1-29.
③ 林智中,余玉珍,李玲.二十年来香港课程改革的实施与成果[J].教育学报,2019,47(1):1-29.
④ 林智中,何瑞珠,曾荣光.香港课改二十年的现状与展望:中学教师和校长的看法[J].教育学报,2020,48(1):1-21.

课程和加强非正规课程指的是在现有基础上做局部调整,并非开设全新课程,而是深化、持续以往课程改革的成果。例如,在修改正规课程上,教育局已将STEM教育置于重要发展地位,未来会有更多促进STEM教育的发展措施出台,显然这是课程改革未来的发展趋势。再者,有关通识教育课程是否应保留现状亦是未来课程改革考虑的问题;在加强非正规课程上,加强生命教育与价值观教育,促进学生树立正确的价值观,培养其社会责任感是课程改革的未来指向。

2.家校共育实现真发展

学校教育在培养学生发展上有普及性、专业性等特点,但是现阶段学校仍然无法以完全个性化的方法去照顾到每一个学生。尤其是在香港教育中,家长对教育的要求和关注越来越高,家庭教育和学校教育的一致性直接影响学生受教育的质量。家长是学生的第一任教师,获得家长的支持于学校、于学生十分重要,也会影响课程的落实。香港课程改革也致力于在各个层面为家长提供更多培训课程,例如香港教育局提供了"家长教育之电子学习",从而实现家校共促"电子学习"发展,香港特区行政长官在《行政长官2017年施政报告》中提出成立专责小组,2019年发布了《家校合作及家长教育专责小组报告》。

3.照顾学生差异,实现学生多元发展

政府已然提供了大量的财政支持,但是照顾学生学习差异仍是教师们频频提及的困扰他们的问题,政府和教育局需要从更多方面为教师照顾学生学习差异提供支持。其中加强促进教师专业发展是极其重要的方面。

毋庸置疑,教师个人的素质和教师队伍的素质是课程改革是否达到预期成效的重要影响因素之一。但是,近年来香港教师专业发展不容乐观,教师的地位甚至不如改革以前,许多优秀的毕业生不会主动选择师范教育,教师培训活动也被忽视,如种子计划不再推行,职前职后教师专业发展活动的停滞将会大大拖累课程改革的推进。香港课程改革也将在未来在教师专业发展层面提供更多支持,同时政府将会提供更多支援来照顾学生学习差异,促进学生可以依据各自志趣选择多元出路。

第三节　澳门新世纪以来基础教育课程改革

澳门中小学教育经过殖民期、过渡期以及回归至今漫长而曲折的发展,现已逐步形成兼具国际视野和本地特色的教育模式。以新世纪为分割点,澳门进行过两次课程改革,步入新世纪后的课程改革更具彻底性,同时也将澳门基础教育带入了一个崭新的时代。本节聚焦澳门进入新世纪后的课程改革,对澳门新世纪后的课程改革所呈现的特点、积累的经验、当前课程改革所关注的主要内容以及面临的问题和未来改革的趋势展开探讨。

一、历程、特点与经验

(一)历程

澳门共经历两次课程改革。第一次课程改革由澳葡政府发起,此时的澳门教育成为澳葡政府为达政治目的而利用的工具。虽教育事业得到了前所未有的发展,但教育资源向葡人葡语的倾斜也显而易见,华人教育遭受严重不公。回归后,澳门步入新世纪,特区政府掌握澳门教育主动权,开展了有史以来的第二次系统性课程变革。新世纪后的课程改革以追求优质教育为目标,为澳门课程带来了全面的、彻底的变革。

1.新世纪前的课程改革

澳门对学校课程的整体关注始于 20 世纪 90 年代,尤其是在 1991 年颁布《澳门教育制度》之后。[①]《澳门教育制度》对课程的意义在于从学校系统、教育目标、教学语言和学校教学自主等方面给学校课程的发展提供了一个最基本的背景,也促使政府开始关心课程问题,[②]从而开启了澳门史上第一次由政府推动的系统的全面的基础教育课程改革。在这一背景下,澳门的基础教育课程改革在 1994 至 1999 年之间进入了一个高潮。[③] 1994 年政府颁布《学前及小学教育之课程组织》和《初中教育之课程组织》,1997 年颁布《高中教育之课程组织》。1994 年,澳门教育行政当局正式组建"课程改革工作小组",该小组在 1994 至 1999 年相继为幼儿教育、小学预备班、小学、初中和高中开发了全套的课程大纲。这一时期的系统性课程改革是极具里程碑意义的。因为在这之前,在葡萄牙政府的统治下,澳门的华人教育处于放任自流的状态,教育制度长期缺乏系统的制度设计和法定的制度文本,学校课程也缺乏生长的肥沃土壤。

不过,《澳门教育制度》实际上是澳葡政府为维持其在澳门的持续性影响

---

① 方炳隆,高德祖.澳门学校课程改革与学校优质教育[M]//澳门大学教育学院,澳门特别行政区教育暨青年局."优质教育:传统与创新"国际教育研讨会论文集.澳门:澳门大学教育研究中心,1999:28-29.

② 郭晓明.我国澳门课程改革:背景、使命与构想[J].课程·教材·教法,2005(4):93-96.

③ 郭晓明.我国澳门课程改革:背景、使命与构想[J].课程·教材·教法,2005(4):93-96.

而颁布的,且在实际行动中存在违背其精神的倾向,存在"倾向性"免费教育(学校必须加入公共教育网络开设葡语课程才能获得政府津贴)、教育资源向"葡人葡语"倾斜,同时官校所占用的教育经费比例远远高于私校也是不争的事实。这使得由政府精心设计的课程大纲只在公立学校和极少数的私立学校进行,也决定了 1991 年《澳门教育制度》引领的第一次课程改革是不彻底的。

2.新世纪后的课程改革

澳门回归后,整个社会、政治、经济结构样态发生巨大变化。赌权开放、与内地更紧密的经贸关系安排以及内地"往港澳个人游"的实施,使澳门的经济持续高速增长;"澳门历史城区"申请"世界文化遗产"的成功令澳门的旅游博彩业增添一个新的极为有利的因素;而人口增长数量的减少以及政府财政连续多年盈余,政府教育投入的持续增加则为澳门教育素质的提高提供了重要基础和条件,也为课程发展提供了必要基础。[1] 但从澳门长远发展来看,澳门社会还必须保持足够的开放性,凸显文化的多样性,具备与全世界保持全方位沟通的能力,[2]同时又不失去本土特色。澳门的课程改革必然受到澳门整个经济和社会大环境的影响,这给学校课程带来了极大的挑战。

课程改革的再推进和课程制度的确立,是以澳门非高等教育制度改革为大背景和基础的。[3] 为更好适应回归后澳门的政治、经济、文化、社会的发展,特区政府于 2002 年启动澳门教育制度的检讨与修订工作,先后于 2003 年 6 月和 2004 年 3 月推出《持续进步,发展有道——澳门教育制度修改建议》和《〈澳门特别行政区教育制度〉法律草案咨询意见稿》,并采用多种途径和方式广泛倾听和收集社会各界的意见。经过一系列公众咨询后,特区政府在认真研究和总结澳门社会特点、教育特征、学校特色等基础上,于 2006 年 12 月形成并颁布了以政府管理资助与私校自助办学并行、统一学制与多元形式并存、保留办学传统并体现现代化教育理念、追求优质教育等为特点的《非高等教育制度纲要法》(简称《纲要法》),[4]标志澳门教育进入了一个崭新的时代。优质教育需要优质的课程与教学,澳门进入新世纪后的新教育制度专门开列一章篇幅对课程与教学事宜作出规范,从中可以窥见澳门新一轮课程改革的特点。

① 郭晓明.回归以来澳门教育制度的变革[J].全球教育展望,2009,38(5):67-74.
② 郭晓明.我国澳门课程改革:背景、使命与构想[J].课程·教材·教法,2005(4):93-96.
③ 曹旭东.澳门中小学教育:法律、制度与政策[M].北京:中国社会科学出版社,2019:16.
④ 曹旭东.澳门中小学教育:法律、制度与政策[M].北京:中国社会科学出版社,2019:18.

(二)特点

1.建构优质教育成为新一轮课改的最大动力

在回归过渡期前,澳葡政府从不过问华人教育,致使澳门课程呈现自主性、多样性、依赖性的特点。进入过渡期后,政府第一次参与课程改革,但由于第一次改革的不彻底性,并未对澳门的课程产生太多实质性的影响。时代在进步,澳门的社会、政治与经济呈现出向上向好的趋势,然而课程质量却令人担忧。为此,建构优质教育成为推动新一轮课程改革的最大动力。

首先,澳门自回归以来持续加大教育投入,为优质教育的发展铺平了道路。特区政府于 2007 年成立教育发展基金,以支持和推动在非高等教育领域内展开各类教育计划和活动。同时,特区政府为纳入免费教育学校系统的私立学校提供免费教育津贴,对在没有提供免费教育学校就读的学生发放学费津贴。如表 2-3,2020—2021 学年,免费教育津贴最高达 158.43 万元/班,学费津贴最高达 25480 元/人。其次,澳门是大中华地区第一个实施 15 年免费教育的地区。免费教育的顺利实施使得澳门顺利完成"量"的扩张,为澳门教育"质"的提升留出了足够的空间。最后,由于澳门人口出生率持续下降,为小班教学的实施创造了条件,使小班教学成为现实,也提高了教育质量。[①]

表 2-3 2020—2021 学年各类教育津贴经费

教育阶段	2020—2021 学年免费教育津贴	2020—2021 学年学费津贴
幼儿	106.38 万元/班	20970 元/人
小学	115.91 万元/班	23140 元/人
初中	139.68 万元/班	25480 元/人
高中	158.43 万元/班	25480 元/人

2.设置课程"底线",促进课程本地化

澳门中小学课程改革的重点是制定一套体现澳门特点、符合澳门社会未来发展需要的课程框架和各教育阶段的基本学力要求。《本地学制正规教育课程框架》(简称《课程框架》)和《本地学制正规教育基本学力要求》(简称《基本学力要求》)的制定与出台,为澳门各学校课程设置了"底线";人教版《品德与公民》教材的出版,为澳门各学校提供了教材"标杆"。[②]

① 郭丽丽.澳门新一轮课程改革的背景、特点及反思[J].广东教育学院学报,2010,30(1):31-35.
② 范冰川,陈香.澳门中小学《品德与公民》教材的结构和特点[J].青年学报,2015(3):37-42.

有学者对新一轮课程改革前的澳门课程性质进行了总结,认为澳门课程具有价值多元、依赖性和非政治化的特点。[①] 首先,澳门历来被称为"社团社会",各种类型,不同种族、经济、政治、文化和来自不同领域的社团组织,它们具有不同的功能,有着各自不同的影响,代表各自的利益,因而有着不同的教育诉求和课程需要,[②]因此澳门课程是兼顾多方需求的,具有多元价值。其次,澳门的教科书制度一直是"自由制",由于私立学校占澳门学校的绝大部分,教材的出版和选用既不指定也无审定,全凭学校决定。[③] 同时由于澳门地域狭小,人口有限,高等教育规模较小,教材开发能力不足,造成长期依赖外地教材的境况,导致课程缺失本土味。有学者在分析澳门的教科书制度后指出:"在澳门现有的教科书制度里,政府与市场的关系出现了失衡:一个独立于政府之外的教科书市场统治了教科书的生产和消费,政府被隔绝于教科书系统之外。地区的教育标准难以找到现实的依托,这对澳门基础教育的发展未必是一个福音。"[④]最后,"澳门法律草案"中提出澳门特别行政区政府不以任何片面的意识形态或宗教信仰为依据来规范教育内容,以期促进学生对本地文化的独特性及中、外多元文化的理解,使其能开放地面对世界。[⑤] 在此背景下,澳门的道德教育类课程开设较少,所占课时比例很小。

进入新世纪后,特区政府进行了具有针对性的改革。第一,《纲要法》明确提出政府须规划各教育阶段的课程框架,订定学生须达到的基本学力要求,并于 2014 年颁布《课程框架》,2015 年颁布《基本学力要求》。值得注意的是,《课程框架》和《基本学力要求》是要确立澳门教育的基本水准,规定澳门各学段课程的"底线",而非"上限"。[⑥] 为课程设置"底线"有助于把表面多元、实质分散的课程在一定程度上集中起来,避免学校课程纯粹多元化"随意"发展。有了基本标准的"兜底"作用,也能有效弱化澳门学校教育质量参差不齐的问

① 黄显华,霍秉坤.寻找课程论和教科书设计的理论基础[M].北京:人民教育出版社,2005:77.
② 郭晓明.市民社会与课程:澳门课程变革机制的反思[J].全球教育展望,2009,38(6):45-53.
③ 郭晓明.行政吸纳政治:回归祖国以来澳门本地教材开发中的政治冲突与出路[J].湖南师范大学教育科学学报,2018,17(2):60-66.
④ 郭晓明.政府职能与澳门教科书制度的变革[M]//香港中文大学教育学院.课程发展、教师专业发展与学校更新:第七届两岸三地课程理论研讨会论文集,2005:207.
⑤ 黄显华,霍秉坤.寻找课程论和教科书设计的理论基础[M].北京:人民教育出版社,2005:80.
⑥ 曹旭东.澳门中小学教育:法律、制度与政策[M].北京:中国社会科学出版社,2019:20.

题。第二,《课程框架》的出台以及后续《基本学力要求》的制定及其随附而来的小学、初中、高中教育阶段基本学力要求的实施,均对澳门开发本地教材提出了要求。为此,澳门特别行政区政府教育及青年发展局同人民教育出版社合作,相继编写出版了《品德与公民》、中学《历史》、《中国语文》、小学《常识》、《书写我城》(初中文学补充教材)、《澳门地理》(初中补充教材)。这是特区政府第一次有系统地开展本地教材的编写与出版。[①] 第三,对学生德育的重视也是澳门新一轮课程改革的突出特点之一。《纲要法》对品德培养的描述为德育工作提供了重要的方向。此外,特区政府于 2008 年制定《德育政策》,注重培养澳门学生作为国家与特区公民的身份认同,强调品德与公民双重教育。[②]

3.形成权力共享、平等协商的课程决策与领导体制

新一轮课程改革增强了政府在课程决策与领导上的影响力,建立了新的课程决策与领导机制。《纲要法》规定由特区政府整体规划课程框架与基本学力要求,教育机构在此基础上自主发展校本课程。这是对课程决策与课程领导机制的一次重要转变,改变了过去私立学校享有绝对自主权的状况,增强了政府在课程管理领域的影响力,[③]把游离在学校课程之外的政府"拉"了回来,形成政府与学校权力共享的新样态。除了协调政府与学校的权力关系,特区政府兼顾澳门"社团社会"的独特性,在新课程改革中呈现出较强的民主性。政府在引导课程变革以及制定与实施课程政策时,广泛听取和吸收各类社会团体以及广大市民意见,反映多元主体的利益。

(三)经验

1.守正出新,在传承中发展

回归以来,面对 21 世纪对新一代具备素养的要求,澳门教育必须进行调整,处理好传统与变革之间的关系。作为中西方文化的交融地,澳门具有独特的教育特征,拥有自由、开放的私立学校文化,但这也成为澳门学校教育质量参差不齐的主要原因。面对新时代的挑战,特区政府探索出了在继承中积极寻求发展的道路,在保留原有教育制度部分合理理念与做法之余,积极加入新

① 郭晓明.行政吸纳政治:回归祖国以来澳门本地教材开发中的政治冲突与出路[J].湖南师范大学教育科学学报,2018,17(2):60-66.

② 范冰川,陈香.澳门中小学《品德与公民》教材的结构和特点[J].青年学报,2015(3):37-42.

③ 郭晓明.行政吸纳政治:回归祖国以来澳门本地教材开发中的政治冲突与出路[J].湖南师范大学教育科学学报,2018,17(2):60-66.

时代的元素,推进基础教育制度的本地化。① 在课程方面,澳门特区政府规划了具有澳门特色的课程基准,但并未像内地一样给各教育阶段以及各个学科制定对应的"课程标准",而是独辟蹊径地制定学生须达到的"基本学力要求"。② 与此同时,特区政府照顾到澳门独有的私立学校文化,在学校的课程和教材的选择上并未过多干涉,鼓励学校在遵循"课程基准"的基础上自主开发校本课程。此外,澳门在开发本地教材上下大气力,与人教社合作连续编制与出版具备澳门本土特色的教材,努力挖掘和保留澳门的传统与特色。可见,澳门新一轮课程改革并不是完全摒弃传统,而是根据社会发展的需要,创造性地进行本土化的改革实践,在处理传统与变革的关系上维持适当的平衡,在继承的基础上寻求积极的发展,③塑造兼具国际性和民族性的新课程。

2.群策群力,打造优质课程

优质教育的建构是时代赋予澳门的追求,也是澳门全体公众的共同愿景。澳门自回归以来的政策修订、编制与发布都经历了相当广泛的公众咨询,注重来自社会力量的参与,彰显了澳门社会的民主性,课程改革的主动性、动态性、宏观性。在公众的意见和建议中特区政府能够以较为前瞻的以及务实的思维对课程改革中的问题作出积极的应对。与此同时,特区政府也汲取和采纳来自专业团体的建议。比如澳门《本地学制正规教育学生评核制度》的制定就经历了多次会议探讨,对外公布主要建议,召开面向教学人员、家长及学生的座谈会,邀请七位国际知名的评核专家参加专题研讨,历时 5 年。④ 这种既面向专业团体又面向澳门全体公众的咨询,充分体现了教育行政当局与广大民众的积极互动与交流,在集合各界智慧中形成服务于全体的决定,共同致力于教育质量的提升。⑤

---

① 佘永璇,马早明.回归 20 年来澳门基础教育改革发展的成效与经验[J].中国教育学刊,2020(2):21-26.

② 佘永璇,马早明.回归 20 年来澳门基础教育改革发展的成效与经验[J].中国教育学刊,2020(2):21-26.

③ 佘永璇,马早明.回归 20 年来澳门基础教育改革发展的成效与经验[J].中国教育学刊,2020(2):21-26.

④ 澳门特别行政区教育暨青年局.《本地学制正规教育学生评核制度》咨询报告[EB/OL].[2022-06-20]http://202.175.82.54/dsej/edulaw/201706/concluding_report_c.pdf.

⑤ 佘永璇,马早明.回归 20 年来澳门基础教育改革发展的成效与经验[J].中国教育学刊,2020(2):21-26.

二、当前课程改革的主要内容

澳门的课程改革,既是教育本身发展的要求和课程持续完善的需要,同时也是澳门政治、经济、文化、社会等方面发展的迫切要求。[①] 在《纲要法》的引领下,澳门课程改革以"建构优质教育,促进全人发展"为目标,帮助每一位学生发展其潜能,建立正面的价值观,学会学习、学会生存,促进学生全面发展。当前课程改革主要包含以下几方面内容:

(一)确立课程发展的基本方向,构建全面、均衡、多元的课程系统

可以说,《课程框架》和《基本学力要求》的发布是澳门新一轮课程改革的创新之举,也是极具开拓性的课程变革,因为它们确定了澳门课程的发展方向。澳门是一个具有多元社团团体的微型社会,多元化是澳门的标签。但多元化的背后却是学校质量的参差不齐,教材选用的良莠不齐。为改变此状,同时积极回应回归以来澳门社会新发展的多方面需求,特区政府采取了体现时代性、前瞻性,具有国际视野的改革行动。通过构建优质均衡的课程体系,规划各教育阶段的课程框架,订定学生须达到的基本学力要求,为学生提供全面、均衡、多元的课程,优化学校教育活动时间的安排,制定课程发展准则,从而确保澳门非高等教育的基准,提升学校教育质量,使学生在完成各教育阶段的学习后能达到基本的学力水准。《课程框架》和《基本学力要求》的根本目的就是要从课程政策和教育内容上为学生的发展提供保障,推动澳门教育走上新的台阶。

首先,设立学习领域,促进课程统整。在科目之上设置"学习领域",能更好地反映现代科学的综合化趋势,有利于整体规划课程内容,保障学生学习经验的完整性,提高学生的综合素养。这一做法也是发达国家和地区课程改革的主流取向。[②]《课程框架》在参照和借鉴其他国家和地区课程经验的基础之上,结合本地特色,在幼儿教育阶段设立五大学习领域(包含健康与体育,语言,个人、社会与人文,数学与科学,艺术),领域之下不开设科目,倡导幼儿教育课程内容应是综合的,且课程应以灵活多样的教学策略和学习活动实施,避免"小学化"倾向,加强幼小衔接;在小学、初中和高中阶段设立六大学习领域(包含语言与文学,数学,个人、社会与人文,科学与科技,体育与健康,艺术),

① 郭晓明.澳门课程变革的背景与可能路径[J].行政,2004(4):1019-1032.

② 王敏.课框与课程结构的变革[J].教师杂志,2013:2-12.

并在每个学习领域之下开设一个或多个学科,重视课程内容的整合和科目之间的相互渗透,鼓励学校开设跨学习领域或跨学科的综合性科目,注重运用多种教学手段将德育和艺术素养融入课程之中。

其次,完善课程类型,促进个性发展。澳门自回归以来,一直处于稳定和谐发展的状态。这与澳门教育不无关系。澳门抓住国家认同与教育导向的关系,采取教育纠偏行动,加速了人心的回归。

在新一轮课程改革中澳门极其重视对学生的品德培养和公民教育,在加强基础性科目的同时,又加强公民教育、体育和艺术教育,推进课程结构的均衡性以及促进学生的全人发展。为加强学生的品德与公民素养,培养新时代的爱国青年,澳门制定并发布《德育政策》与《青年政策》,配合课程改革对学生进行品德与公民双管齐下的全人培养。与此同时,澳门与人教社联合出版《品德与公民》教材,此教材于2022年获全国教材建设奖,为澳门开发本地教材开了个好头。《课程框架》加大对学生品德与公民、体育与健康和艺术教育的重视力度,在每一教育阶段中规定了三类领域课程必要的课程下限。特区政府于2019年对学生基本学力进行修改,将艺术学习领域下的单门艺术科目扩展为视觉艺术和音乐两个科目。针对澳门学生体育锻炼时间不足的状况,明确规定每个学校要确保每个学生每周参加体育锻炼的时间至少达到150分钟。①

再次,增加高中教育阶段课程选择性。澳门长期以来多数学校课程以必修为主,学生选择范围受限,且课程设置多以升学为主,忽略了学生的就业取向。为此,《课程框架》规定学校须在高中教育阶段开设选修课程,选修科目应尽可能多样化,并可包括语言、社会与人文及经济类科目、数学及自然科学类科目、体育及艺术类科目、技能导向教育科目;倡导学校应尽可能让高中教育阶段的学生根据个人的兴趣及未来升读高等教育课程或就业的需要,选修上述课程,也可同时选修不同类别的课程。

最后,重视语言教学,兼具语言本土化和国际化。澳门自2006年启动新课程改革,就对提升基础教育的外语教学素质提出了要求。2008年,在澳门特区的经济、政治、文化、社会以及非高等教育的快速发展,与内地交往的需求日益增长,成为大中华地区与葡语国家间文化和经贸交流平台,并以发展成国际城市为目标的背景下,为确保中华文化在澳门的进一步发展,并考虑澳门的多元文化特色,特区政府根据《纲要法》第37条规定,出台了《语文政策》。特区政府从澳门法律、历史、文化特色等各方面考虑,明确中、葡、英三语的地位,

---

① 王敏.课框与课程结构的变革[J].教师杂志,2013:2-12.

优先强调"两文"(中文、葡文)、"三语"(粤语、普通话、葡语);培养中葡双语人才;构建推广普通话、葡语和英文的有效机制;为学校、教师及其他机构的语文教育提供充足的资源;完善语文教育的相关法规。

(二)加强高质量教师队伍建设,重视专业发展

《澳门教育制度》规定了教学人员要具备一定的学历,以及职业培训的内容,包括职前、在职以及延续培训。《纲要法》对教师及教育工作人员的规定更加严格且细致,首次提出专业发展的概念,并确定专业发展是教学人员的权利和义务,规定教学人员须在配合澳门特别行政区教育发展的要求下,通过参加培训、自主学习、研究和实践等多途径,以灵活的方式实施。

澳门特区政府既重视教师的职业保障,又将教师的专业发展作为关键环节。[1] 回归初期主要关注校长培训,要求教师参加政府围绕创思教学等主题组织的培训,2010 年起开始有序举办各类"研习计划及教师培训",2004 年开始关注骨干教师培训,2005 年实施"校本培训资助计划",到 2007—2008 学年则进一步实施"脱产进修"和"休教进修"等新政策。[2] 最值得一提的是,特区政府分别于 2010 年和 2012 年相继出台《非高等教育公立学校教师及教学助理员职程制度》和《非高等教育私立学校教学人员制度框架》,分别对澳门公立学校与私立学校教职人员的招用、薪资、考评等进行了详细的规定。值得一提的是,是针对澳门以私立学校为主的教育特色而专门出台的,是首部系统规定私立学校教学人员的法律,保障私立学校教职人员的合法权益的同时,对私立学校师资的薪酬、职称、考评等相关程序进行了详细的规定。为配合《非高等教育私立学校教学人员制度框架》的落实,特区政府于 2012 年 9 月成立"教学人员专业委员会",专门制定教学人员专业标准、教学人员专业发展活动的审核准则、"卓越表现教师"荣誉的颁发细则等。此外,教育暨青年局专门成立"教师培训工作协调咨询小组",为教师配置专业辅导人员,减轻教师的非教学负担,为教师提供专业帮助。《纲要法》和《非高等教育私立学校教学人员制度框架》对教学人员的专业素质和专业发展做出了要求,有效促进了校长和教师队伍的建设。

(三)实施多元评核,发展多元能力

课程评价是课程发展的重要环节,直接影响学校的课程实施及教学。为

① 郭晓明,谢安邦,朱世海,等.澳门回归以来加强教育治理的经验[J].港澳研究,2020(3):49-58.

② 王敏.澳门教师专业发展政策分析与展望[J].全球教育展望,2009,38(6):54-62.

落实《纲要法》第 25 条规定,特区政府多年来持续推进有关"学生评核制度"法规的草拟工作,于 2016 年进行了公开咨询,于 2017 年公布了咨询总结报告,并且开展了两轮访校活动,在综合社会各界意见的基础上制定了澳门《本地学制正规教育学生评核制度》(简称《学生评核制度》)。《学生评核制度》在《纲要法》提出的形成性评核、总结性评核、特别评核及检定评核的基础上,进一步规范了这四种评核的定义及目的,并规定"对学生的评核以形成性评核为主,并透过多元模式实施"。除了澳门本地的学生评核,澳门还积极参加国际测评比如由 OECD 策划的 PISA(学生能力国际评估计划),以及由 IEA 发起的 PIRLS(全球学生阅读能力进展研究),并在两项测试中均获得较好的成绩。

(四)给予学校足够的弹性时间和空间自主开发和实施课程

基于澳门的特殊历史,需要在政府规范和学校自主之间找一个平衡。为此,特区政府一方面通过《课程框架》和《基本学力要求》设置课程规范标准,另一方面也给学校留有足够的弹性时间和空间开发校本课程,使澳门学校课程保持本土化和多元化的色彩。学校课程的自主性主要体现在以下几个方面:(1)学校可自主安排每个年级的课时,具体科目设置、选修科目以及每个科目每周上课节数;(2)学校可根据本校办学理念、学生特色开设《课程框架》中未列出的科目;(3)可自主决定开设综合的"社会与人文""自然科学""艺术",或者开设分科的"历史""地理""生物""物理"等科目;(4)学校可根据本校条件和学生的兴趣需要,自主决定余暇活动的种类;(5)不同科目每节课的时长可不相同,同一个科目根据内容及学习活动的不同需要,每节课的时长也可不相同;(6)学校在基于标准的基础上可自主开发具有本校特色的校本课程。①

三、面临的问题与趋势

(一)问题

1.课程标准"门槛"太低

《课程标准》和《基本学历要求》是澳门本次课程改革的核心,它打破了隔绝政府与私立学校的隔板,增加了特区政府在学校课程中的参与度,也在保持澳门课程多元化的同时增添了本土味道。但事实上,所谓"基本学力要求"就

---

① 王敏.课框与课程结构的变革[J].教师杂志,2013:2-12.

是"最低课程标准",①对澳门中小学教育的要求并不高,而要发展澳门特区的课程,打造优质教育,不应该只设这个课程标准。

2.政府与学校的关系仍待协调

如何保障政府既能有效规范学校,又给予学校足够的自主空间,仍是澳门在深化课程改革过程中需要思考和处理的关键问题。不论是 1991 年的《澳门教育制度法》,还是 2006 年的《纲要法》,都对澳门特区政府、教育暨青年局在课程决策中的权力进行了"限制"、对公私立学校的教学自主权进行了"确认",这既是对澳门教育传统中注重"学校教学自主权"的延续,又是对"政府不直接干预学校课程"的调整。② 可见,政府在"干预"学校课程方面还是处于"小心翼翼"的状态,特区政府还需在协调政府与学校之间的关系,让政府"大大方方"引领学校教育的发展,又给予学校足够自由生长空间方面更加努力。

3.教材问题依旧突出

学者方炳隆用"价值多元的依赖型课程"描述澳门私立学校的课程性质,这是因为澳门私立学校历来拥有教科书选用权,而选用的教材主要来自内地、香港台湾。③ 同时,开发一套教科书投入大、周期长、收效慢,而且澳门人口不过 50 万,教材印数少,利润空间极为有限,出版商对专门为澳门师生编写、出版教科书的兴趣不高,造成了长期依赖进口教科书的局面。④ 进入新世纪后澳门意识到欲加强本地课程的发展,就需要开发本地教材。特区政府与人教社合作出版的《品德与公民》是澳门开发本地教材的一次成功尝试。但由于澳门过去的"自由制教科书制度"对澳门课程发展影响颇深,使得澳门长期使用外地教材,尤其香港教材占支配性地位,因此澳门学校之中依旧存在许多学科教材不符合澳门本地的政治、经济、文化和社会等方面的特点,这不利于课程目标的落实。⑤ 即使有出版商开始提供"澳门版"的教材,但大多也只是对"香

---

① 曹旭东.澳门中小学教育:法律、制度与政策[M].北京:中国社会科学出版社,2019:17.

② 曹旭东.澳门中小学教育:法律、制度与政策[M].北京:中国社会科学出版社,2019:25.

③ 方炳隆,高德祖.澳门学校课程改革与学校优质教育[M]//澳门大学教育学院,澳门特别行政区教育暨青年局."优质教育:传统与创新"国际教育研讨会论文集.澳门:澳门大学教育研究中心,1999:28-29.

④ 富兵.澳门公民教育的缺失及《品德与公民》教科书的回应[J].全球教育展望,2011,40(8):81-86.

⑤ 郭晓明.澳门课程变革的背景与可能路径[J].行政,2004(4):1019-1032.

港版"教材的改写而已。[①]

4.语言课程仍需加强

语言是一个文化传承的重要载体,澳门作为东西方文化交融地,需关注全体市民的语言素养,对接国际的同时也要传承文化。"三文""四语"是澳门文化和社会生活中一个十分独特的现象,也是困扰澳门基础教育课程发展的一个重要问题。[②] "三文""四语"是澳门社会的财富,但对于学生来说,在有限的时间内同时掌握这么多种语言是不太可能的。此外,各语言在澳门学校中的开设情况无法满足澳门实际的语言使用需求,有学者在分析教育暨青年局2016—2017学年的统计数据时,发现目前澳门特区的中小学采用中文、葡文、英文为教学语言的分别占88.6%、4.3%、17.1%,从数据上来看中文教育占主导地位,符合澳门回归后的实际情况和政治导向,但对于在澳门的土生葡人、外聘公务员子女,以及希望在澳门特区政府工作和想赴葡求学发展的人而言,澳门未能充分发挥其独特的语言和文化优势。[③] 有学者在研究澳门多语状况时也发现葡文只有葡籍人士、土生葡人和接受过专业葡语训练的人士才掌握,流通性十分有限。[④] 同时,澳门回归后,内地对于澳门语言文字应用的影响主要体现在汉语拼音和简化字的使用方面。可以预料,随着澳门与内地各种贸易往来的进一步加强,这种影响将会不断加强。[⑤] 但葡语是国际性商贸语言,是全球第七大语言(全球两亿多人讲葡语),如何利用澳门优越的地理位置和语言资源,建立葡语培训和研究中心,培养中葡双语人才,是一个值得重视的问题。[⑥]

5.校本课程非"校本"

多样化是澳门学校课程历来的特点。回归前政府对学校采取放任自流的态度,致使澳门有多少所学校就有多少种学校课程。几所学校几种课程,是否意味着每所学校的课程都是校本课程? 有学者曾在1997年就指出,这样的

---

① 富兵.澳门公民教育的缺失及《品德与公民》教科书的回应[J].全球教育展望,2011,40(8):81-86.

② 郭晓明.澳门课程变革的背景与可能路径[J].行政,2004(4):1019-1032.

③ 曹旭东.澳门中小学教育:法律、制度与政策[M].北京:中国社会科学出版社,2019:156.

④ 张媛媛,张斌华.语言景观中的澳门多语状况[J].语言文字应用,2016(1):45-54.

⑤ 张媛媛,张斌华.语言景观中的澳门多语状况[J].语言文字应用,2016(1):45-54.

⑥ 张桂菊.澳门回归后"三文四语"教育现状研究[J].比较教育研究,2009,31(11):13-16.

"校本课程"似乎只能"符其字义",与校本课程的原意和精神有相当差距。①校本课程是学校结合自身办学理念、实现合格特点设计和开发的课程,但多数澳门学校的课程都是直接从校外移植过来的,这样的校本课程属于一种无意识的分散状态,②无法突出学校的办学特色,不可称之为"校本课程"。

(二)趋势

1.推出"地区课程指导纲要"

以古德莱德提出的"五种课程"理论来看,政府层面的课程只属于正式的课程,要如何转化为被学校和教师理解并付诸实践的课程,以及最后为学生所用的课程,这个过程的转化十分关键。要实现"政府的课程"转化为"学校的课程",这中间还需搭建一转化桥梁。《课程标准》和《基本学力要求》虽为私立学校设置了"门槛",但这个"门槛"并不高,且在学校层面落实课程上还是较为宏观了些。关于这一点,有学者提出特区政府应当研制"地区课程指引",为澳门学校的课程发展提供指导。"课程指引"至少包含两个方面:一是"课程改革指引",它与课程改革蓝图和各阶段的课程框架配套,旨在向学校和社会更全面、更深入地阐述本澳课程改革的理念、规划、政策,以及课程改革对学校、社区及其他社会组织的要求。二是特区政府为学校开发的相关"课程指引",按学习领域或科目编制与"基本学力要求"相配套的"课程指引",可为学校的课程规划、实施、评核乃至教师专业发展提供建议和指导,有助于学校和教师提高自己的课程开发能力和教学质量,确保各教育阶段课程框架与基本学力要求行政法规的落实。③

2.建立课程决策动态共享机制

在《纲要法》推动下的课程改革中,澳门建立了新的课程决策机制,增加了政府在课程决策与领导上的影响力,从法律层面确立了政府和学校共同负责课程决策的新的领导机制。不过,特区政府与学校的关系较为复杂,不能只采用"自上而下"或"自下而上"的单一模式。对于澳门多元化的特殊性,"自上而下"的模式容易扼杀多元化的发展,同时也必会遭到澳门社会各界的强烈反对。澳门长期以来的实践告诉我们,在没有足够外部力量的推动下,学校课程

① 黄素君.浅谈优化澳门课程的路向[M]//澳门大学教育学院,澳门教育暨青年局."优秀教育:传统与创新"国际教育研讨会论文集.澳门:澳门大学教育研究中心,1999:66.
② 黄素君.浅谈优化澳门课程的路向[M]//澳门大学教育学院,澳门教育暨青年局."优秀教育:传统与创新"国际教育研讨会论文集.澳门:澳门大学教育研究中心,1999:66.
③ 苏朝晖,梁励,王敏.澳门课程改革的背景、取向与展望[J].全球教育展望,2009,38(5):55-66.

的发展是不容乐观的。可以说,特区政府欲向学校"施压"的同时也必会受到来自私立学校的压力,但压力与压力之间的相互对抗作用并非负向的。正如富兰所说的"压力和支持对成功而言都是必需的。我们通常认为压力不好,而支持才是好的。但是在变革中,压力发挥着积极的作用,因为有许多力量在维持着现状。当变革发生时,因为有了某些压力,才引发了行动。在变革过程中,变革实施者之间的互动把压力和支持结合起来"①。因此,澳门应同时重视"自上而下"和"自下而上"两种力量的作用,并在二者之间形成一种良性互动,建立政府与学校之间动态的课程决策机制。当然,这对于政府而言是具有挑战性的,如何保证这种动态是一种良性的动态,如何把握权力共享的度确保政府不过分越界,如何真正缓解私立学校对政府的敌对情绪,这些问题都有待思考和解决。

3.建立教材认定制

澳门教材"自由制"是自发生成的,实行已有近百年,且澳门自身资源有限,开发能力尚不足。因此现阶段要求澳门开发所有学习领域或科目的本地教材是不切实际的。有学者针对澳门教材问题提出澳门有必要建立一种"有限度的教科书认定制",②在这种制度里,政府在参与教科书的管理的同时,还应主动为教科书的编写、出版、发行、选用及推广提供信息和技术等方面的支持。例如,政府应结合各不同教育程度地区课程框架和"基本学力要求"的研制,为教科书的编写提供指引,包括本地区课程设置发展的可能方向、教科书的编写如何配合本地区的课程框架和课程标准等;政府应跟踪本地区教科书的出版、发行及选用情况,定期发表相关研究报告,为教科书的出版、发行和选用提供服务;政府还可有计划地通过研讨会、购买服务等方式,组织专家、有关学校和出版商对一些有影响的教科书进行研究,协助其进一步获得改进。③

4.重视语言类课程的改革

对于未来语言课程的改革,特区政府仍需关注以下几点:一是加强澳门市民的文化身份认同。建立澳门中文教育的传统,包括粤语、繁体字、澳门地域文化等。在中文课程方面,要加强文言文教学、重视澳门本土文学、加强汉字书法教育、坚持"写繁识简";在教材编写上,要在小学低年级完成普通话及汉

①　富兰.变革的力量:透视教育改革[M].北京:教育科学出版社,2000:97.

②　郭晓明.政府职能与澳门教科书制度的变革[M]//香港中文大学教育学院.课程发展、教师专业发展与学校更新:第七届两岸三地课程理论研讨会论文集.2005:207.

③　郭晓明.市民社会与课程:澳门课程变革机制的反思[J].全球教育展望,2009,38(6):45-53.

语语音教学,在小学与中学教材中贯穿澳门文学,落实"写繁识简",在高三应实行弹性化和多元选择。① 二是扩大葡语教育的范围。澳门作为中葡文化共存的特殊存在,要想持续发挥其在大中华地区与葡语国家之间的文化与经贸交流作用,就必须加强对葡语人才培养的重视,加强私立学校以正式课程设置葡语课的积极性。② 三是应加强澳门学校与葡语国家(尤其是"一带一路"倡议中占重要地位的葡语国家)之间的合作交流,让学校师生有足够多的机会接触葡语、使用葡语;与葡语专家建立长期合作关系,打造澳门葡语课程与教材。

5.支持和促进校本课程开发

首先,要明确校本课程的概念定义。澳门的校本课程应该是基于《课程框架》和《基本学力要求》,结合学校自身教育理念、办学特色、学生与教师的特点以及办学条件而开发编制的课程。其次,要加强澳门教师的校本课程培训。实际上,从澳门的课程发展历程来看,或者是学校及教师的"课程观"来看,澳门的校本课程还有相当一段长的路要走。③ 教师的课程开发意识和能力薄弱是阻碍澳门校本课程发展的一大因素。为此,加强对澳门教师的校本课程培训,提升教师对校本课程的理解力、转化力、领导力,加强澳门教师与内地、香港教师定期交流和经验分享,是当下促进校本课程开发最为现实有效的方式之一。再次,校本课程发展需要建立系统而有效的支持系统,特区政府可专为澳门校本课程建立标准或指导纲要,指导学校校本课程的开发。总而言之,校本课程的开发可以说是增强澳门学校课程本土化的突破口,该如何让校本课程落地应是特区政府未来要持续关注的问题。

---

① 郭晓明.探寻澳门中文教育自身的传统[J].行政,2015,28(4):977-993.
② 曹旭东.澳门中小学教育:法律、制度与政策[M].北京:中国社会科学出版社,2019:167.
③ 黄素君,吴娟.澳门教育革新之路:浅析澳门校本课程的发展[J].西南大学学报(社会科学版),2010,36(2):80-83.

第三章
粤港澳大湾区教师教育发展现状及展望

第一节　粤港澳大湾区教师队伍建设与发展历程

教师是人类社会最古老的职业之一。社会生产力的发展使一部分人从生产劳动中分离出来，逐渐形成了学校教育，教师作为独立的社会职业也随之出现。到了现代社会，为了适应经济与社会发展需要，义务教育、高等教育、职业教育、创新教育等多样性的教育形式出现，不仅需要大量的教师，而且对于教师的教育技能和知识储备有较高的要求，由此产生了专门培养教师的教育形式，即教师教育。随着教师队伍的不断壮大，教育水平的不断提高，师资培养标准也相应提高。各国开始设立教师的学历标准和任职条件，完善职前、职后的教师教育体系，不断提高教师的专业性与教育水平，使教师教育发展进入一个新的阶段。

联合国教科文组织在《学会生存——教育世界的今天和明天》中指出，现在教师的职责已越来越少的是传递知识，而越来越多地在激励思考，不再是单纯地传授某方面的课本上的专业知识，而是重在激发学生对某个学科或领域的学习和研究兴趣，激发每个学生的潜能。

顾明远提出了教师教育三个阶段：第一，教师职业要具有不可替代性；第二，推动教育硕士学位的设立；第三，推进教师教育专业化。学校分为幼儿园、小学、初中、高中等多个层次，各个层次对教师的专业要求也不一样，与此相对应，师范教育的模式也应有所区别，由此顾明远提出了四层次论：第一层次是师范专科学校，招收高中毕业生，学制两到三年，培养初级中学教师；第二层次是四年制师范学院，培养高级中学教师；第三层次是五年制的师范大学或综合大学，培养重点中学和中等师范学校的水平比较高的教师；第四层次是师范院校和综合大学的研究生院,培养师范专科学校和师范院校的教师。[①]

我国的教师教育学位制度在师范教育体制下是以文理学士学位为主的一种制度,缺乏基于专业性的教师教育学位制度。1996 年 4 月,国务院学位委员会决定设置教育硕士专业学位。1997 年 9 月,首批攻读教育硕士专业学位的学生入学,掀开我国教育硕士专业学位教育事业发展序幕。教育硕士学位在我国的设置,为中小学教师获取研究生学历开辟了渠道,使得教师有机会系统性地进修学习,让大学教师来帮助中小学教师提高水平。

2019 年,中共中央、国务院印发了《粤港澳大湾区发展规划纲要》,提出了"打造教育和人才高地"的高要求和新期望。粤港澳大湾区要加强基础教育交流合作,研究开放港澳中小学教师、幼儿教师到广东获得教师资格并任教。支持珠三角九市借鉴港澳吸引国际高端人才的经验和做法,创造更具吸引力的人才引进环境,实行更积极、更开放、更有效的人才引进政策,加快建设粤港澳人才合作示范区。

为了探究粤港澳大湾区教师队伍建设与发展历程,我们从数据出发,认识大湾区各个地区,包括两个特别行政区(香港、澳门)和广东省 9 个城市(广州、深圳、珠海、佛山、惠州、东莞、中山、江门、肇庆)的学校和教师的发展情况。

(一)广东省教师队伍建设与发展历程

1.广东省教师队伍建设的基本规划历程

广东高度重视教师教育发展,对教师的培养与培训工作也十分重视。《广东省教育现代化建设纲要实施意见(2004—2010 年)》中就规划了明确的目标,规划提出,高中、初中和小学教师具有高级专业技术职务的比例分别达到30%、15%、45%左右;中等职业学校专任教师学历基本达标,"双师型"教师占专业课教师 60%以上,具有高级专业技术职务的比例达到 30%左右。另外在教师教育方面,规划提出,要整合教师培训资源,加强区域师资培训基地建设,建立健全适应各级各类教师发展需要的继续教育制度。设立"强师工程"专项资金,扶持经济欠发达地区各级各类教师接受继续教育。努力办好教师在职硕士研究生班、教育管理硕士班,实施"利用网络教育提升中小学教师学历工程",加强职业教育"双师型"师资、学前教育师资队伍建设。到 2010 年,形成学前和小学教师以专科为主、普通中学和中等职业学校教师以本科为主且硕士占一定比例、高等学校新进教师具备硕士以上学位的新三级专任教师学历和学位结构体系。

---

① 王英杰.顾明远教育思想研究[M].北京:教育科学出版社,2018.

在 2010 年的《广东省中长期教育改革和发展规划纲要（2010—2020 年）》中，又进一步提出，通过建立教师继续教育和终身学习机制，形成全员培训以远程为主、骨干培训以面授为主、个性化培训以校本为主的培训体系。改革和完善教师培训制度，健全教师培训网络和机构，充分利用本地教育资源，构建区域性教师培训中心。推进教师培训信息化，加快实施教师教育网络联盟计划，大规模、低成本、高效益培训教师特别是农村教师。

中共广东省委、广东省人民政府出台的《关于全面深化新时代教师队伍建设改革的实施意见》指出，到 2022 年，广东省幼儿园专任教师大专以上学历比例达到 90％，小学、初中专任教师本科以上学历比例分别达到 80％和 95％，高中阶段学校教师硕士研究生以上学历比例达到 20％，职业院校专业课教师中"双师型"教师比例稳定在 60％以上。

《广东省教师队伍建设"十三五"规划》中又进一步提出，2017 年广东省教师专业水平进一步提升，初中教师拥有高级职称的比例，从 6.49％提高到 10.56％，农村小学教师拥有大专以上学历的比例，从 79.4％提高到 92.5％。

《广东省教育发展"十四五"规划》提出了未来广东省教育发展目标：在教师学历方面，要求幼儿园专科以上学历教师比例达到 93％，小学、初中本科以上学历教师比例分别达到 83％、96％，高中阶段学校研究生学历教师比例达到 22％，高职院校硕士以上学位教师比例达到 68％，本科高校博士学位教师比例达到 48％。

2.广东省教师队伍发展的具体情况演变

在"十二五"期间，广东省加大教育投入显著改善学校办学条件，吸引了更多优秀人才投身教育事业。广东教师队伍结构进一步优化，全省各级各类学校专任教师总数突破 130 万人，年平均增长 3.3％。从 2010 年至 2015 年，全省各类学校专任教师的学历水平和技术职称全面获得提升，其中小学专任教师大专以上学历比重、普通初中专任教师本科以上学历比重、普通高中专任教师本科以上学历比重、普通高校专任教师研究生以上学历比重分别提高了 12.2、18.8、4.4、7.8 个百分点。小学专任教师中级职称以上比重、普通初中专任教师中级职称以上比重、普通高中专任教师中级职称以上比重、普通高校专任教师副高级职称以上比重分别提高了 0.6、7.0、4.0、1.1 个百分点。2013 年底，全省小学教师大专以上学历比重、普通初中教师学历达标率、普通高中教师学历达标率从 2012 年的 88.14％、99.13％、95.99％上升至 2013 年的 90.06％、99.35％、96.19％。另外，教师队伍结构逐步优化，中青年教师已成为教师队伍的主体，高层次人才队伍建设取得一定进展。2015 年，小学教师学历达标率、普通初中教师学历达标率、普通高中教师学历达标率分别为 99.98％、99.96％和 98.76％，分别比全国平均水平高出 0.07、0.3 和 1.0 个百分点，排全国第 8 位、第 2 位和第 7 位。全省各级各类学校生师比均呈下降态势，到 2015 年，全省小学、普通初中、普通高中、中等职业教育、普通高等学校的生师比已经从 2010 年的 19.7、18.8、16.7、35.6 和 18.8 分别下降到 18.5、12.9、13.6、26.1 和 18.7，分别下降了 1.2、5.9、3.1、9.5 和 0.1 个百分点。生师比是教育保障的重要指标，指一个专任教师负责的学生数量，数值越低，表示一个专任教师负责的学生数越少，理论上教学质量就越高，教育保障水平就越好。

在"十三五"期间，广东省全省各地加大财政支持力度，通过人才引进、公开招录等多种方式选拔优秀人才，充实地方教师队伍，全省教师力量扩大，人员素质逐步提高。具体表现在以下两个方面。一是教师人数明显增加。2019 年末，全省各阶段各类学校专任教师 149.14 万人，比 2015 年增长 14.1％，年均增长 3.4％。二是教师学历水平逐步提高。2019 年，全省小学教师专科以上学历占 99.98％，比 2015 年提高 4.68 个百分点；普通高中教师本科以上学历占 99.35％，比 2015 年提高 0.59 个百分点；高等教育学校（机构）专任教师博士以上学历占 28.70％，比 2015 年提高 6.82 个百分点；普通高校教师高级职称比例达到 40.38％，比 2015 年提高 1.86 个百分点。同时，全省小学教师达标率 99.98％，接近全部达标；普通初中教师达标率 99.98％，比 2015 年提高 0.02 个百分点；普通高中教师达标率 99.35％，比 2015 年提高 0.59 个百分点。

截至 2020 年，广东省各级各类学校的专任教师已经接近 154 万人，其中普通中学和小学的教师占比较高，分别占总教师数量的 29.4％和 37.3％。根据教育部发布的《中国教育监测与评价统计指标体系》，生师比是指某学年内，每位专任教师平均所教的学生数，可以反映教师资源的充裕程度。2020 年广东省各级各类学校的教师数量与生师比分布如图 3-1 和图 3-2 所示，广东省 2020 年有各级各类学校在校学生总数 2520.7 万人，平均生师比为 16.4。其中技工学校、中等职业学校、高等学校的生师比普遍较高，其次是小学，生师比为 18.4，均超过平均值，说明教师资源相对较少，普通中学和幼儿园的生师比较低，说明教师资源相对充裕，教师有更多的精力，可以关注每位学生，达成更好的教学效果。

3.2020 年省内 9 市各类学校师资情况对比

对于中等职业教育、普通中学和小学三类较为典型的学校类别，我们分别统计了大湾区广东省内 9 个城市的情况，以横向对比各个城市之间的差异。

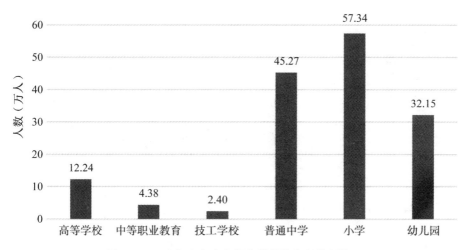

图 3-1　2020 年广东省各级各类学校专任教师情况

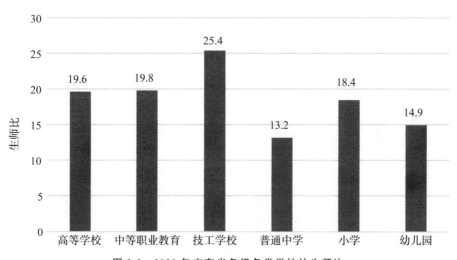

图 3-2　2020 年广东省各级各类学校的生师比

就中等职业教育而言(见图 3-3),广州专任教师最多,珠海最少,作为一线城市的深圳,由于职业学校较少,因而教师数量也较少,仅与肇庆的教师数量相当。从图中可以看出,中等职业教育主要分布在广州、佛山、东莞三个城市。各城市之间生师比的差异较大,最低的为深圳,生师比为 13.6,最高的为惠州,生师比为 23.9。中等职业教育学校生师比的平均值为 18.7。

就普通中学而言(见图 3-4),广州和深圳两个一线城市,其专任教师数量较高,均超过 4 万人,相应的,其生师比低于 13,广州的生师比为 12,是大湾区

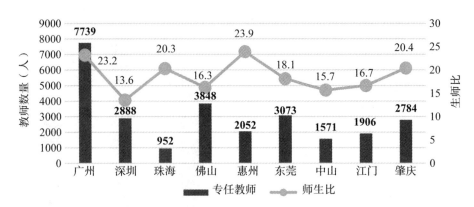

图 3-3   2020 年大湾区 9 个城市中等职业教育的专任教师数量和生师比

9 个城市的最低值。大湾区 9 个城市中教师数量最少的是珠海,其次是中山,但是珠海相应的在校学生也较少,其生师比为 13.4,处于较低水平,中山生师比达到了 14.1(超过了平均值 13.6)。生师比最高的是东莞和惠州,达到了 14.5 和 14.6,说明东莞和惠州的普通中学教师相比广州和深圳的教师,其教学负担较重,教师投入到每个学生的精力十分有限,相对而言,不能很好地关注每个学生的学业情况。

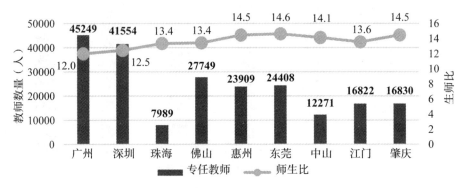

图 3-4   2020 年大湾区 9 个城市普通中学的专任教师数量和生师比

就小学而言(见图 3-5),类似中学,广州与深圳的教师数量最多,珠海与中山最少。生师比最低的为深圳和广州,分别为 17.9 和 18,最高的为东莞和江门,分别为 20.1 和 20。小学的生师比平均值为 19.1,在三个类型的学校中最高。以上分析可以说明在大湾区的 9 个城市中,生师比差异较小,小学教师资源最为紧缺,小学教师负担也最重。

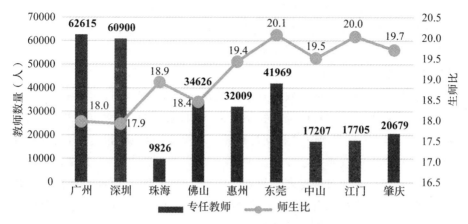

图 3-5　2020 年大湾区 9 个城市小学的专任教师数量和生师比

(二)香港特别行政区教师队伍的发展情况概述

1.香港教师队伍建设基本规划

1881 年 9 月 12 日,香港第一所师范学堂在港岛湾仔开办。进入 20 世纪 10 年代以后,香港的教师教育开始得到初步的发展。从 20 世纪 50 年代起,伴随着香港社会经济的发展和基础教育的扩张,香港的教师教育得到了比较迅速的发展。[①] 进入 90 年代以后,香港的教师教育发展迅速。除了"两大"(香港大学、香港中文大学)之外,其他新建大学(如浸会大学、公开大学)也都相继增开师资培训课程,加入培养和培训教师的行列。

不同于亚洲其他地区常采用的中央主导式教师和校长培养模式,香港自 1999 年起推行自主性较高的校本管理政策,令学校的决策获得充分的尊重,各类利益相关者更认同学校的愿景和使命,并推动学校采用更多元化的管理模式,以加强问责和提升质素。[②] 由于香港教师队伍建设处于较高水平,因此,在制定教师队伍建设规划时,香港特区政府主要关注如何保持现有师资水平,如何为存量教师的发展提供机会。2004 年 7 月,立法会财务委员会通过拨款 5.5 亿元设立基金,以提供多元化的校本专业支持计划,帮助学校提升能力,推动各项教育改革措施。自基金设立后,通过(1)校长支持网络、(2)学校支持伙伴(借调教师)计划、(3)专业发展学校计划、(4)大学—学校支持计划和

---

① 周洪宇,但昭彬.香港教师教育的发展与启示[J].高等师范教育研究,2000(3):75-80,58.

② 香港教师及校长专业发展委员会."扬帆起航,迈向卓越"进度报告[R/OL].[2022-07-30].
　https://www.edb.org.hk/irooms/eservices/T-surf/Content/Documents/cotap_progress_report_2015-tc.pdf.

(5)同侪参与与校外评核等五项计划,支持学校及教师发展。[①]

近年来,香港特区政府越来越意识到培育人才是香港持续进步和保持竞争优势的关键。专业的教学团队能有效促进学校发展,为学生提供优质教育。现今社会瞬息万变,专业教学团队须与时并进、持续发展,以装备学生迎接 21 世纪的挑战和机遇。如何有效及有策略地推动及支持教师持续专业发展,是重要的教育议题。香港特区政府在培育人才和提升教育质素方面积极承担,投放大量资源,推行多项改善和支持措施。在 2017 年施政报告中,香港特区行政长官林郑月娥宣布成立专责小组,深入研究八个教育范畴,其中包括教师专业发展。教师专业发展专责小组在 2017 年 11 月成立,由邱霜梅博士担任主席,其他 18 名成员来自中学、小学、特殊学校、办学团体、大学、教师团体,亦包括人力资源管理专业人士及教育局代表。专责小组负责跟进和检视有关提升教师专业发展的事宜,秉持"专业领航,直接聆听"的宗旨,在其职权范围内,就学界关注的课题,聚焦研究切实可行的措施。[②]

现时,香港公营小学和中学设有学位教师和非学位教师两个职系。非学位教师无论在专业地位还是薪资水平上均处于不利地位。教师全面学位化是政府的工作目标,全面落实教师职位学位化,有助提升教师专业地位,挽留和吸引优秀人才,进一步提升教育质素。为吸引优秀人才加入教师专业,全面实施教师职位学位化,《行政长官 2018 年施政报告》宣布由 2019—2020 学年开始,公营中、小学的教师职位全面学位化,但同时给予学校适当弹性,可因应校本情况在两年内全面落实政策。教师专业发展专责小组建议学校利用全面落实教师职位学位化的机会,检视教师职务,丰富工作内涵,因应教师的经验及专长做适当安排,让学位教师能涉猎多样化的专业职务配合专业成长,积极主动参与和支持学校发展。提升教师专业角色及职能可强化教学团队专业能量,鼓励专业发展文化。

2022 年以来,伴随着出生率的下降和疫情等多重因素的影响,香港未来学龄人口将持续下跌。考虑到未来学龄人口持续下跌属于结构性下跌而非过渡性下跌且人口跌幅较大,采用以往过渡性的纾缓措施未必适用,因此香港特

① 香港特别行政区教育局.教育事务委员会教育发展基金资助的校本专业支持计划[EB/OL].[2022-07-31].https://www.legco.gov.hk/yr15-16/chinese/panels/ed/papers/ed-cb4-529-1-c.pdf.

② 香港教师专业发展专责小组.教师专业发展专责小组报告[R/OL].[2022-07-31].https://www.edb.gov.hk/attachment/tc/teacher/report-tftpd/TF％20Final％20Report_tc_final.pdf.

区政府也在积极订定长远计划,以应对学位过剩的情况。一方面,在条件许可及有足够资源的情况下,政府将会继续在公营小学推展小班教学。另一方面,政府将进一步审慎规划师资培训的名额,以每三年一周期制定由政府资助的师资培训课程的整体规划,以切合社会的需要。考虑到预计未来数年教师需求减少的情况,在 2022—2023 至 2024—2025 的三个学年,师资培训相关的大学教育资助委员会资助第一年学士学位收生学位数目将会减少。按照目前形势,香港师资培训名额将持续下降。

2.香港教师队伍发展的具体情况演变

2016—2017 学年至 2021—2022 学年期间,香港幼儿园、小学和中学教师的数量、学历水平、受训比例、生师比以及教师流失率详见表 3-1。由下列数据可知,香港幼儿园、小学和中学教师的数量趋于稳定,学历水平不断提升,生师比逐年下降,2021—2022 学年教师的流失率显著上升。2021—2022 学年香港幼儿园、小学和中学教师的数量合计约 7.09 万人。

吸引优秀人才加入教师专业,全面实施教师职位学位化是政府长远工作目标。继 2015—2016 及 2016—2017 学年公营小学的学位教师职位比例由 50% 分别增加至 55% 及 60% 后,在 2017—2018 学年,政府进一步提升比例至 65%;而公营中学的学位教师职位比例由 2009—2010 学年起则已增至 85%。在教师职位全面学位化的政策下,在 2019—2020 学年,公营学校的学位教师职位比例会一次性增加至 100%,即公营小学的学位教师职位比例会由现时的 65% 增至 100%;而公营中学的学位教师职位比例亦会由现时的 85% 增加至 100%。换句话说,在 2019—2020 学年或之后,公营学校核准编制内的所有教席均为学位教师职位。

表 3-1　香港中小幼教育统计数据[①]

类目	学年	2016—2017	2017—2018	2018—2019	2019—2020	2020—2021	2021—2022
幼儿园	幼儿园教师人数	13930	14155	14145	14389	14119	13486
	具备幼儿教育证书或以上教师占比	92.7%	93.9%	94.4%	95.4%	95.9%	96.3%
	学生与教师的比率*	8.7:1	8.6:1	8.4:1	8.3:1	8.1:1	8.0:1

---

① 香港特别行政区教育局.幼稚园、中小学、特殊教育及融合教育统计资料[EB/OL].[2022-07-31].https://www.edb.gov.hk/sc/about-edb/publications-stat/figures/index.html.

续表

类目 \ 学年		2016—2017	2017—2018	2018—2019	2019—2020	2020—2021	2021—2022
小学	小学教师人数	24765	26280	27362	27987	28069	27811
	具备学士或以上学位教师占比	97.05%	97.37%	97.74%	98.14%	98.38%	98.66%
	学生与教师的比率	14.2∶1	13.8∶1	13.7∶1	13.4∶1	13.0∶1	12.5∶1
中学	中学教师人数	28853	28863	28971	29304	29602	29609
	具备学士或以上学位教师占比	98.8%	99.0%	99.0%	99.2%	99.3%	99.4%
	学生与教师的比率	11.8∶1	11.6∶1	11.3∶1	11.3∶1	11.2∶1	11.1∶1

* 数字包括本地幼稚园,但不包括非本地幼稚园。数字是以相等于半日制单位为基础而计算。

(三)澳门特别行政区教师队伍的发展情况概述

1.澳门教师队伍建设基本规划

澳门在 2011 年就制定了《非高等教育发展十年规划(2011—2020 年)》,规划指出,要加强师资队伍的专业水准,加强塑造教师的专业形象,吸引更多优秀人才进入师资队伍;同时建议要多关心 5 年或以下教龄段的教师,加强教师的使命感和责任感,辅助其专业知识、专业能力以及专业自主发展意识的发展。同时,积极支援教师进行生涯规划。另外,还要充分掌握和预估教师队伍的需求,关心教师队伍人力资源状况,在提升教学人员的职业保障和专业地位的同时,推出更多计划吸引优秀人才修读教育专业的大专课程。现时,小班教育的开展和专职人员的配置已为教师"减负"做了贡献,期望日后当《非高等教育私立学校教学人员制度框架》和《正规教育课程框架》立法,教师工作条件得到进一步优化后,能吸引更多有志人士投身教育行列。

在 2016 年《非高等教育发展十年规划(2011—2020 年)》中期评估中的统计表明,教师中拥有"师范培训"者比例大幅增加。幼儿教育、小学及中学教师中拥有"师范培训"者的比例,分别从 2011—2012 学年的 93.2%、87.9%、74.3%,上升至 2014—2015 学年的 98%、96.2%、87.4%。参加教育暨青年局提供各类型培训的教师数总体逐年增加。

在 2021 年编制的《非高等教育中长期规划(2021—2030)》中,澳门对未来的教育进行了新一轮的规划。在优化教师队伍建设中指出:

（1）要探索新型教育形态，培训教师具足够能力应付教育发展；培训教师学习新的教育科技与技术，着重整合科技到学科内容和教学法中；培训教师掌握新的课堂模式；对新型综合学科、哲学逻辑类型学科及生涯规划等提供必要的教师培训；

（2）优化现有教师培训内容和模式，深入了解教师需求，开设更切合需要的培训课程；特别应在学科教育以外，培训教师掌握在学科融入培养学生良好态度及价值观的方法，如个人关爱、道德价值、品德行为、主动认识国家发展及具国际视野等；

（3）推广教研机制，鼓励学校设立教研队伍，提供必要的教研资源和教研员等，进行项目研修，改善教学模式，提升教师的专业能力，构建和发展教师专业进程；

（4）关注《非高等教育私立学校教学人员制度框架》发展情况，持续提升教学人员的职业保障，促进专业发展；

（5）发展公立学校教师职业及专业相关制度，持续提升专业质素；

（6）关怀教师职业生涯，营造尊师重道的社会氛围，关注教师身心健康，着重缓解职业倦怠，促进多元的教师职业发展方向。

2.澳门教师队伍发展的具体情况演变

根据《教育统计数据概览 2021》[①]统计数据，2021 年澳门共有幼儿园、中小学校总计 74 所（包括正规教育和非学制教育），其中公立学校 11 所，私立学校 63 所，其中正规教育学生人数如表 3-2 所示：

表 3-2　2021 年澳门正规教育 K-12 学校师生数量情况分布表

学校类型	幼儿园	小学	中学
学生数量	18908	35450	27627
教师数量	1412	2642	2768
生师比	13.39	13.42	9.98

注：非学制教育的学生数量占比较少，因此此处仅呈现正规教育数据。

2012 年到 2021 年，澳门幼儿园、小学、中学的学生和教师数量基本上都在增长，从生师比数据来看，总体呈现教师数量增长较快，导致生师比下降的

---

① 澳门特别行政区教育及青年发展局.教育统计数据概览 2021 [EB/OL].[2022-07-30]. https://www.dsedj.gov.mo/~webdsej/www/statisti/2020/index.html? timeis = Sat%20Jul%2030%2022;55;03%20GMT＋08;00%202022&.&.

趋势,近年来稳定在 11 左右,即一个教师平均教 11 个学生。学生和教师数量变化与师生比变化详见图 3-6 和图 3-7。

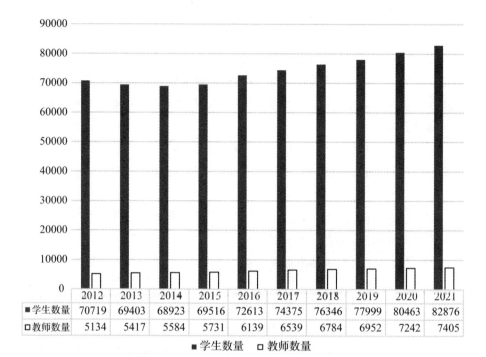

	2012	2013	2014	2015	2016	2017	2018	2019	2020	2021
■学生数量	70719	69403	68923	69516	72613	74375	76346	77999	80463	82876
□教师数量	5134	5417	5584	5731	6139	6539	6784	6952	7242	7405

■学生数量　□教师数量

图 3-6　澳门 2012—2021 年学生和教师数量变化图

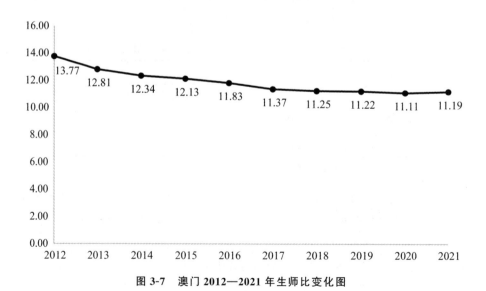

图 3-7　澳门 2012—2021 年生师比变化图

　　澳门教师的年龄分布如图 3-8 所示。从图可知,教师主要为女性,年龄集中在 31 至 40 岁。

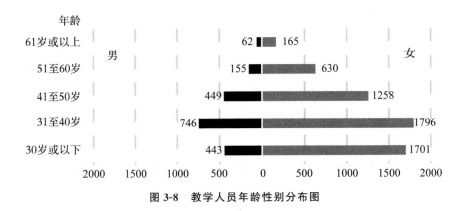

图 3-8　教学人员年龄性别分布图

　　3.澳门教师队伍建设的基本历程

　　整体而言,澳门教师教育发展可以分为萌芽起步阶段、转型发展阶段和行稳致远阶段三个阶段。[①] 一是萌芽起步阶段(20 世纪 30—80 年代):基础教育师资匮乏,多由中学内设师范科培养。在此阶段,澳葡政府对澳门的教育没有法律规定,没有详细规划,没有统一管理,导致澳门这一阶段的师范教育长期处于较低发展水平,低学历、非专业化是教师队伍的真实写照。

　　二是转型发展阶段(20 世纪 80 年代—20 世纪末期):华南师范大学鼎力支持,澳门高校逐步参与。澳门这一阶段的教师教育得以转型发展,一方面得益于多部法律的颁行逐步规范了教师教育体系,使之趋于完备,另一方面得益于多所高校的参与使得办学层次得以提升,教师逐渐走上专业化发展的道路。

　　三是行稳致远阶段(20 世纪末期至今):澳门高校渐担主责,立法促进教师教育体系构建。澳门这一阶段的教师教育真正迈向专业化,教师的学历和接受师范培训的比例明显提升,从 1999—2000 学年至 2018—2019 学年,拥有学士、高等专科学位以上的教师比例由 53.2% 提升至 95.8%。澳门教师教育在立法的进程中逐渐形成职前培训、在职培训、延续培训和专门培训相结合的教师专业发展体系。

　　在澳门特区政府、社会团体和内地各界的共同努力下,澳门的师资发展开始出现新局面。首先,构建了澳门完整的师范教育体系。其次,建立了开放的多元的师资发展机制。澳门的师资除了在独立设置的圣若瑟夜师和澳门大学

①　李树英,李刚.澳门教师教育的历史沿革与未来路向[J].现代教育论丛,2021(1):52-59.

教育学院接受培养与培训外,从 80 年代中期开始,随着教育发展对师资的需要扩大,澳门特区政府和社会团体开始在人才的培养方面寻求祖国内地的帮助。此外,澳门中华教育会还与香港大学教育学院、香港中文大学教育学院联合举办各种师资培训班,对教师进行多种教育教学技能的培训。再次,制定了有关教师发展的规程。我们可以发现澳门师资发展历程有以下特点:第一,澳门的师范教育经历了从无到有、从不正规到正规的过程。第二,澳门的师资水平经历了从低层次到高层次的发展过程。第三,澳门的师资水平提高与祖国的兴衰休戚相关,与华南师范大学的帮助密不可分。

第二节　粤港澳大湾区教师专业发展现状和特点分析

(一)广东省教师专业发展现状与特点

1.广东省教师专业发展现状

"十一五"期间,按照教育部的要求和省里的有关工作部署,紧紧围绕教育改革和发展的中心任务,坚持"面向全员、突出骨干、倾斜农村",积极开展以新课程、新理念、新技术和师德教育为主要内容的教师培训工作。五年来,广东省组织培训新教师 12.8 万人,完成率 99%,教师职务培训 66 万人,完成率为91%;全省组织了 12 万名新课改骨干教师培训,带动了各地"新课改"教师全员培训,保证了新课改的顺利实施;全省有 9000 多名中小学学科骨干教师参加了省级培训,40 余万名教师参加了教育技术能力项目培训;2009 年 7 月,组织全省 14 个经济欠发达市 3.2 万名农村中小学"代转公"教师培训;18 万名教师通过各种学习途径提升了学历层次;2000 多名农村中小学校长、教师参与了省内外名校挂职锻炼、跟岗学习,管理能力和专业水平明显提高;基础教育"百千万人才工程"实施十年取得显著成效,培养了一批名师、名校长和学科带头人。[①] 2009 年,广东省建立了首批中小学"校长工作室"和"教师工作室",充分发挥名师、名校长引领、示范和辐射作用,有效促进了中小学教师队伍整体素质的提升。

广东省为了推进省内中小学教师培训的改革创新,曾在"十二五"期间大

---

① 施雨丹.区域教师教育改革与发展的个案研究:以广东省为例[J].华南师范大学学报(社会科学版),2014(6):39-43,161.

力建设"教师工作室",以提高中小学骨干教师培训的质量和效益,打造中小学名教师品牌。根据《广东省中小学教师工作室建设与管理办法》(粤教继函〔2012〕12号)的规定,每个"教师工作室"由主持人和学科骨干教师组成,形成了集教学、教科研、培训于一体的管理模式。2015到2017年期间,广东省中小学教师、校(园)长工作室共计成立261个,其中教师工作室203个,校(园)长工作室58个。2017年,遴选幼儿园名教师工作室主持人21人,中小学名教师工作室主持人271人,幼儿园名园长工作室主持人21人,中小学名校长工作室主持人69人。2021年,为适应新时期中小学教师、校(园)长、班主任培养培训工作要求,广东省教育厅联合广东省财政厅再次修订并发布《广东省中小学名教师、名校(园)长、名班主任工作室的管理办法》,其指出,通过工作室的建设和培养,进一步提高我省名教师、名校(园)长、名班主任的专业水平和综合素养,打造一批"师德好、业务精、能力强、善创新"的领军教师、校(园)长、班主任,带动一批骨干教师、校(园)长、班主任群体研修,形成整体推进、共同提升的专业成长良性发展机制。每批组建中小学名教师、名校(园)长、名班主任工作室500个左右。要求名教师工作室帮助入室学员剖析教育教学、专业发展等方面存在的主要问题,传授教育教学经验,指导开展课题研究,通过听课、磨课、讲学、举办论坛、网络交流等方式,指导入室学员成长。工作室每年组织入室学员和网络学员参与的集体网络研修活动不少于5次;每年通过名教师工作室网络空间发布生成性教育教学资源(包括课件、案例、教学方法、教学总结、学习心得、教学改革探讨等文字或图形资源)数量不少于200条。广东省财政厅在建设周期内每年安排工作室经费补助,标准为不超过12万元/个/年。

"十二五"期间,教师培训工作面临严峻形势,教师培训重统一培训、轻教师选学,重短期学习、轻持续提升等,教师培训工作还不能满足教师专业发展的需要,还不适应教育改革发展的需要。因此,广东省教育厅出台《关于加强"十三五"广东省中小学教师培训工作的意见》,确立了4项目标,包括:

(1)省、市、县、校四级培训统筹规划、互为补充,确保每位教师5年内完成360学时、每年72学时的培训任务。加强骨干教师、校长培训,省、市县(区)分别按教师总数1%和10%的比例开展骨干教师、校长培训研修。

(2)建立省市县校分级负责、分工明确的教师培训体系,根据教师类别、教师专业发展的不同阶段和学科特点开展分层分类、分科分段教师和校(园)长培训,构建分级负责、层次分明、相互衔接的具有学科特色的精准培训体系。

(3)整合教师培训、教研、科研和电教等机构资源,鼓励地方构建"四位一体"符合地方实际的中小学教师发展中心或加强教师进修学校建设,为教师、校(园)长分层分类精准培训研修、助力教师专业发展提供保障。到 2020 年,各市、县(区)均建有教师发展中心或相应的教师培训机构,并达到规定的建设标准。

(4)围绕教育教学改革,创新培训模式,突出"实践"导向,推动培训理论与实践相结合,线上线下相统一。制定教师培训质量管理意见,研制培训质量评估标准,推进培训规范化管理,提高教师培训信息化管理水平,促进教师培训工作的可持续发展。

此外,在培训体系建设方面,广东省政府也提出要有效利用高等学校优质资源,整合县域资源,建立省、市、县三级教师培训机构,中小学校四位一体的教师专业发展体系。加强省级培训机构建设,重点建设好 8 个省级中小学教师发展中心;鼓励市、县结合实际,整合当地教研、科研、电教等机构资源,建设市、县教师发展中心,并将其打造成当地教师培养培训的重要基地。省研究制定市、县(区)教师培训机构建设标准,推进市、县级教师培训机构建设。加强培训实践基地建设,加强培训实践环节,提高培训实效性。"十三五"期间建设 500 所左右省级中小学教师专业发展示范校,推动市、县建设 2000 所左右教师专业发展学校,为师范生教育实践、在职教师跟岗实践和高校教师挂职锻炼等提供场所,推动教师教育职前职后相衔接。

2.广东省教师专业发展的特点

从广东省教师教育的发展来看,经过多年的积累,特别是广东省经济社会快速发展提供了强大支撑,广东省的教师队伍规模有较大发展,结构逐步优化,教师队伍整体素质有所提高,高层次人才队伍建设取得进展,教师管理制度改革逐步深入。但广东省的教师教育同样面临艰巨的发展任务,需要通过新的体制机制大幅提升全省教师队伍的整体水平。[①]

广东省教师专业发展主要呈现出以下几个特点:

(1)顺应规律,不断促进教师个性化、差异化专业发展。对深圳市 399 名初中教师的教学专业素养(教学认知、教学行为、教学自评、职业倦怠)和发展需求(激励方式、培训进修、教学教研)进行调查,分析发现,教师的实际教学行为与其认知水平存在一定差距,5 年以下教龄新任教师的专业素养发展亟须重视,教龄达到 15 年之后教师专业发展出现明显的高原期,教师对培训进修

---

① 蒋达勇.粤澳教师教育合作:历史回顾与发展前瞻:关于推进粤澳教师教育深度合作的构想[J].高教探索,2013(2):123-128.

内容和教学教研方式具有明确的需求指向性。① 因此,对于教师的培训,广东省展开了很多尝试,提出了一些良好的培训建议。例如,针对中小学教师培训要顺应教师成长规律,针对不同年龄、不同层次、不同地区教师的不足和缺陷,精准设置培训内容,满足他们的个性化发展需求。以 5 年作为一个年龄段将教师组织在一起培训,根据他们的特点和需求进行培训。35 岁是教师成长的高峰期,培训该年龄段的教师时,应侧重引导他们成为骨干教师。即便是对同一年龄段的教师进行培训时,对优秀教师和一般教师也应有所区别,不然就可能出现要么优秀教师"吃不饱",要么一般教师跟不上的现象。

(2)积极借力"互联网＋",满足教师的个性化学习需求。过去,相对于珠三角经济发达地区,来自粤东、粤西、粤北经济欠发达地区尤其是山区的教师的专业素质显然较弱,对这些地区的教师展开更多培训是重要的。特别是将信息技术与教学结合的能力较差,应对他们加大这方面培训。为借助"互联网＋"满足教师学习的多样化需求,形成适合教师专业成长和终身学习的学分互认机制,广州市已建立"课程超市"和"学分银行"。目前已拥有 3000 万学时的优质资源,一年培训教师近 80 万人次。"课程超市"和"学分银行"不但能让教师们随时随地学习,还满足了教师们的个性化学习需求。"课程超市"紧密对接教师的日常教学,受训教师通过混合式培训,在线观看课程,提交研修作业,参与互动交流,得到了个性化的指导。过去很多山区、乡村教师自比为井底之蛙,但现在校校通已基本实现。再偏远的学校,只要接通互联网,都能与世界联通。通识性课程等优质资源,要通过网络共享,扩大教师的选择空间。同时制定激励性措施,引导更多教师主动在线上学习。此外,加强线上培训和线下教学的连接互动,厘清、解答教师在教学中的困惑,让网络培训个性化指导和受训教师的日常教学无缝对接。

(3)教师培训区域发展不平衡,教师专业素质差别大。在广州市及较发达的几个市(区),中小学教师的学历和整体素质较高,中学具有本科学历和小学具有专科学历的比例分别达到 70％和 90％,而偏远地区或者农村的这一比例分别只有 30％和 70％左右,其间的差距显而易见。为了加强区域内教育帮扶与合作,珠三角地区及省属片区与粤东粤西粤北地区建立结对帮扶关系,帮扶地的工作室要将不少于 1/2 的入室学员名额用于粤东粤西粤北地区的骨干教师、校(园)长、班主任培养。特别是,为了帮扶乡村学校,工作室需自主联系确

---

① 蔡金花,曾文婕.初中教师专业素养与发展需求研究:基于深圳市的调查[J].上海教育科研,2018(7):61-66.

定帮扶的薄弱学校,主持人和入室学员每人至少与 2 名乡村中小学教师、校(园)长、班主任结成互助帮扶对子,每年度至少组织开展 1 次送教下乡或下基层活动。

(4)教师培训体系建设滞后,培训质量有待提高,教师教育体系不健全、教师教育改革滞后。目前,广东省教师教育体系还不健全,没有建立起适应各级各类教育快速发展要求的教师培养新体系,办学体制和管理体制不完善,人才培养模式不能适应教育发展的新要求。主要表现在:县区培训机构定位不健全,不明确,功能弱化,资源缺乏,培训者队伍整体素质不高。中小学教师培训主要依托于师范院校,但是部分师范院校对中小学教师培训不够重视,专职从事培训工作的教师职称晋升渠道不畅,影响教师参与培训的积极性。培训课程建设较为滞后,不能完全满足分类、分层、分岗和个性化的培训要求,培训质量监测和评估手段落后。学者也指出,中小学教师培训行政色彩过浓,制度弊端凸显。基于行政命令式的中小学教师培训使参训者存在应付心理,参训只是为了完成上级教育部门下达给自己的继续教育学分任务而已,这样的参训态度必然导致他们参训收获甚微,影响了教师自我发展的意识和能力的培养,是造成培训质量问题的根本原因之一。培训制度的可行性欠缺,中小学教师对培训有排斥情绪。

(二)香港特别行政区教师专业发展现状与特点

1.香港教师专业发展现状

2003 年,香港师训与师资咨询委员会(ACTEQ)提出"校长持续专业发展理念架构"和"教师专业能力理念架构"(如图 3-9 所示)。其中,教师专业能力理念架构将教师专业能力划分为教与学、学生发展、学校发展和专业群体关系及服务等四大范畴,其中教与学范畴包括学科内容知识,课程及教学内容知识,教学策略、技巧、媒体、语言、评核及评估等四个方面的内容;学生发展范畴包括学生在校的不同需求,与学生建立互信关系,学生关顾,学生多元的学习经历等四个方面的内容;学校发展范畴包括学校愿景、使命、文化及校风,校政、程序及措施,家庭与学校协作,回应社会变革等四方面的内容;专业群体关系及服务包括校内协作关系、教师专业发展、教育政策的参与、与教育有关的社区服务及志愿工作等四个方面的内容。师训与师资咨询委员会还提出持续专业发展政策,订立"软指标",鼓励所有教师,不论其级别高低和职务类别,每三年周期内均应参与不少于 150 小时的专业发展活动,以帮助教师及校长规划适切的持续专业发展模式。

政府除了将"教师专业能力理念架构"作为香港教师持续专业发展政策、

作为对教育专业团队的基本要求之外,还在教师的晋升条件中包含了专业发展方面的要求。教师除须具备所需年资或经验之外,还必须在过去十年内完成相应的培训要求,才具有晋升更高职级的资格。

教与学范畴	学生发展范畴	学校发展范畴	专业群体关系及服务范畴
★学科内容知识 —掌握学科内容知识 —更新学科内容知识及探求新的学科知识 —分享有关科目的教学方法 ★课程及教学内容知识 —掌握及应用教学内容知识 —设计、落实及改进课程 —更新及分享教学内容知识 ★教学策略、技巧、媒体、语言 —教学策略及技巧的知识与应用 —善用教学语言能力 —善用不同教学法及多媒体教学激励学习动机 —研究及发扬教学策略及技巧 ★评核与评估 —掌握评核学生方法及程序 —使用学生评核结果 —评估及检讨教学及学习计划	★学生在校的不同需要 —理解学生的不同需要 —识别学生的不同需要及提供支持 —与同侪协作,识别学生的不同需要及提供支持 ★与学生建立互信关系 —明白与学生建立融洽关系的重要性 —培养互信和融洽的师生关系 ★学生关顾 —为学生提供关顾服务 —与同侪协作,提供关顾服务 ★学生多元的学习经历 —参与及执行多元的学习计划 —策划及组织多元的学习计划 —关注学生的全人发展	★学校愿景、使命、文化及校风 —配合学校的愿景、使命、文化及校风 —实践学校的信念、愿景及使命 —营造关怀和愉悦的校园气氛 —检视学校愿景和使命、推广学校文化和形象 ★校政、程序及措施 —了解学校目标及政策 —执行学校政策、程序及措施 —制定学校政策、检讨有关程序及措施,推动学校持续发展 ★家庭与学校协作 —了解学生家庭背景 —与家长保持沟通 —投入与家长有关的活动 —与家长建立互信,促进学校发展 ★响应社会变革 —了解社会转变对学校的影响 —响应社会转变及其相关的社会价值观	★校内协作关系 —与各位同事协作 —与不同组别协作 —在建制内与不同组别协作 ★教师专业发展 —与他人分享知识及成功经验 —为教师专业发展做出贡献 ★教育政策的参与 —了解教育政策 —回应教育政策 —对教育政策做出贡献 ★与教育有关的社区服务及志愿工作 —与社会大众保持互动关系 —参与有关教育的社区服务及志愿工作
· 坚信学生人人能学 · 克尽本职,献身教育	六个基本价值观: · 弘扬师德,关爱学生 · 团队协作,乐于分享	· 尊重差异,多元取向 · 持续学习,追求卓越	
教师成长及发展			

图 3-9　"教师专业能力理念架构"总览

资料来源:师训与师资咨询委员会.学习的专业,专业的学习[R/OL].[2020-07-30].
https://www.cotap.hk/images/download/ACTEQ_Document_2003-Chi.pdf.

　　2013 年 6 月,香港师训与师资咨询委员会重组为教师及校长专业发展委员会(COTAP)。教师及校长专业发展委员会负责就整体的教学专业团队(包括教师及学校领导人员)在职业生涯不同阶段的专业发展,向政府提供意见。2015 年,教师及校长专业发展委员会以"有效的学校领导及积极反思的文化、优秀的教师队伍、有利专业发展的环境"作为主要工作方向,并提出一项名为"T-卓越@hk"的大型计划。① T-卓越@hk 涵盖 T-标准＋、T-数据集 PD、T-培训 β、T-浏览 24/7、T-专能 3、T-分享、T-表扬和 T-桥梁八个重点项目,这些项目将按优次分阶段推行。T-标准＋是指为教学专业团队订定专业标准,就师资培训、持续专业发展及学校领导能力的发展,提供清晰的参考,以期对学生的学习及成长产生正面作用。T-数据集 PD 是指根据全港系统调查建立数据集,制定政策及策略,以协助教师及学校领导人员在职业生涯不同阶段的专业发展,在系统及学校层面设立回馈机制,支持实证为本的决策。T-培训 β 是指探索新类型及模式的培训,以满足教师及学校领导人员不断转变的专业发展需要,提升课程的质素及适切性,并使课程更多元化。T-浏览 24/7 是指建立一站式平台,以供随时随地分享信息及资源,并按个人进度安排专业发展,借此促进专业学习和发展。T-专能 3 是指推行三层启导计划,为迈向事业新里程的教育工作者(准教师及新任教师、中层领导人员和新任校长)提供优质的到校支持服务。T-分享是指优化专业学习社群,以便教学专业团队建立联系网络、分享信息、进行互动交流和协作,从而建立好学敏求的专业团队,加强学校领导能力,推动革新和改善教学法,及促进学生发展。T-表扬是指推行宣扬教师专业及贡献的计划,表彰优秀教育工作者的成就,肯定其专业精神和地位,并予以宣扬,以吸引和挽留人才。T-桥梁是就如何以最佳方式改善师资培训课程的设计及授课安排(例如临床实践模式)进行可行性研究,确保师资培训课程理论与实践并重,以协助新任教师更有效地应对学校各种挑战。委员会期望通过与教学专业团队和学校紧密协作的策略,激发新动力,共同提升学校效能、教师质素和学生表现。

　　2.香港教师专业发展特点

　　香港教师专业发展主要呈现出以下几个特点:

　　(1)在制度层面表现出很强的规范性和系统性。2003 年,香港师训与师

---

① 香港教师及校长专业发展委员会."扬帆起航,迈向卓越"进度报告[R/OL].[2022-07-30]. https://www.edb.org.hk/irooms/eservices/T-surf/Content/Documents/cotap_progress_report_2015-tc.pdf.

资咨询委员会提出"校长持续专业发展理念架构"和"教师专业能力理念架构"。在制度层面既关心普通教师专业能力的发展,也关注学校校长专业能力的培养和发展。此外,在教师专业能力理念架构中,对教师专业能力的要求不仅局限在课堂教学与师生关系,更是将目光扩展到学校发展和专业群体关系及服务等范畴,显现出相关单位制订计划的前瞻性、长远性。2015 年,教师及校长专业发展委员会提出涵盖 T-标准＋、T-数据集 PD、T-培训 β、T-浏览 24/7、T-专能 3、T-分享、T-表扬和 T-桥梁八个重点项目的"T-卓越@hk"的大型计划。这些项目考虑教师专业发展的方方面面,体现出制度层面的规范性和系统性。

(2)在教育模式、课程设置方面具有灵活性和多样性。香港的师资培养模式由于受英美的影响,是一种混合型的师资培养模式。香港中小学师资由综合性大学的教育学院、教育系和香港教育学院共同培养。目前香港对教师职前教育的要求相对灵活,可以采用全日制学位课程(学士学位课程)或一年全日制的学位教师教育文凭课程(教育文凭课程)等培养模式完成教师的职前培养。香港教师的职前教育和培养均由具有颁发学位资格的香港高等教育机构承担。香港教师在职培养的模式也非常多元和灵活。目前,香港提供在职教师培养与培训的机构除了香港大学教育学院、香港中文大学教育学院、香港浸会大学教育系、香港教育学院和香港公开大学等高等学校机构之外,还包括政府或与政府有密切联系的教育机构,例如教育局的专业培训部和香港教师中心所凝聚的各类教育团体等。

(3)在教师个体发展层面具有明显个体专业自主性。在教师继续教育方面,当向教师问及他们如何提升自己的教学教育水平时,内地和香港教师的答案都不离进修课程、参加讲座、阅读自修等方法,唯一明显不同的是内地教师会通过同侪交流去提高自己的水平,而香港教师很少提出这种学习方式。同侪间的交流和分享,例如公开课、教研活动、师徒结对、教学评比、集体备课等等,都是内地教师经常参与的。相类似的活动在香港的学校就甚少发生。整体来说,香港教师与教师之间的合作较内地为少,除了一些必需的工作上的协调(教学进度和考试范围等),教师基本上是独立地运作,各自按照自己的教学教育理念及经验去设计教学、准备教材和在课堂上实施。总体而言,香港教师强调专业自主权的重要性,对专业权威倾向于选择性地接受,对于官僚权威往往呈现抗拒或怀疑态度。香港教师认为自身是课堂教学的最佳决策者,对评估者,尤其是他们认为是不熟悉课堂教学的政府官员、校长和行政人员,自然抱怀疑甚至敌视的态度,评估和听课是对教师的控制而非帮忙。①

(三)澳门特别行政区教师专业发展现状与特点

1.澳门教师专业发展现状

从澳门教师教育的需求来看,20世纪90年代特别是回归以后,澳门特别行政区政府开始更加积极地关注教育,采取了诸如制定教师教育法规、提升教师学历层次、大规模开展教师进修培训等系列举措,使澳门教师教育体系逐步完备,教师队伍的整体水平得到大幅提升。澳门教师队伍的这些变化表明,教师的学历提升虽然在一定时间内仍然是澳门教师教育的重要内容,但是从长远的发展趋势来看,新时期澳门教师教育的改革将以教师专业发展为核心指向,展现出"从注重数量转向追求质量,由注重学历教育转变为学历教育与教师教育、教学技能培训相结合,职前教育与在职进修一体化"的趋势。

澳门特别行政区政府教育及青年发展局发布的《教学人员专业发展规划小册子》对教学人员专业发展范畴及内容、教学人员专业准则、教学人员专业发展活动时数的审核等问题进行了清晰、明确的规定。具体而言,澳门教学人员专业发展规划将教学人员专业发展的范畴确定为教学知能与素养、学生成长与辅导、教育行政与管理和社会与个人发展等四大范畴。教学知能与素养范畴下设教育伦理、学科知识、课程与评量、教学策略、学科教研、班级经营等具体内容,学生成长与辅导范畴下设教育与发展心理、师生关系、品德教育、辅导教育等具体内容,教育行政与管理范畴下设教育政策、学校行政管理、伙伴关系等具体内容,而社会与个人发展范畴下设社区关系、与专业团体的关系、与教育相关的其他专业知识等具体内容。

澳门教育及青年发展局一直致力开展多元化的培训活动,为推动及落实2021年施政方针中"优化教育及人才培养工作",教育及青年发展局按教学人员专业及生涯发展特点,推出多元的本地及赴外培训,以强化师资队伍的建设。2020—2021学年教育及青年发展局为全澳教学人员提供了超过830项培训活动,近26800人次参与。重点培训项目包括"学校领导储备人才培训课程"及"学校中、高层管理人员储备人才培训课程",为新任职校长及学校中、高层管理人员在就任前提供相关专业进修培训,全面提升教学人员在学校领导和管理方面的专业能力;此外,教育及青年发展局提供以新入职教师为对象的专项培训项目,亦综合澳门教育环境发展和教学人员的专业发展需要,提供中

---

① 吴浩明.香港与大陆教师文化差异研究[J].华东师范大学学报(教育科学版),2002(1):71-82.

华传统文化、国情教育、学生心理健康、STEM 教育等各知识范畴的培训活动。通过综合应用线上线下双重授课模式,通过应用不同的授课语言,持续组织精彩多元的培训课程,为教学人员的专业成长创造条件和机会。

2021—2022 学年澳门教育及青年发展局制定的教学人员培训计划包括以下 14 个学科领域大类:语言与文学(中文、葡语、英语)、数学、品德与公民、社会与人文、自然科学、信息科技、体育与健康、艺术、其他(幼儿教育、特殊教育)、教育相关(教育管理、教育策略)。其中,教育管理培训课程共开设 79 班,培训内容包括课堂冲突管理与谈判、组织和时间管理、教师管理和教师领导力、课堂沟通与管理技巧、危机管理、家长沟通技巧、班主任茶座、学校领导储备人才培训等。教育相关培训课程共开设 108 班,培训内容包括如何进行优质教学设计、小组活动策划及带领技巧实务工作坊、小学创意学习活动、正向心理学、如何同理及觉察青少年的情绪、如何预防青少年偏差行为、社交媒体与教师自我展示、从游戏中学习的理念和实践等。教育及青年发展局会提前公布每学年的教学人员的培训计划,对课程授课语言、课时、名额、拟举行日期以及面向对象进行公示,符合条件的教学人员可以提前在网上登记,免费参加。

此外,为了让教学人员能专心投身于提升专业素质的进修活动中,教育暨青年局和教育发展基金对教学人员的专业发展提供一定的经费支持。例如,每所学校可以推荐一名任教时间达到要求的教师离开工作岗位,参与多元化进修活动(休教进修),政府资助期间为 6 个月至 1 年,资助金额上限为 30 万澳币;还可以由校长推荐教学人员、由办学实体推荐校长参加连续 2 周至 6 个月短期脱产培训和每周减免课程节数的定期脱产培训。政府资助金额上限为 2.5 万澳币/月或 1550 澳币/教学日。

2.澳门教师专业发展特点

澳门教师的专业发展主要呈现出以下几个特点:

(1)教师专业发展具有灵活性和多样性。首先,在教师培养方面具有多元性和灵活性,采用学历教育与资格教育并存的教师教育模式。澳门大学教育学院既开设了日间学士学位课程,也开设了夜间的学士后教育证书课程,即使不具备本科师范学习经历也可以通过修读教育证书课程,获得参与教学工作的基本条件。其次,对在职教师的培训相当灵活,教师可以自由选择、自主预约愿意修学的课程,对教师的培训和专业发展不做硬性规定和要求。

(2)教师专业发展具备良好的客观条件。在客观上,特区政府创造各种条件加强教学人员的专业发展。特区政府通过教育发展基金推行"校本培训""休教进修""脱产培训"自主计划,鼓励学校按其发展愿景及校内教学人员的特点自行设计及实施培训计划,并为教学人员创造暂时离开教学工作岗位专注于进行专业发展活动和教学科研的机会。教育暨青年局和教育发展基金对教学人员的休教进修和脱产进修提供一定的经费支持。此外,澳门教育及青年发展局推行终生学习制。教育及青年发展局建立"终生学习奖励计划",教师通过终生学习计划可以到各种活动中参与适合自己的培训,促进自身专业素质的发展。

(3)注重与其他地区教师专业发展的交流合作。澳门特区政府教育及青年发展局与教育部继续联合实施"骨干教师培训计划",以及委托各培训机构开展各项专业发展活动,提升教师的教学效能,促进教师队伍专业的持续发展。此外,2009年也继续开展"内地优秀教师来澳交流计划",透过内地优秀教师驻校进行教学示范及校本教研等活动,塑造相互观摩学习的文化,持续提升教学素质。

(四)粤港澳大湾区教师发展的总体特点

粤港澳大湾区教师教育的共性特征主要包括三个层次。第一个层次是制度体系的共性特征。广东省和香港、澳门均形成了综合型、开放式的教师教育体系。对综合性大学毕业生从事教育工作呈现包容的态度。第二个层次是教师发展价值取向的共通性。粤港澳大湾区秉承教育发展的文化脉络,在发展方向上均以教师专业化建设为目标。第三个层次是外部发展环境的共通性。一方面,粤港澳大湾区作为整体所面向的世界教师教育发展趋势是相同的。这些趋势包括在职前教育领域实践取向的教师培养、教师教育专业认证模式的推广、教师专业发展终身学习体系的建立、互联网背景下教师学习方式的转变等。另一方面,湾区整体面向世界和湾区内部三地之间表现出合作与竞争的多面性,粤港澳大湾区教师教育发展的外部环境均是开放、多元的。

粤港澳教师教育的相异之处也包括三个层次。第一个层次的差异在于发展目标。粤港澳三地教师教育的属地性特征决定了其教师教育发展目标的差异性。第二个层次的差异在于发展的规模和水平。根据2017年的统计结果,广东省幼儿园、小学和中学的教师总人数分别约为51.5、45.1和59.4万人,其中具有本科及以上学历的教师占比分别约为6%,67%和66%,香港幼儿园、小学和中学的教师总人数分别约为1.4、2.6和2.9万人,其中具有本科及以上学历的教师占比分别约为55%,97%和99%,澳门幼儿园、小学和中学的教师总人数分别约为0.13、0.24和0.28万人,其中具有本科及以上学历的教师占比分别为89%,92%和98%。教师队伍人数在数量级别上就存在明显差异,在教师整体学历水平上,香港、澳门地区的教师整体学历水平远远优于广东省内。第三个层次的差异在于教师教育发展重点。广东教师教育发展与广东省建设教育强省的目标一致,主要服务于广东省教育现代化建设。香港的教师专业发展重点在在职教师的专业持续发展和院校协作等支援计划上。澳门教师教育近几年重在制度建设。①

由于地缘和价值观念等方面的相似性,粤港澳地区的多方交流、优势互补,在教师培养与培训、基础教育课程改革、优质教育资源共享以及教师教育与科学研究等广泛领域的持续、深度合作是粤港澳大湾区教师教育发展的重点方向之一。

第三节　粤港澳大湾区教师教育发展的政策突破点

回顾广东和澳门在教师教育领域的合作历史,我们不难发现,无论是始于20世纪30年代中等师范教育的"迁徙落地",还是20世纪80年代以后以华南师范大学为主导的大规模教师学历教育和培训交流,一个非常显著的特征就是广东对澳门在教师培养和培训方面进行"单向度""窄领域"的输入和支持,澳门对广东教师的培养培训等"反哺"能力还非常微弱,双方在教师教育研究、基础教育课程改革、教育资源共享等方面尚未形成规模和体系,基于双方互动、优势互补、全方位的合作局面尚未形成。这主要是基于历史原因而导致双方教师教育发展水平存在差距,在一定程度上也因为双方缺乏常规沟通机制和在资源优势互补方面缺乏整体研究和主动构建。总体而言,现有困境的深层原因无非以下三点。一是制度差异性影响深度合作。二是校校合作发展缺乏品牌项目。大部分活动局限于学校之间,而少量由区域政府部门主导的活动缺乏稳定和持续性和广泛影响,更没有形成具有跨区域影响力的教师合作交流"品牌"项目。三是管理机制与专业认识不同,目前尚未出现能促进粤港澳大湾区教师专业发展、具备较大影响力的社会组织。政府主导性不强、协同管理运作机制缺失,教师专业标准存在巨大差异。②

---

① 施雨丹.比较视角下粤港澳大湾区教师教育发展探析[J].广东技术师范大学学报,2020,41(1):25-31,41.

② 唐信焱.粤港澳大湾区教师专业发展区域协同的现状、困境与对策[J].中国成人教育,2021(8):71-75.

《粤港澳大湾区发展规划纲要》明确提出要粤港澳三地联合办学,合作发展,打造人才高地。因此,作为培养高端技术技能人才的职业院校教师,首先要具有合作理念,加强对港澳高等教育和职业教育的研究,增进三地教师的交流和合作,进行资源互通和交往,促进优势互补,实现共同发展。其次,还要有国际视野,学习借鉴港澳职业教育的先进经验和港澳吸引国际高端人才的经验做法,把国际上和港澳经济社会发展和人才培养的新理念、新方法、新要求带进课堂,为大湾区人才设计提供智力支撑。要基于大湾区的教师发展现状和特点,广东省内城市和香港、澳门互相借鉴,发挥大湾区区域协同的作用,制定和改进教育政策。与广东省和内地其他区域、香港特别行政区以及台湾地区的教育交流与合作不断深化,2011—2014 年,澳门与内地 18 个省市进行了交流合作 123 次,与香港的交流合作共计 17 次,与台湾的交流合作共计 5 次。

为促进粤港澳大湾区教师专业发展区域协同,可以从以下几个方面进行突破。

(一)粤港澳大湾区教师队伍建设政策突破点

1.提升教师专业地位和薪酬待遇

在提升教师专业地位和薪酬待遇方面,香港进行了大量尝试。例如,香港对师范专业的招生录取考核相较于其他专业更加严格,师训院校需要对教师教育课程申请人的学业成绩、语言水平、综合素质、从教潜质等方面进行综合审查与评定。除了较高的薪酬待遇和社会地位之外,为了进一步提升教师职业的吸引力,香港特区政府近年来不断加大对教师教育的经费投入,制定了多项奖学金政策,成为吸引优秀学生报考师范专业的重要因素。

香港教师资格制度对申请人学历和专业资质的严格限定,促进了香港中小学教师来源的多元化和高质量教师队伍的储备,为培养造就高素质专业化教师队伍,推动香港教育事业健康可持续发展奠定了重要的基础。① 香港的教师教育与教师资格是紧密结合的,教师资格申请人所受的专业教育是取得教师资格的前提。当前内地教师资格制度改革可以借鉴香港特别行政区的有益经验,在不断提高教师待遇和社会地位的基础上,探索和逐步优化教师资格申请人接受专业教育与教师资格考试环节相结合的制度设计。世界上不少国家都对吸引优秀青年从教开展了多方实践。比较典型的如日本把教师纳入公务员体系,教师具有很高的社会和经济地位,如芬兰教师虽然工资收入一般但

① 刘璇璇.香港中小学教师资格制度的历史、特点与启示[J].教师教育研究,2017,29(3): 93-99.

具有非常高的社会声誉和专业自主性。一个关于优秀学生为何选择不当老师的研究发现,较低的经济收入和社会声誉是最重要的原因,除此之外还有职业发展前景暗淡,也包括认为教师专业"不够严谨"的看法。[①] 本研究表明较高层次的工资收入,再加良好的工作条件和生活环境是吸引优秀青年从教的前提性条件。

有效地创设吸引优秀青年从教的环境,从社会层面讲,需要提供富有竞争力的经济收入,从职业内部讲,需要营造具有较高自主性的从教环境。我国在这方面也做了大量的努力,近些年来我国不断提高教师的经济收入和政治与社会地位,如乡村教师补贴政策的落实增强了乡村教师工作的稳定性。全国范围内对教师工资收入不低于当地公务员平均工资水平政策落实情况的督导,使得提高教师收入水平的政策得到真正落实。正在修订的教师法中提出公办中小学教师是国家公职人员,这将提高我国公办中小学教师的政治和社会地位。此外,增强教师工作的自主性是留住优秀青年,充分发挥优秀青年潜能的重要条件,在这方面研究并不充分,在实践中亦有很大不足,需要加强研究并在实践中营造较为自主的环境,这是芬兰教师队伍建设给我们的重要启示。

2.缩减区域、学校内教师待遇差距

目前粤港澳地区之间,除了香港和澳门教师薪资水平相比内地教师薪资水平较高之外,广东省内 9 个城市(广州、深圳、珠海、佛山、惠州、东莞、中山、江门、肇庆)教师薪资水平也存在较大差异,因此,教师专业发展水平不一,教育专业发展培训所具备的基本条件各不相同,区域间的资源共享和合作也呈现出单边输出的模式。这一模式显然不利于区域间的长久合作和发展。除了区域差异之外,学校内有编制的老师和无编制的老师在待遇上和地位上也存在较大的差距,这不利于教师队伍的长期有序健康发展。在香港,教师全面学位化是政府的工作目标,全面落实教师职位学位化,有助提升教师专业地位,挽留和吸引优秀人才,进一步提升教育质素。为吸引优秀人才加入教师专业,全面实施教师职位学位化,《行政长官 2018 年施政报告》宣布由 2019—2020学年开始,公营中、小学的教师职位全面学位化,但同时给予学校适当弹性,可因应校本情况在两年内全面落实政策。在广东,由于教师编制有限,不能满足地区对教师的需求,因此编外教师大量存在。吸取香港经验,进一步解决当前学校内部同工不同酬的问题,应当成为广东省教师队伍建设工作的重点之一。

① MANCENIDO Z.How high achievers learn that they should not become teachers[J]. Harvard educational review,2021,91(4):433-456.

3.优化非师范毕业生教育准入门槛

目前,我国采用"师范院校为主体、高水平综合大学参与"的教师培养模式。过往经验表明,未修读教师教育课程,经历教育实习的教师在入职初期会遭遇比师范专业毕业生更多的困境和压力,而且这种高强度的压力与情绪并不利于教师的职业认同和效能感,对其长远的职业生涯发展会产生不利影响。在读期间适度的养成教育是必要的,这就需要思考高水平综合大学如何为那些有意成为教师的学生提供关键的教师教育学习经验。一种可能的途径是由综合性大学自主开发教师教育优质课程。这些核心课程要以教师教育专业标准为依据,以教师教育课程标准为具体参照,选取其中核心课程形成教师教育选修课程模块。此课程模块要充分借鉴芬兰综合大学研究型教师教育课程的经验,需要具备精品化,且要融入研究联系实践。[①] 课程向非师范专业的学生开放,学生既可选修整个模块,也可选修其中个别课程。

另一种可能的途径是吸取香港经验,开设一年全日制的学位教师教育文凭课程(教育文凭课程),使得本科修学其他专业的、有志于投身教育工作的学生可以获得相关文凭,参与教师工作。相比单纯的教师资格制度,教育文凭制度的优势在于能够为学生提供更系统、严谨的教师教育课程,综合培养教师职业能力和职业情怀。在课程学习过程中建立的人际关系也对日后工作有所助益。

4.营造良好的新教师成长的生态环境

支持性的工作和成长环境对于新教师的职业适应和身份认同来说非常重要。学校和区域的教师培训为新教师快速适应工作提供了重要的支持,有力地促进了他们的教师身份认同。但同时,新教师也遭遇了较大的职业压力,压力的其中一个重要来源就是班主任工作。对教师来说担任班主任是职责所在,但对新教师而言更为重要的是打好教学基本功,这不论对于他们的专业能力提升还是职业生涯的长远发展来说都是重要的。但由于新建学校多而大部分新教师入职后就担任班主任,再加上班主任工作头绪繁多,这给他们的专业发展和职业感受带来了很大的困扰。近年来全国部分重点城市吸引了大批高水平大学毕业生从教为我国高质量教师教育体系建设注入了活力。同时,学校和学区也建构了较为系统的教师培训体系,为新教师的职业适应与专业发展提供了重要的保障,使得高水平综合大学参与教师教育的政策

① DARLING-HAMMOND L,LIEBERMAN A.Teacher education around the world[C]. London and New York:Routledge,2012:20.

诉求正在逐步实现。以构建高质量教师教育体系为目的,高水平综合大学参与教师教育在高素质生源和学科教育方面优势突出,但还缺乏必要的教师教育课程建设。入职培训课程还需更加专业化。新教师对学校管理民主化的诉求更高,这不失为改进学校管理理念和文化的契机。同时,需要为新教师提供更加专注于钻研教学教育能力,减少非教学工作负担的生态文化。

(二)粤港澳大湾区教师专业发展政策突破点

1.完善教师教育制度建设

在完善教师教育制度建设方面,可以进行以下几方面尝试:(1)教师教育的机构设置应力求合理,避免重叠设置,同时应力求各相关机构之间的协调。(2)在集权与分权中寻求合理的平衡。加强教育管理民主化、法制化和师范院校办学自主化程度是今后内地教师教育管理体制改革中应特别注意解决的问题。(3)改变封闭定向型师资培养模式,走定向型与非定向型相结合的混合设置道路,完成由独立设置培养机构的封闭型教师教育体制向混合型的教师教育体制转型,建立教师终身化的继续教育制度是今后内地教师教育必然的发展趋势。(4)完善学历教育、资格教育、专业发展相融合的教师教育体系。(5)课程设置应突出专业特点,灵活多样,注重基础,加强应用,以适应知识经济时代的需要。(6)改变单纯依赖国家办学和政府拨款的状况,建立面向社会办学、面向社会筹资的新机制。①

2.尊重多元文化的同时加强政府教师培训

在教师培训方面,一方面尊重多元文化价值观,发展灵活自主的教师专业发展模式。可以借鉴澳门的制度,培养多元文化价值观指导下的教师教育理念,将参与何种培训的选择权适度地下放给教师个体。在教师教育中渗透多元文化的价值取向,在职前、在职教育中开办多元文化教育的培训课程,以培养教师多元文化教育的意识,拓展实践方面的认知和技能。鼓励教师成为可持续的、主动的专业探究者。② 教师专业发展政策应充分考虑教师发展的差异性,通过提高培训的针对性而使教师发展培训变得更加直接和有效。

另一方面也应加强并调整政府组织的教师培训。政府举办的培训活动的价值是其他机构举办的培训活动所不可替代的。这类有政府统筹安排的活动能节省资源,把握未来教师发展整体方向,满足许多学校的共同要求。但政府

① 周洪宇,但昭彬.香港教师教育的发展与启示[J].高等师范教育研究,2000(3):75-80,58.

② 张红峰.澳门教师教育的发展历程研究[J].教师教育研究,2015,27(1):52-59.

举办的培训在方向和侧重点上须作出调整,尤其要关注的是教师专业发展中的一些共通性问题必须与政府所要推行的重要政策相呼应。政府在组织教师培训时,要明确应重点关注的专业发展领域,要针对教师目前及将来最需要的培训内容:按其需要程度的高低依次为有效沟通技巧、学科知识、学科教学法知识、学生心理辅导、资讯教育技术、通识知识、课堂管理策略、儿童心理发展、教育革新理念、教育教学研究方法、学生学习理论和班级事务管理等。

3.提高教师培训的专业性

目前教师培训中也存在多方面的问题,如继续教育培训形式化严重、网络培训效果一般、培训太多、部分培训太理论化和针对性不强等。不少教师反应在教师培训过程中,"一般都是老师在前面讲,我们在下面听,互动性少了一点,我觉得可以稍微有一些互动性的模式,比如说安排一个任务跟大家合作去做,项目式学习类似的,单纯地去听也就是纸上谈兵嘛。有具体的实操的过程会更好一点"。也有校长突出强调校本培训的重要效果:"我们学校校本培训最有效,实操性的培训最有效,就给他搞样本,然后你来学,然后你根据你自己的班级的情况和你学科的情况进行调整。你根据你的情况,你再把个性化的东西放到里面去。"

专业化的培训是促进其专业发展的基础,需要增强教师培训的在场性、对话性、针对性和选择性。网络培训是中小学教师继续教育的重要方式,但比较缺乏现场感,学习过程的体验性一直被中小学教师诟病。网络培训中教师和学习者在缺乏现场感的情况下,会影响教学情绪,容易造成疲劳状态。而且中小学教师的学习以问题导向为主,大规模的网络培训很难照顾到教师真实的学习需求,要尽量减少教师网络培训活动,同时切实提高网络培训课程中主讲教师、课程资源、教学设计的水平和质量。网络课程应该是主讲教师和制作团队反复研讨后把讲授内容和网络学习形式充分结合的产品,而不是主讲教师讲授后由制作团队简单加工的产品,但现有的绝大多数教师网络培训课程是粗放型的。这种质量的网络课程往往要面对数万数十万名学习对象,是一种不负责任的和非专业的表现。此外,教师在职学习中知识技能的补充性传授需求是很少的,更多的是在实践情境中的问题导向的反思性学习,所以教师培训中的互动与对话就更为重要。教师改变不是让他们获得一套固定的教学技能和学习如何运用特定的教学方案,而是为他们提供持续成长和问题解决的机会。针对新教师所面临的具体任务和遇到的困境,有针对性地设计学习任务和研讨活动,在新教师的实践探索中展开分享和对话为教师带来持续的成长。这种成长是自我持续的和富有生产力的改变。① 长期的、合作的和探究取向的在职教育对于改变教师的信念和实践是比较成功的。②

4.持续加强教研员队伍及教师教育专家队伍建设

教研员是沟通理论与实践的桥梁,是超越校本教研局限性,整合学区优质学科资源,开展高水平教研活动的超级联络人。教研员是以学科为主线,以实践为基础,以理性思考为特点的优秀教师和教育教学研究者,他们的经历和工作特点对为新教师提供适切的研修活动具有天然的优势。新教师对教研员组织的科学教研活动认同度很高,认为既可以解决他们棘手的问题,又能够给予他们引领,在活动中的参与和互动也很强。但教研员短缺较为严重,也要加强教研员专业能力提升,如规范的调查研究能力,表达写作能力,对教育教学新理念新思想的理解和转化能力等。

除教研员外,教师教育专家对教师专业发展的影响也是深远的。在香港,香港师训与师资咨询委员会重组为教师及校长专业发展委员会,吸纳了大量高校教师教育专家和学者,为香港教师专业能力理念架构的提出,为香港"T-卓越@hk"等大型计划的提出与推进贡献卓越理论。2010年启动的广东省中小学"百千万人才培养工程",也由广东省教育厅组织专家对整个项目进行了细致的设计和规划,明确了高端教育人才培养的目标,确定了"理论先行、实践为重"的培养内容,策划了"五结合五阶段"的创新培养模式。专家团队的参与有助于明确培养对象的学习目标,培养过程中的目标导向、任务驱动,以及培养对象所需满足的最低学习任务要求,促使培养对象对照学习任务进行自我检查和激励。

(三)粤港澳大湾区教师教育区域协同发展政策突破点

在区域协同方面,可进行全方位合作的综合改革。建立职前联合培养机制,通过实施联合招生、教师互派、学生互换、课程互补、学分互认和学位互授联授等途径,创新大湾区教师培养模式,深化教育教学改革,开阔学生的知识视野,增强实践能力。可以搭建职后培训合作平台,大湾区联合实施教师终身学习计划,依托两地具备教师职后培训和继续教育条件的高校,通过组建类似

---

① FRANKE M,CARPENTER T,FENNEMA E,et al.Understanding teachers' self-sustaining,generative change in the context of professional development[J].Teaching and teacher education,1998,14(1):67-80.

② RICHARDSON V,PLACIER P.Teacher change[M]// RICHARDSON V.Handbook of research on teaching.4th ed.Washington D C:American Educational Research Association,2001:905-946.

"大湾区教师交流学习中心"工作基地等。另外,还可以通过促进教育科学研究合作,鼓励大湾区多地教师深入基地合作研究,联合攻关,共同促进素质教育改革发展,促进学生的全面成长成才。大湾区应建设优质资源共享平台,以及开展优势领域合作办学。[①] 在区域协同发展方面,华南师范大学的施雨丹提出了坚持以创新驱动、先试先行为导向,坚持以资源共享、合力共赢为目标,坚持以需求对接、质量提升为路径的发展理念,具体如下[②]:

1.坚持以创新驱动、先试先行为导向

粤港澳大湾区跨境合作的异质属性,决定了教师教育深度合作亟待创新性发展。走好这关键一步,需赋予粤港澳大湾区"先试先行"的角色定位,把粤港澳大湾区的创新本质与教师教育的创新需求相结合,围绕粤港澳大湾区教师教育协同发展议题大胆创新协同策略,在重点领域和关键环节率先突破。要以不断深化制度创新为核心,破除制约创新的思想障碍和制度藩篱。从内外动力两个层面探索解决制度创新的实施与执行问题,即从宏观领域做好以政策法规、治理机制等顶层设计为主的外动力创新,以及微观领域职前培养、职后培训、专业资格认证等内动力创新,逐步构建粤港澳大湾区教师教育协同发展的创新体制。

2.坚持以资源共享、合力共赢为目标

资源共享理念不是简单的对资源重新组合或分配,而是优势互补,合力共赢。资源共享是协同发展的目标和决策前提,其核心内涵是通过共享实现优势最大化,其本质是系统优化和促进系统升级,重塑大湾区教师教育合作模式。从发展目标来看,协同发展的目标指向从根本上回应了以大湾区教师教育整体利益为先的改革思路。共享才能共赢,二者互为因果,相辅相成。粤港澳大湾区教师教育协同发展要发挥好湾区"9+2"子系统的各自优势,坚持共享精神,探寻教师教育协同发展之路。

3.坚持以需求对接、质量提升为路径

粤港澳大湾区三地的教师教育发展目标不同,因而具有不同层次的合作需求。面向未来,粤港澳大湾区教师教育协同发展要充分了解各方需求,明确需求差异,梳理需求清单,以便落实精准合作。粤港澳大湾区三地要积极利用

---

① 蒋达勇.粤澳教师教育合作:历史回顾与发展前瞻:关于推进粤澳教师教育深度合作的构想[J].高教探索,2013(2):123-128.

② 施雨丹.粤港澳大湾区教师教育协同发展的价值、困境及改进策略[J].华南师范大学学报(社会科学版),2021(5):74-82.

多边合作机制,助推异质的"城市教师教育"向"区域教师教育"转变,真正实现有效互动,同时配合教育发展整体规划,形成合理的区域教师教育生态分层态势。另外,粤港澳大湾区教师教育要结合自身定位和发展目标,以提升人才培养质量为本,拓展协同范围和内容的广度和深度,强调对内对外共同合作、共同发展,增强协同发展主体的参与动力。

第四章

粤港澳大湾区高等教育一体化发展：
基础、难点及对策

第一节　粤港澳大湾区高等教育一体化
发展的基础和优势

　　2019 年 2 月,中共中央、国务院印发实施《粤港澳大湾区发展规划纲要》,并指出要"支持粤港澳高校合作办学,鼓励联合共建优势学科、实验室和研究中心""充分发挥粤港澳高校联盟的作用"。新时代背景下,推进粤港澳大湾区高等教育一体化发展、构建富中国特色的一流区域高等教育体系,不仅是粤港澳大湾区经济社会和科技创新发展的重要支撑,而且也是"一国两制"背景下区域高等教育改革发展的一次伟大尝试,更是实现我国高等教育现代化、打造南方教育高地的关键举措和现实需求。粤港澳大湾区高校身处一区三地、"一国两制"的特殊环境,区域内高等教育资源丰富,体制多元,需求旺盛。不论是对于高等教育国际化发展,还是之于区域高等教育合作,都有着天然的优势及扎实的基础。推进粤港澳大湾区高等教育一体化发展,既有利于加快和扩大新时代中国高等教育对外开放探索经验,支撑国家实施创新驱动发展战略,同时,对于建设一流的区域高等教育体系,促进优质高等教育资源均衡发展也有着深刻意义。然而,不同于纽约湾区、旧金山湾区、东京湾区等世界其他著名湾区,"一个国家、两种制度、三个关税区"赋予了粤港澳大湾区更多的特殊性和复杂性,三地在政治制度及法律体系,办学体制及办学理念等方面的相互差异,客观上影响了大湾区高等教育合作的广度与深度,对于粤港澳大湾区高等教育一体化发展形成了诸多挑战。基于此,本节试图厘清粤港澳大湾区高等教育一体化发展的基础与优势,探讨粤港澳大湾区高等教育一体化发展的困境与难题,并深入剖析粤港澳大湾区高等教育一体化发展的对策与出路,从中洞察区域高等教育一体化发展与政策之间的共进关系，进而为区域高等教育一体化发展提供理论支撑和证据支持。

一、区域高等教育一体化发展的理论及实践

"区域一体化"（regional integration）常见于经济领域，主要用以描绘和阐释通过消除区域间经济合作障碍、实现经济要素自由流动，扩大区域经济合作发展的过程。伴随理论研究与实践发展的深入，传统经济学视角下的区域一体化发展理论得到了"学术扩张"，并被广泛应用于地缘关系、教育管理等各个领域，"区域一体化发展"不再由"区域经济一体化发展"来简单替代。[①] 经济学理论对高等教育的渗透与辐射促使人们思考区域高等教育一体化发展过程中的关键议题，尤其是在夹杂着知识全球化、高等教育发展不均衡、优质教育资源稀缺、国际竞争加剧等诸多因素的大环境下，实现区域高等教育的互联互通与融合发展变得尤为必要和关键。所谓高等教育一体化，有学者指出，其不仅是政治、经济、文化等领域的一体化在高等教育领域的延伸，而且是一定区域内的高等教育在发展过程中为了达成良好格局，通过突破各种体制机制障碍，推动教育资源优化配置、联动发展及其效益的跨时空流动，形成区域聚合体，从而提升区域高等教育综合实力的过程。[②] 而区域高等教育一体化则可以理解为推进区域高等教育合作、重置区域高等教育资源、优化区域高等教育结构的一个动态过程。其本质是对区域高等教育资源的统筹配置，是对高等教育发展模式和标准的全新探索，是对区域产业经济发展出现新变化后的人才培养模式创新。[③]

不过，有必要认清的一点是，区域高等教育一体化发展并非均等化或同质化，也不等于推行某种单一的高等教育办学理念或发展模式。相反，区域高等教育一体化的目的是通过高等教育综合改革和体制机制创新等途径，达到扩大高等教育合作，实现优势互补、学科共建与资源共享等功效，并实现区域高等教育多元化、多样性、多层次的发展格局。因此，在推进区域高等教育一体化发展的进程中，应该立足本土情境，全面考量各地高等教育的历史传统和发

---

① 庞效民.区域一体化的理论概念及其发展[J].地理科学进展,1997(2):39-47.
② 董云川,常楠静.区域高等教育一体化的远景与近为[J].大学教育科学,2020(5):23-31.
③ 袁晶,张珏.长三角区域高等教育一体化发展:动因、内涵与机制创新[J].中国高教研究,2019(7):33-38.

展特征,并因地制宜地制定推进区域高等教育一体化的支持政策,从而有效增进高等教育之间的合作交流,实现高等教育资源的合理配置。另外,区域高等教育一体化也不是各地高等教育机构之间的表层合作抑或是资源的简单叠加,而是以系统性、协同性、自主性为指导原则,整体推进区域高等教育系统和高等教育结构的优化,其最终目的指向高等教育的内涵式发展,实现区域高等教育质量的全面提升。

在已有的实践中,欧洲高等教育一体化发展可谓是其中的典范。1999 年6 月,欧洲 29 个国家主要负责人共同签署了旨在建立"欧洲高等教育区"(Europe Higher Education Area)的博洛尼亚宣言(Bologna Declaration),正式启动了欧洲高等教育一体化发展的实践进程。欧洲高等教育一体化是世界高等教育发展理念上的一次伟大革新,并对其他各国高等教育发展模式的形塑产生了深远影响。进入 21 世纪,区域高等教育一体化开始进入人们的视野并引起重视。有学者指出:"我国现代化建设的发展,应当由'点状式拉动'变为'组团式发展',即大中小协调一致的城市群的组团式发展。"[①]实践证明,城市群的组团式发展对于区域经济增长与科技创新有着显著的推动作用。城市群的组团式发展贴合了区域一体化发展的根本意蕴,反映在实践中,我国较早提出的珠三角一体化、长三角一体化、京津冀一体化等便是最好的例证。与此同时,作为区域一体化发展的重要组成部分,高等教育一体化对于缓解区域高等教育质量发展不均、实现优质高等教育资源共享同样起着关键的作用。基于这样的考虑,京津冀高等教育一体化、长三角高等教育一体化、珠三角高等教育一体化等成为我国高等教育现代化进程中的重要举措。通过区域高等教育资源的合理配置、开放共享及高效利用,以及区域高等教育合作体制机制的突破创新,我国逐步形成了长三角、京津冀、粤港澳大湾区若干个区域高等教育发展共同体,并且成立了多个区域间的高校合作联盟,有效架起了高校之间沟通交流与合作发展的重要桥梁。可以说,在区域经济一体化发展、国家政策支持等作用和影响下,区域高等教育一体化发展有着重要的实践意义,往往可以成为撬动高等教育改革、创新体制机制的"有力杠杆"。

二、粤港澳大湾区高等教育一体化发展的历史和现状

---

① 牛文元.从点状拉动到组团式发展:未来 20 年中国经济增长的战略思考[J].中国科学院院刊,2003(4):241-245.

（一）粤港澳大湾区高等教育一体化发展的历史

随着国家政策的持续推动，粤港澳三地在经济、教育、科技等多个领域的合作交流不断加强，取得了显著的合作与发展成就。粤港澳大湾区高等教育合作亦是如此，从历史的视角来看，三地高等教育合作大致经历了初步合作、广泛合作、深度合作、融合发展等若干阶段。当然，在不同的发展阶段，粤港澳大湾区高等教育合作的广度和深度不同，内容和形式也不尽相同，且呈现出不同的内涵和特点。

学者陈昌贵等人对粤港澳大湾区高等教育合作进行过深入研究，将粤港澳大湾区高等教育合作的历程划分为四个阶段。[①] 一是粤港澳高等教育初步合作阶段（1949—1978 年）。这一阶段，由于特定的历史背景，以及香港和澳门的高等教育力量薄弱，粤港澳高等教育之间的交流与合作呈现出明显的单向性和形式单一性。粤港澳三地间教育合作主要表现为大量港澳青年回广州升学，广东省广州市有关部门对港澳学子给予了诸多的关怀和照顾。二是粤港澳高等教育合作的恢复和广泛开展阶段（1979—1996 年）。这一时期随着三地社会经济的发展和交往加深，粤港澳各高等院校、教育团体和机构都表现出积极开展教育合作的愿望和姿态，并频繁地进行交流交往和合作。粤港澳高等教育之间的交流与合作逐步得到广泛开展，且形式多样，主要表现为：互招本科生和研究生，合作办学发展成人教育，合作科研，聘请教师及邀请讲学，开展学术研讨，建立校际交流关系等。三是粤港澳高等教育合作的调整和拓展阶段（1997—2008 年）。1997 年和 1999 年香港和澳门相继回归祖国，掀开了粤港澳关系史新的一页。粤港澳高等教育的交流与合作关系在原有基础上得到更深更广发展，富有新的内涵，呈现出新的形式。主要表现为，相互招生力度加大，人员交流的范围和形式得以扩大和丰富，高校间合作实施本科交换生计划、开展校级合作办学项目，以及合作成立办学机构等。在实践中探索了合作办刊物、共建研究中心或实验室以及科研项目合作等多种形式的科研合作，并积极开展跨境产学研合作活动。相较于其他两个阶段，这一阶段与前两个阶段的合作已有明显不同，进入到高等教育合作的深化阶段，主要表现在多个领域、多个层次的深度合作。四是粤港澳高等教育合作的深化阶段（2009 年以来）。这一时期，建立多形式的交流合作机制成为粤港澳高等教育合作的方向。2009 年《珠江三角洲地区改革发展规划纲要（2008—2020 年）》的实施

---

① 全国教育科学规划领导小组办公室．"粤港澳高等教育合作机制研究"成果报告[J]．大学（学术版），2012（4）：79-83，78．

给粤港澳大湾区带来重要的发展机遇。2019 年 2 月,《粤港澳大湾区发展规划纲要》正式出台,在国家战略上真正把广东省 9 市与港澳紧紧联系在一起,明确要建成世界新兴产业、先进制造业和现代服务业基地,建设世界级城市群和国际一流湾区。其中澳门大学横琴校区的建设和管理成为三地合作办学的新模式。作为粤港澳大湾区建设和发展的重磅政策文件,《粤港澳大湾区发展规划纲要》的颁布同时标志着粤港澳大湾区高等教育合作发展进入了新的阶段,此时的高等教育合作趋向于更进一步的融合发展,以及全方位的深度合作。在此基础上,粤港澳大湾区高等教育一体化发展愈发受到重视,人们试图通过推动粤港澳大湾区高等教育一体化发展,实现我国高等教育现代化、打造南方教育高地的宏伟目标,建立一个互利共赢、荣辱与共的粤港澳大湾区高等教育命运共同体,全面对接国家战略,促进粤港澳大湾区进一步的深度合作发展。①

(二)粤港澳大湾区高等教育一体化发展的现状

近些年来,粤港澳大湾区高等教育融合发展的呼声不断增高。通过各方不懈的探索和多年的努力,粤港澳三地高校在招生、办学、科研和学术交流等多个领域建立了广泛且紧密的合作关系,不仅较好推动了粤港澳大湾区高等教育资源的共享和质量的整体提升,并且也为粤港澳大湾区高等教育一体化发展打下了坚实的根基。

第一,粤港澳三地高校在招生方面建立了广泛的合作关系。合作招生是推进粤港澳大湾区高等教育一体化发展的重要方式之一。随着粤港澳大湾区高等教育一体化发展进程的推进,粤港澳三地高校均通过不同的招生改革措施,加大了合作招生的强度和力度。在广东地区,大多数高校都希望进一步扩大港澳生源规模,并采用"单独招生"和"联合招生"两种渠道加以实施。比如,暨南大学、中山大学实行的是单独招生。广东还有一些高校在香港的招生则是采用的"联合招生"方式,即由内地普通高等学校联合招收港澳台学生办公室组织联合招收港澳台侨学生考试(简称"联合招生考试"),由招生学校根据考生成绩进行录取。而港澳高校方面,也逐年通过跨境招收内地(广东)学生。目前港澳高校主要通过内地"全国高考统招"与"自主招生"两种渠道在内地招

---

① 许长青,郭孔生,周丽萍.高等教育、区域创新与经济增长:粤港澳大湾区高等教育融合与大学集聚发展研究[M].广州:广东高等教育出版社,2021:18.

收本科生；招收研究生则采用"申请入学"的方式。① 可以看到，有越来越多的广东高校本科生或研究生选择在香港继续深造。此外，粤港澳三地高校还通过联合培养的方式促进合作招生的深化。比如南方科技大学与香港大学、深圳大学与澳门城市大学、中山大学与香港中文大学、华南理工大学与香港科技大学等高校均在不同的学科领域开展了联合招生和联合培养的工作。

　　第二，粤港澳大湾区高校在合作办学方面取得了显著成就。《粤港澳大湾区发展规划纲要》明确指出要"支持粤港澳高校合作办学，鼓励联合共建优势学科、实验室和研究中心""充分发挥粤港澳高校联盟的作用"。《广东省教育发展"十四五"规划》也提出，将大力推进香港高校到粤办学，推动粤港澳大湾区教育交流与合作。根据规划，广东将着力建设粤港澳大湾区国际教育示范区。深入推进粤港澳大湾区高等教育合作发展，加快打造高水平、开放型、国际化高等教育资源聚集高地。大力推进香港科技大学（广州）建设，加快推动香港城市大学、香港都会大学、香港理工大学、香港大学、澳门科技大学、澳门城市大学等港澳高校来粤办学。到 2025 年，新建 3～5 所粤港澳合作办学机构，新设 3～5 所不具法人性质的合作办学机构和联合研究院。② 粤港澳大湾区国家战略全面推进，进一步加快了港澳高校与广东高校的交流合作进程，港澳高校纷纷以建设分校的方式入驻广东。实质上，早在 2005 年，广东省珠海市便设立了首家具有独立法人资格的中国内地与港澳台地区合作办学机构，北京师范大学—香港浸会大学联合国际学院。学院设有工商管理学部、文化与创意学部、人文与社会科学学部及理工科技学部四个学部，下设 23 个专业方向，实施全英文教学。2009 年 6 月，全国人大常委会批准澳门大学在广东省横琴建设新校园。2013 年 11 月，在新校区澳门大学举行了启用仪式。2012 年，广东省又设立了国内第二家内地与港澳台地区合作办学机构，香港中文大学（深圳）。2017 年，在澳门运作的中国内地高等院校中，广东省高等院校招生人数最多，分别是中山大学、暨南大学与华南师范大学。③ 2018 年，香港科技大学正式签约入驻广州。此外，香港城市大学（东莞）、香港理工大学（佛山）、香港大学（深圳）、澳门科技大学（珠海）等也正在建设或筹备建设当中。

①　全国教育科学规划领导小组办公室."粤港澳高等教育合作机制研究"成果报告[J].大学(学术版),2012(4):79-83,78.

②　广东省人民政府.广东省人民政府关于印发广东省教育发展"十四五"规划的通知[EB/OL].[2021-11-01].http://www.gd.gov.cn/zwgk/wjk/qbwj/yf/content/post_3602375.html.

③　王福强,李丹,张秀青,等.中国智库经济观察(2019)[M].北京:社会科学文献出版社,2020:332-336.

第三,粤港澳大湾区高校之间的学术交流合作不断加强。粤港澳三地进行了多种形式的学术交流与合作实践,如中山大学与港澳高校的学术交流就包含了派遣访问学者、聘请客座或兼职教授、引进优秀人才来校任教、聘请专家担任学术带头人等形式。粤港澳三地高校还以共同举办学术会议或学术论坛的方式加强学术交流合作。近些年,广东高校、香港高校、澳门高校共同举办了多场高质量的学术会议,有力地促进了三地之间的学术交流。此外,粤港澳三地高校也尤为重视高校联盟的建设和发展。2016年11月15日,粤港澳高校联盟正式成立,由中山大学率先倡议,并与香港中文大学和澳门大学共同发起。迄今已汇聚粤港澳三地28所高校,其中包括中山大学等12所广东高校,香港中文大学、岭南大学、香港大学在内的9所香港高校,以及澳门大学、圣若瑟大学等7所澳门高校。联盟致力于深化三地学生交流和科研合作、协同创新,提升区域合作层次和水平,携手打造"粤港澳一小时学术圈"。2018年7月9日,"粤港澳高校联盟2018年大学校长高峰论坛"在广州中山大学举行,会上提出在大湾区背景下粤港澳教育合作的若干设想,包括:由粤港澳三地教育行政部门建立粤港澳大湾区教育发展专责机构;鼓励广东有条件的地市引进港澳高水平高校,积极构建粤港澳高校在湾区集群发展的新机制;优化大湾区内高等教育的学科布局;加强湾区内高校开展基础研究和应用基础研究的力度;促进湾区内科技成果转化;支持粤港澳高校联盟发展,鼓励联盟高校建立专业联盟;支持大湾区高校的人才流动。

三、粤港澳大湾区高等教育一体化发展的基础和优势

(一)粤港澳大湾区高等教育一体化发展的基础

首先,粤港澳大湾区高等教育一体化发展有着重要的政治基础。粤港澳大湾区包括三个关税区、四个核心城市,并有香港、澳门两个特别行政区,以及中国经济第一省——广东省的珠三角九市,经济总量约13万亿元,是中国开放程度最高、经济活力最强劲的区域之一,这无论在中国还是世界都是最有特色的,且这构成了粤港澳大湾区高等教育一体化发展的重要政治基础。其次,粤港澳大湾区高等教育一体化发展在地理空间和交通方面有着坚实的基础。粤港澳三地比邻而居,拥有相对完善的交通基础设施。粤港澳大湾区已建成一批重大跨境基础设施,大湾区高铁里程超过1200公里,港珠澳大桥、广深港高铁等标志性工程建成通车,从香港驾车到珠海、澳门仅需30分钟,香港往来广州缩短至1小时以内。口岸通关效率大幅提升,莲塘/香园围口岸、新横琴

口岸正式开通,粤澳新通道、皇岗口岸重建等加快推进,深圳湾口岸货检通道、横琴口岸实现 24 小时通关。世界级机场群港口群加快形成,香港机场扩建、白云机场三期、深圳机场三跑道等加快建设。伴随着交通效率的提升,交通网络的不断完善已经成为粤港澳大湾区发展的"加速器",也为大湾区产业升级带来了无限想象。[1] 最后,粤港澳大湾区高等教育一体化发展有着深厚的历史和文化基础。厚重的历史底蕴和人文内涵是粤港澳高等教育一体化发展的先导。粤港澳三地历史厚重,三地相互交织共享,有着开放包容的人文底色和兼收并蓄的岭南文化,同属于特色显著的岭南文化圈。岭南文化所具有的亲和力及创新精神,是推进粤港澳大湾区高等教育一体化发展的重要因素。粤港澳区域高等教育一体化发展战略的提出,正是基于以下的理由:深厚的地缘、史缘、亲缘等关系,三地文化都以岭南文化为本根,而高等教育一体化则是推动区域文化健康发展的强劲动力。[2]

由以上可知,以珠江水系为纽带,山水相连、人缘相亲、文化经济联系密切的珠三角和香港、澳门特别行政区,在实现区域高等教育一体化发展方面已经具备政治、社会、文化和经济基础。[3] 当然,深厚的政治、文化、社会和经济基础更加有利于推进粤港澳大湾区高等教育在多层次、宽领域、多渠道开展合作,彼此引进和借鉴先进的高等教育模式和办学经验,充分发挥各自优势,使三地高校在学科发展、人才培养、社会服务及迈向国际化等方面一体化发展,朝着"共生共荣"的方向发展。

(二)粤港澳大湾区高等教育一体化发展的优势

1.高等教育结构完整,经费充足

粤港澳大湾区高等教育结构呈现出"多样异质、协同互补"的基本特征,形成了"差别有序"的高等教育系统格局。广东省高校科类结构齐全,涵盖哲学、经济学、理学、工学等 13 大学科门类;从类型结构来看,则拥有研究型大学、教学研究型大学、教学型大学、技术大学、职业技术学院等各类型院校;香港高等教育实力雄厚,坐拥香港大学、香港科技大学、香港中文大学等享誉海内外的世界一流大学。其学科则涵盖医科、牙科和护理科,理学科,工程科和科技科,商科和管理科,社会科学科,文科和人文科学科,教育科等七大科类。就澳门

---

① 粤港澳大湾区:交通变局开启湾区发展新征程[EB/OL].[2021-05-14].https://baijiahao.baidu.com/s? id=1699690731850009285&wfr=spider&for=pc.

② 朱建成.粤港澳高等教育一体化是区域经济一体化的发展趋势[J].广东工业大学学报(社会科学版),2010,10(2):15-19.

③ 朱建成,王鲜萍.粤港澳高等教育一体化研究[J].战略决策研究,2011,2(3):69-85.

地区而言,在其高等教育机构类型中,既有学科齐全的综合性大学,如澳门大学,又有学科侧重不同的多科性大学,如澳门理工学院、澳门城市大学等,还有澳门旅游学院、澳门镜湖护理学院等单科性高等教育机构。[①] 经过数次整合,澳门高等教育形成了包含公私立高校在内的公立私营多元联合办学的基本特点。从粤港澳大湾区高等教育的整体结构特征来看,三地高校"多样异质、协同互补"。香港高校整体实力雄厚,科学研究能力卓越,但受制于政策支持力度、经济产业结构及有限物理空间,科研成果面临难以及时有效转化的挑战;澳门高校数量虽少,但特色凸显,尤其在旅游、护理、管理等领域,积累了丰富的实践经验。广东高校数量多,学科齐全,不过竞争力有待提升,但得益于各级各类政府的大力支持,有着广阔的市场空间。[②] "多样异质、协同互补"的基本特征赋予了粤港澳大湾区高等教育合作范围与层次上的更多可能性,在此基础上,粤港澳三地有条件根据湾区内不同高校办学类型及特色优势,促进高校之间合理定位,加强一流学科群建设,进一步提升区域高等教育综合实力。

从教育经费投入的情况来看,根据教育部、国家统计局、财政部发布的《2017年全国教育经费执行情况统计公告》的数据,2017年全国公共财政教育经费占公共财政支出的比例为14.71%。同年度,粤港澳大湾区各城市的教育支出占公共财政支出的比例均值为17.53%,显著高于全国平均水平(见图4-1)。[③]

研究与试验发展(R&D)经费投入强度,即R&D经费支出与GDP(地区生产总值)之比是国际上用于衡量一国或一个地区在科技创新方面努力程度的重要指标。如图4-2所示,粤港澳大湾区整体R&D经费投入巨大,深圳、广州等核心城市,分别达到4.34%和2.48%。[④] 从全国水平来看,2017年,全国共投入R&D经费17606.1亿元,R&D经费投入强度(与国内生产总值之比)为2.13%。[⑤] 同年度,粤港澳大湾区R&D经费占GDP比重则为2.25%,高于全国平均水平。

---

① 祝晓芳,马早明.回归20年澳门高等教育规模与结构发展:成就、问题与展望[J].江苏高教,2019(11):11-17.
② 陈子季.推动粤港澳大湾区高等教育融合发展[N].学习时报,2019-03-01(6).
③ 谢爱磊,李家新,刘群群.粤港澳大湾区高等教育融合发展:背景、基础与路径[J].中国高教研究,2019(5):58-63.
④ 珠海市统计年鉴2018:科技[EB/OL].[2020-04-02].http://tjj.zhuhai.gov.cn/attachment/0/217/217823/2420961.pdf.
⑤ 国家统计局.2017年全国科技经费投入统计公报[EB/OL].[2020-04-03].http://www.stats.gov.cn/tjsj/zxfb/201810/t20181009_1626716.html.

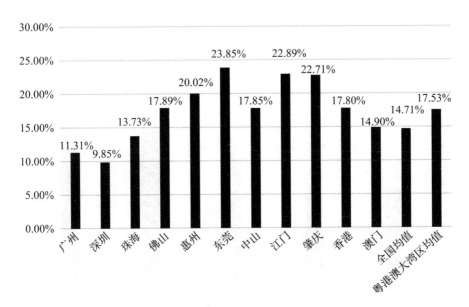

图 4-1 粤港澳大湾区 2017 年度各城市教育支出占地方公共财政支出的比例

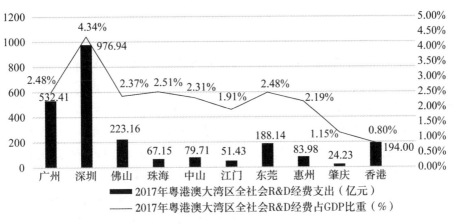

图 4-2 粤港澳大湾区研发经费投入概况

广东省普通高校生均经费支出也呈现出逐步增长的发展态势,生均教育经费支出和生均公用经费支出均大幅高于全国水平。由图 4-3 可知,2014—2018 年间,广东省普通高等学校生均预算内教育事业经费支出和广东省普通高等学校生均预算内公用经费支出两项指标稳中有升,2018 年分别达到了

25877.26 元和 10642.29 元。① 同年度,全国普通高等学校生均预算内教育事业经费支出和全国普通高等学校生均预算内公用经费支出分别为 20973.62 元和 8825.89 元。②

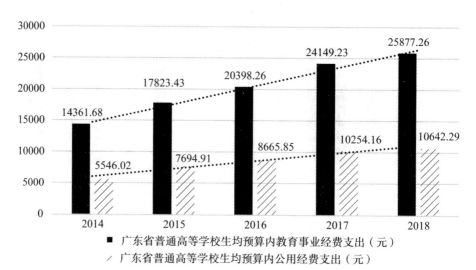

图 4-3 广东省 2014—2018 学年普通高等学校生均经费支出情况

2.高等教育体制多元,各具特色

粤港澳大湾区包含广东省 9 个城市和香港、澳门 2 个特别行政区,可称之为"9+2模式"。相较于纽约湾区、旧金山湾区及东京湾区等国际知名湾区,"9+2模式"有着"一个国家、两种制度、三个关税区"的历史特殊性。在这一特殊制度背景下,粤港澳三地高等教育体制呈现出多元化的基本特征,各具特色。

港澳高等教育管理体制趋近于西方模式,政府对高校办学的干预程度有限,这为社会或市场通过非政府组织参与高校办学和管理提供了空间与条件。比如,高等教育第三方评估组织、大学教育资助委员会等非政府组织,不仅可以通过数据搜集、咨询参考为大学办学提供证据支持和理论支撑,而且还可以通过监督与评估的方式参与大学治理,保障大学的办学质量。政府、社会、高

① 广东省教育厅.广东省 2014—2018 学年普通高等学校生均经费支出情况[EB/OL]. [2020-03-27]. http://gl. gdedu. gov. cn/gdeducms/r/cms/www/gdedu/externalLinks- Example/sjfw/democharts/gdjy/gdjy.html.

② 教育部,国家统计局,财政部.2018 年全国教育经费执行情况统计公告[EB/OL]. [2020-04-10]. http://www. moe. gov. cn/srcsite/A05/s3040/201910/t20191016_ 403859.html.

校之间相互衔接、相互补充、相互促进、相互监督，共同构成了一个规范有序的高等教育治理体系。以香港为例，"政府—中间组织—高校"的管理实践可谓香港高等教育管理体制的特色，这一管理实践不仅有效避免了政府过度干涉学校内务，而且对于香港高等教育质量提升及高等教育特色发展也起到了显著的保障作用。具体而言，香港特区政府通过大学教育资助委员会（University Grants Committee, UGC）负责香港高校的整体发展与规划。作为政府与大学之间的中介角色，UGC 不仅负有合理配置高等教育财政的责任，以确保公共财政投入相对公平公正，而且还承担着高等教育质量监督和问责的使命，以回应公众对优质高等教育资源的诉求。此外，UGC 在保障香港高等教育自治方面发挥着关键作用，即通过缓解政府对高校的干预使教学科研人员享有充分的教学和研究自由。随着香港高等教育的发展壮大，UGC 拓展其职能边界，引导高等教育合理定位，并参与到高等教育的战略规划中，积极向政府提供政策建议。①

改革开放 40 多年来，伴随着经济社会体制的发展变革，中国内地高等教育管理体制也在探索中改革、改革中发展，高等教育管理权限总体上由中央集权向地方分权转变。为破除束缚高等教育改革发展的体制机制障碍，进一步向地方和高校放权，2017 年 3 月教育部等五部门出台《关于深化高等教育领域简政放权放管结合优化服务改革的若干意见》（教政法〔2017〕7 号），在高校本专科专业设置、学位授权审核、高校学科专业设置等方面给予省级政府和高校更多自主权，在高校编制及岗位管理制度、进人用人、教师职称评审、薪酬分配、经费使用方面给予高校更多的自主权。对于广东而言，早在 2015 年 4 月，广东省委、省政府便印发了《关于建设高水平大学的意见》（粤发〔2015〕3 号），并选取华南师范大学、华南农业大学、广东工业大学、广州中医药大学、广东外语外贸大学等五所高校，先行开展人事制度改革试点，加大放权力度，下放岗位设置权、公开招聘权、职称评审权、薪酬分配权、人员调配权等 5 项权力。为贯彻落实教育部五部委《关于深化高等教育领域简政放权放管结合优化服务改革的若干意见》，2017 年 6 月 30 日，广东省教育厅等五部门共同发布《关于广东省深化高等教育领域简政放权放管结合优化服务改革的实施意见》以及《高校需制定承接"放管服"改革事项系列配套制度（管理办法）参考目录》，具体规定了拟下放事项及相应的配套制度。由此可以看出，内地的高等教育管

---

① 王梦晓.香港地区世界一流大学的发展历程与实践经验：以香港科技大学为例[J].中国高校科技,2019(4):22-24.

理体制体现出了强大的自我调节与适应能力,即在中国特色社会主义制度的框架中,不断完善高等教育与政府之间的关系,优化大学与社会的关系,理顺大学的内部治理关系。

3.高等教育前景开阔,需求旺盛

2019年,清华大学经济管理学院和领英(中国)共同发布了《粤港澳大湾区数字经济与人才发展研究报告》[①]:与旧金山湾区和悉尼湾区相比,粤港澳大湾区具有博士学位的人才只有不到3%,远低于旧金山湾区的6.83%。从研究人才的分布来说,粤港澳大湾区的研究人才主要集中在科技创新企业中,在大学研究人才占比方面,以17.21%的水平大大落后于旧金山湾区的27.83%和悉尼湾区的47.08%。此外,粤港澳大湾区在创业人才占比上也以8.23%落后于悉尼湾区的9.73%和旧金山湾区的13.36%。总体来看,粤港澳大湾区整体人才水平不及旧金山湾区和悉尼湾区。众所周知,以知识为基础的新经济形态,不但凸显了创新对国家竞争力的意义,而且改变了高等教育机构的传统使命。作为探究高深学问的场所,大学在人才培养与知识生产方面扮演着关键的角色。虽然大学对知识不再享有绝对的控制权,但大学仍然是进行人才培养和知识生产活动的核心机构,并逐步与区域经济社会发展、科技创新能力提升、区域战略发展规划紧紧结合在一起。正缘于此,纵览全球,无论是纽约湾区、旧金山湾区,还是东京湾区,世界上的一流湾区都是全球科技创新中心及高等教育中心,都拥有以世界一流大学为中心的高水平大学集群。进一步来看,纽约、东京和旧金山等世界级湾区之所以能够持续繁荣,重要原因之一就是拥有高水平的国际教育体系。粤港澳大湾区要建设成为充满活力的世界级经济区、具有全球影响力的国际科技创新中心,同时推进国家高等教育改革、增强国家持续创新能力,就需要深入推进粤港澳大湾区教育合作,建设国际化教育体系,打造国际教育高地,培养集聚一大批具有国际水平的战略科技人才、科技领军人才、青年科技人才和高水平创新团队。

实践也证明,高等教育一体化对于促进区域高等教育质量均衡发展,缓解优质教育资源短缺有显著效能。事实上,经过多年发展,粤港澳大湾区三地高等教育一体化发展已进行了诸多探索和尝试。比如,2016年11月,中山大学联同香港中文大学以及澳门大学发起粤港澳大学合作联盟建设建议,目前已有28所粤港澳高校加入,包括12所广东高校、9所香港高校和7所澳门高

---

① 清华大学,领英(中国).粤港澳大湾区数字经济与人才发展研究报告[R].北京:清华大学,2019:20-42.

校,粤港澳大湾区高等教育一体化发展已有了较好的基础。粤港澳大学合作联盟的成立,促使粤港澳大湾区形成一个联系紧密的高等教育系统。这不仅有利于教育势能由高地向低地流动补偿,推进后者与世界一流水平的教育体系接轨,而且也会为教育势能高的一方提供更多资源和市场,最终有效扩大湾区内优质教育资源的总量。新时代背景下,粤港澳大湾区承载着高等教育创新发展、培养世界一流人才的国家使命与责任担当,有着旺盛的需求和广阔的前景。这要求粤港澳大湾区高等教育要勇于站在时代前沿,积极参与全球高等教育治理,敢于引领世界高等教育发展。

第二节 粤港澳大湾区高等教育一体化发展的难点和挑战

粤港澳大湾区三地有着不同的政治和制度体系,在办学理念和办学水平方面也有着显著差异。粤港澳高等教育一体化发展虽然形成了良好的基础和优势,但由于各种因素的制约,粤港澳大湾区高等教育一体化发展还存在诸多挑战和困境。

一、合作要素自由流动受限

粤港澳大湾区高等教育一体化发展依赖于人才、科技、信息、设备、资金等合作要素的自由流动。从国际的视角来看,欧洲高等教育一体化发展之所以能够顺利推行并取得成功,很大程度上得益于合作要素的自由流动。然而,受制度、法律、关税等多重因素影响,港澳高校与内地高校之间在教学科研人员、项目资金、大型仪器设备等要素的自由流动上受到课税差异、资金监管、审批制度、关税制度等方面的制约。首先,课税障碍影响着教学科研人员的自由流动。课税关系着高校教师的薪资收入,影响着高校教师工作的切身利益。作为三个独立的关税区,粤港澳三地均有自己的税制,且三地之间有着显著的差异。这造成的情况是,同样的薪资收入水平在不同地区的实际收入可能相差很多。以个人最高边际税率为例,香港地区个人最高边际税率为15%,澳门地区个人最高边际税率为12%。而珠三角九市个人最高边际税率为45%,远高于港澳两市。[①] 除此之外,三地在课税年度、课税环境、课税优惠方面均存在不同程度的差异。其次,监管障碍制约着项目资金的流动。珠三角地区遵循内地关税制度,对跨境资本有着极为严格的审查机制,而香港、澳门在关税政策制定上则有着较高的自主权,可灵活调整。此外,三地在跨境金融监管制度建设上水平不一、标准相异,间接影响了资金的有效流动。再次,就人员交往而言,历来是港澳人员进入广东容易、广东人进入港澳难,需要单位申请,上级审批,办理通行证,手续烦琐。这也是阻碍粤港澳高等教育一体化进程的一个重要问题。最后,关税障碍束缚大型仪器设备的流动。粤港澳三地实行不同的关税制度,在海关、检验、检疫等程序和标准上各有不同,加之三地尚未建立起完善的沟通机制、协调机制及信息共享机制,导致科研设备通关效率低下、流动受限。合作要素流通障碍导致粤港澳大湾区高等教育难以形成集聚效应,客观上阻碍了粤港澳大湾区高等教育一体化发展的实践进程。[②]

二、粤港澳三地高等教育质量发展水平不均衡

粤港澳三地高等教育质量发展水平的不均衡影响着高校之间的合作意愿与动力。通常来看,高校在选择合作对象时,一般会选择与自己实力均等的高校,以期达到优势互补、强强联合的效果。然而,从世界大学排名和大学声誉的角度来看,粤港澳大湾区高校之间的办学水平还存在较大差距。香港的高等教育实力最强,尽管香港总的高校数量并不算多,但香港大学、香港科技大学、香港中文大学等5所高校皆位列世界大学排名前一百强。其次是广东省内的广州、深圳等核心城市。广州是大湾区拥有高等学校数量最多的城市,并有中山大学、华南理工大学、华南师范大学等综合办学实力较强的高校。深圳在"双区"驱动下对高等教育大手笔投入,相继吸引香港中文大学、哈尔滨工业大学、中山大学等知名高校到深圳办学,并取得了卓越的办学成绩,哈尔滨工业大学(深圳)的本科生招生成绩甚至优于校本部。此外,深圳大学、南方科技大学等深圳本土高校的发展势头也尤为迅猛,在世界大学排名上的位次不断上升。不过,相较于粤港澳大湾区的四大中心城市,广东的佛山、东莞、珠海、

---

① 蔡昌,林高怡,薛黎明.粤港澳大湾区跨境税务焦点及税收合作研究[J].税务研究,2019(11):60-65.
② 毛艳华.粤港澳大湾区协调发展的体制机制创新研究[J].南方经济,2018(12):129-139.

惠州、中山、江门、肇庆等地的高等教育实力以及办学资源等则存在较大不足，差距仍然显著。澳门高校近年来的发展也很快，办学特色鲜明。由此可知，广东高校的整体实力还不如香港，这也使得香港的一些顶尖高校在选择合作对象时，往往会舍近求远进行强强联合，跳过广东省，与北京、上海及其他省区市的高水平大学进行合作。这种情况虽有其合理性，但对于促进粤港澳大湾区高等教育一体化发展，抑或对大湾区中惠州、中山、江门、肇庆等地的高校而言，既是一种巨大的挑战，也是客观存在的现实困境，难以通过自身力量在短时间内得到改变。

三、合作发展的配套政策有待完善

在以往粤港澳三地高等教育合作的过程中，还存在一些典型问题。诸如，一般性的要求多，制度性的安排少；道义上的约束多，利益机制的激励少；形式上的权利多，实质性的义务少；相关配套政策供给不足。[①] 近几年以来，为落实《粤港澳大湾区发展规划纲要》的政策要求，持续推进粤港澳大湾区高等教育合作发展，教育部、广东省联合印发《推进粤港澳大湾区高等教育合作发展规划》，希冀把大湾区打造成为国家深化高等教育体制机制改革试验区、教育服务"一带一路"国际合作重要枢纽，以及内地与港澳教育全面合作发展的生动典范。但从多方合作的角度来看，这一政策文件更多属于内地单方面引导性、方向性鼓励合作的文件，而不是粤港澳三地共同商议的结果。换言之，目前尚缺乏对粤港澳三地同时具有约束和激励功能的政策安排。这导致在具体的实践操作中，内地合作意愿强烈，而港澳合作动力不足的问题。例如，在2020年的全国硕士研究生招生计划中，教育部和广东省都拿出专门指标，鼓励广东高校与香港高校"联合培养"研究生，包括鼓励互授学位。但在具体的运行中，一些操作层面的具体问题有待进一步明确：两地高校参与联合培养的动力是什么？招收录取的学生主要是内地生还是港澳生？如果是内地学生，如何授予港校学位？联合培养的学生毕业后的出路与香港有何关系？等等。缺乏专门研究和配套制度安排最终导致的结果是，粤港澳三地高校"联合培养研究生"仅仅是广东高校争取稀缺研究生招生计划的一个途径。如此一来，粤港澳大湾区高等教育合作发展便会陷入合作形式大于合作内容的窠臼。这些具体操作上的差异还会对粤港澳高等教育一体化造成一些困难，诸如学分认

---

①　朱建成，王鲜萍.粤港澳高等教育一体化研究[J].战略决策研究,2011,2(3):69-85.

可和转换、文凭的认可与转换、教师互聘等方面仍旧面临诸多制度性障碍。

四、合作发展体制机制不够健全

随着粤港澳大湾区建设的深入推进,实现湾区内高校之间的互联互通已经成为迫切需求,然而粤港澳三地高校在合作发展、体制机制等方面仍然存在着一些突出问题。辜胜阻等人强调,深化粤港澳三地合作,打造世界一流的创新经济湾区,是我国区域经济和国际经济版图上的一大亮点,亟须构建一个充满活力的创新生态系统。不过,受制度障碍、关境阻碍、资金流动限制等多种因素制约,粤港澳大湾区高等教育合作的广度与深度有待拓展。[①] 粤港澳大湾区的复杂特点导致湾区高等教育资源整合不充分,高校之间存在不同程度的同质化竞争和资源错配现象,尚未形成高等教育发展规划,缺乏湾区政府层面沟通顺畅的高等教育合作机制。[②] 粤港澳大湾区三地不同的高等教育体制对于形成自身特色有显著优势,但对于区域高等教育一体化发展而言,却体现出更多的抑制效应。受制于体制机制的障碍,粤港澳三地尚未建立明确的高等教育合作框架协议。21 世纪以来,虽然有关粤港澳地区合作发展的政策陆续出台,比如 2003 年,内地与香港共同签订了《内地与香港关于建立更紧密经贸关系的安排》(CEPA 协议)。2008 年年底,国务院批复的广东省《珠三角地区改革发展规划纲要(2008—2020)》中,将粤港澳大湾区中的广东九城与香港、澳门进一步开展合作纳入发展规划纲要文件,支持粤港澳三地在多个领域加强合作。2016 年 3 月,国务院印发《关于深化泛珠三角区域合作的指导意见》,确定了泛珠三角区域为"全国改革开放先行区、全国经济发展重要引擎、内地与港澳深度合作核心区"的战略定位。2019 年 2 月,中共中央、国务院印发实施《粤港澳大湾区发展规划纲要》,再次强调粤港澳三地合作发展的重要性。但总的来看,已出台的政策文件多数聚焦于区域经济贸易层面的合作,关于三地高等教育合作的表述寥寥无几,大多为概要性描述。从已有的合作基础来看,粤港澳三地进行了诸如联合培养、学科共建等不同形式与内容上的合作,但合作的深度非常有限,并呈现出形式化、零散化、表面化等特征,在合作

---

① 辜胜阻,曹冬梅,杨嵋.构建粤港澳大湾区创新生态系统的战略思考[J].中国软科学,
2018(4):1-9.

② 鲁巧巧,劳汉生.粤港澳大湾区高等教育的国际比较与角色定位分析[J].教育探索,
2018(6):54-59.

的实质性、战略性及系统性等方面不足。由于高等教育合作层面缺乏系统性的规划及强有力的协调，三地高校在大型仪器设备、实验室、信息数据等资源共享机制上仍有很大改善空间。除此之外，三地高等教育合作办学中涉及的成本分担机制、监管机制、奖惩机制等都是需要克服的体制机制难题。

五、粤港澳三地高校管理运作存在差异

粤港澳三地在教育观念、体系、制度、质量管理等方面存在差异，甚至冲突，使得高校合作交流推行起来仍然障碍重重。[①] 从宏观高等教育管理体制来看，内地高校主要由教育部及各级教育行政机构管理，趋向集权模式；香港8所公立大学由大学教育资助委员会管理，权力下放，趋向分权模式；澳门高校由高等教育辅助办公室管理，权力下放，相对分权。[②] 从微观高等教育管理体制来看，港澳高校具有高度的国际开放性，实行的是世界各国通行的现代大学制度。比如，港澳高校实行董事会领导下的校长负责制，校长享有充分的行政权力。香港通过大学制度章程建设，从法律上确认了高校的自主管理体制。澳门特区政府管理的澳门高等教育辅助办公室与高校为平行机构，保障了高等院校的行政自治。这意味着，在大学内部治理中，港澳高校能够充分发挥教授委员会在教育教学、学术研究和学科建设中的作用，港澳政府一般不会干涉高校的办学，一般只起到提供意见、加强交流和沟通以及监督的作用。与港澳高校的大学治理体制不同，内地绝大多数高校实行党委领导下的校长负责制，只有个别院校实行董事会领导下的校长负责制。内地高校通常有庞大的行政和党务管理机构，在高校资源配置上也享有较大的决策权；在学术自由和学术自治方面，粤港澳三地高校的情况也不尽相同。由于受政府的干涉程度较小，港澳高校在教师队伍建设、学科建设和专业设置、教学安排、招生等方面享有较大的自主决定权，同时也享有较大的教学自由和研究自由。而内地高校的行政化问题还尤为突出，办学治校中行政思维和行政逻辑常常占据主导地位，即便是在涉及教学、科研、学科建设等专业事务层面，行政权力的影响也无处不在。加之社会及政府对大学的要求和干预，内地高校的办学自主权不及港

① 卢晓中.学术关注：粤港澳大湾区高等教育研究[J].苏州大学学报(教育科学版),2019, 7(2):13.

② 许长青,黄玉梅.制度变迁视域中粤港澳大湾区高等教育融合发展研究[J].中国高教研究,2019(7):25-32.

澳高校,当然教学自由和研究自由方面也存在同样的问题。从办学模式来看,内地高校与港澳高校也有显著的差异。经过长期的发展,港澳高等教育已经形成了多渠道的办学格局以及灵活自主的办学模式,这种特征在办学主体、经费来源、教师队伍建设、招生等诸多方面都有体现。内地高校办学模式虽然也突破了单一主体办学的窠臼,形成了公立高校、民办高校、中外合作办学等多主体办学格局,但其灵活自主性仍然与港澳高校存在差距。

六、粤港澳三地高教合作顶层设计有待加强

有别于世界著名湾区城市群之间较低的行政壁垒,粤港澳大湾区三地政府之间关系呈现出复杂化的基本态势。从政府性质来看,粤港澳大湾区包含了香港、澳门两个特别行政区政府,深圳、珠海两个经济特区政府,其中深圳为计划单列市和副省级城市。这种行政格局涉及中央与省市、中央与特别行政区、中央与经济特区以及省市与计划单列市等多个层次,行政关系尤为复杂。加之粤港澳三地在行政立法、政策制定和执行操作等方面存在难以逾越的壁垒,从政府双边及多边之间的磋商、协调到最后形成共识非短时间内可以做到,而是需要经历一个漫长的过程。如此一来,本就有的区域行政壁垒、多边行政格局、复杂行政关系等问题难以得到有效突破,而真正意义上的粤港澳大湾区高等教育一体化发展也将会成为无源之水、无本之木。从行政区划的角度来讲,随着粤港澳大湾区建设的深入推进,围绕广州、深圳等中心城市建设的超级城市群将会成为人才集聚、科技提升、经济增长、文化创新的重要桥梁。与此同时,城市之间对于政治资源、经济资源及教育资源等各种资源争夺的矛盾也将会相伴而生。尤其是在粤港澳大湾区存在诸多行政壁垒、区域治理高度复杂的背景下,矛盾的彰显与利益的冲突对于大湾区高等教育一体化发展构成了一种巨大挑战。这些问题的解决,需要强有力的领导小组及系统性的顶层设计。2020年12月,教育部、广东省人民政府联合印发《推进粤港澳大湾区高等教育合作发展规划》(下称《规划》),此次的《规划》,对粤港澳大湾区高等教育合作发展进行了更为细致的顶层设计,并重点提出了五大任务:突出体制机制改革,探索"学校+"办学模式,努力开展高等教育办学创新试验;突出互联互通,探索建立粤港澳大湾区高等教育协同发展体系,加强协同育人;突出创新引领,强化粤港澳大湾区高校科研协同创新,服务支撑国际科技创新中心建设;突出高端引育,深化人才交流合作,携手建设世界一流师资队伍引育高地;突出互学互鉴,打造高等教育对外交流合作枢纽,促进人心相向相通。

但就目前而言,香港高校与内地(粤港澳大湾区)的合作还仅局限在香港高校与内地高校之间或香港高校与广东省各地市政府之间通过签订协议来开展跨境产学研项目合作或异地办学,缺乏整体层面的考量。这导致在实际操作上难免存在效率的低下、资源分配的不均和浪费以及合作形式的单一化。换言之,虽然关于三地合作的政策文件陆续出台,但对于区域间高等教育合作方面的政策设计以及中央统筹力度仍显不足,有效的高等教育合作框架协议与对接机制仍未建立。

第三节　粤港澳大湾区高等教育一体化发展的对策

国家实施粤港澳大湾区发展战略的核心目的是推动"一国两制"事业发展的新实践,深化内地与港澳合作,支持香港澳门融入国家发展大局,保持香港、澳门长期繁荣稳定。《礼记》有言:"建国君民,教学为先。"毫无疑问,高等教育对于确保"一国两制"实践行稳致远发挥着不可或缺的作用。更进一步来看,粤港澳大湾区高等教育一体化发展有助于解决谁来培养爱国者和接班人的问题。面向未来,需要重视粤港澳大湾区高等教育一体化发展这一重要议题,不仅要清楚地认识到粤港澳大湾区高等教育一体化发展的难题和困境,同时更要树立坚定信心,努力找寻能够有效突破难题的方法和策略。

一、健全政策法规,缔造大湾区高教一体化发展的"源头活水"

粤港澳大湾区政治制度、法律体系及教育体制相异,导致粤港澳大湾区高等教育一体化发展面临诸多障碍与挑战。在"一国两制"的制度框架下,粤港澳高等教育之间的合作存在许多"涉外"关系上的法律和政策约束,如果没有中央政府的授权或直接参与,许多障碍因素将难以及时规避。基于此,探索大湾区高等教育合作的法治框架,为粤港澳大湾区高等教育合作提供法律基础和政策支持,不仅是当前最为紧迫和最为重要的任务,也是缔造粤港澳大湾区高等教育一体化发展之源头活水的关键所在。第一,明晰粤港澳大湾区高等教育合作的法律基础,健全法律法规。以高校合作办学为例,粤港澳大湾区高校合作办学除了应遵循中外合作办学的一般规律外,还要因地制宜,研究和把握港澳与内地合作办学的特殊规律,以策应国家战略需求。因此,建议从国家立法层面,研究出台《粤港澳大湾区高校合作办学条例》,突破以往的束缚与羁绊。第二,完善粤港澳大湾区高等教育一体化发展的政策体系,拟定《粤港澳大湾区高等教育一体化发展框架协议》,弥补已有政策文本对高等教育描绘的不足,为三地高等教育合作提供政策保障。第三,健全粤港澳大湾区高等教育合作办学的监管机制及奖惩机制,依据法定程序解决合作办学中的利益冲突与争端,做到有法可依。第四,制定粤港澳大湾区高校人员往来交流通行政策,打造绿色通道,通过政策设计与机制对接,从根本上消除三地在过境通关及停留时限等方面的障碍,为粤港澳三地高校教师合作互访提供便利。

二、创新体制机制,突破大湾区高教一体化发展的制度瓶颈

粤港澳大湾区高等教育一体化发展不仅依赖宏观上的顶层设计,而且也离不开微观层面的体制机制对接。基层探讨应和顶层设计结合,建立框架协议和对接机制才能最大程度地巩固合作的基础。[①] 不可否认,粤港澳大湾区高等教育一体化发展存在诸多体制障碍,相应的对接机制也有待完善。因此,创新体制机制是当前粤港澳大湾区高等教育一体化发展需要解决的关键问题。具体而言,可借鉴欧洲高等教育一体化发展的实践经验,推动构建粤港澳大湾区高校学分互认、学历互认、教师资质互认等机制,进一步深化高等教育合作的层次。此外,在制度方面存在的差异,粤港澳大湾区各个区域还可通过课程的共建、科研项目的共建、实验室的共建等,形成粤港澳三地的共识,达到粤港澳大湾区的共创。同时,湾区的高等教育发展还需保持原有的共性和个性的平衡。拓展港澳与内地在学历上相互认可的层面,促进粤港澳大湾区教师资格的相互认证、认可,推动大湾区关于优质教师资源的互利共享。一方面,突出国家层面的协调机构在粤港澳大湾区高等教育一体化发展中的“纽带”作用,地方通过协商以成立高等教育合作委员会的形式,完善高等教育合作的协调机制、沟通机制及资源共享机制;另一方面,重视三地高等教育合作的成效,建立高等教育质量的监测机制和评估机制,及时诊断和发现高等教育合作过程中出现的问题,制订有效的应对方案,并提出操作性强的对策建议。总之,粤港澳大湾区高校要善用体制优势,顺势而为,谋求合作的最大公约数。勇于创新体制机制,自上而下与自下而上协同推进,重视落实,齐力突破粤港澳大湾区高等教育一体化发展的体制机制瓶颈。

---

① 陈先哲.粤港澳大湾区高等教育集群:走出一条超越现状的路[N].光明日报,2018-08-07(13).

三、破除观念障碍，改变大湾区高教一体化发展的"单向"合作态势

由于缺乏对粤港澳三地同时具有约束和激励功能的政策文件，粤港澳大湾区高等教育在一体化发展过程中呈现"单向"的合作态势。比如，在合作办学方面，往往是香港澳门高校纷纷在内地办学，但广东高校在香港或澳门办学的情况依然空白；再比如，在合作招生方面，通常也是内地优秀学生赴港澳学习，攻读硕士或博士学位等，而广东高校则比较难招收到港澳的优秀学生，三地在合作招生上呈现出的是一种不对等的状态。新时期，推进粤港澳大湾区高等教育一体化发展需要重新审视各地高校的地位、作用与功能，破除协同发展的认识误区和观念障碍。实质上，从声望、生源、师资队伍、人才培养质量、学术成就、国际学术声誉等多个维度看，香港高校的总体水平高于内地和澳门，但香港高校也有自身的弊端。香港高校虽然国际化程度高，学科和科研整体水平较高，但科研成果的转化偏弱，科教融合、产教融合受到局限。一言之，三地高校各有优势和不足，并不存在全面、绝对的高下之分。因此，三地高校之间完全有协同互补的空间，应当"平视"彼此，努力改变"单向"交流态势，构建双向互补、互惠互利的合作交流格局。① 粤港澳三地应把目光放在国际教育上，通过引进国际教育人才，构建湾区教育创新的生态系统，发展国际高水平的高等教育，让在港澳的更多大学生认识、认同大湾区和国家建设成就，提升国家自豪感和归属感。国家打造粤港澳大湾区，目的是将其发展成全球科技创新中心。因此，其教育发展必须能够作为它的重要支撑。而这需要政府提供一些政策支持、倾斜，如增加港澳高校在广东省的招生指标，方便广东省的学生进入香港、澳门等高校就读。

四、明确合作目标，拟定并实施多样化的合作计划

从欧洲高等教育一体化发展的实践经验来看，欧盟先后推出了一系列有明确目的的教育合作计划，通过落实计划促进欧盟高等教育一体化总目标的实现。如旨在促进欧洲范围内大学生流动的"伊拉斯谟计划"（ERASMUS）；用于改善欧洲青年人交流沟通能力的"林瓜语言计划"（LINGUA）；旨在对高

---

① 李清泉.推动粤港澳大湾区高等教育协同创新发展[J].紫荆,2021(6).

质量的教育和培训做出贡献,创造一个开放的欧洲教育合作区的"苏格拉底计划"(SOCRATES)等。欧盟委员会、欧盟理事会等机构共同确定教育合作计划的发展方向和标准,各成员国设立国家计划代理署,具体组织协调计划在本国的实施。合作计划在实施的过程中有大量的资金预算作为支撑,并伴有阶段性的评估,确保计划目标的落实。欧盟还根据计划的实施情况,不断进行优化。围绕区域合作总体目标,组织实施多样化的合作计划,在组织制度的保障下落实计划,欧盟高等教育合作的这一经验具有重要的借鉴价值。对于粤港澳大湾区高等教育一体化发展,短期内可围绕《粤港合作框架协议》和《粤澳合作框架协议》中关于教育合作的目标,制订详细的合作计划,借助现有的合作协调机制推动实施。长远可考虑依托粤港澳高等教育合作组织协调机构,适时商讨制定三地高等教育一体化的阶段性目标,组织实施多种类型的高等教育合作计划,借此切实推进粤港澳高等教育合作的不断深化,在此过程中不断寻求区域高等教育发展的共有利益,逐步提炼出区域合作的共有理念。在组织实施合作计划的过程中需解决好经费保障问题,如可考虑采取设立粤港澳高等教育合作发展与创新基金等方式。该基金的来源可以多样化,粤港澳政府的投入是一部分,还可设法吸纳企业、社会团体等社会资金。① 另需建立起合作计划的评价反馈机制,对合作计划的实施进行追踪、监控、评价,并根据反馈结果对合作计划不断进行优化。粤港澳高等教育合作组织协调机构可承担起此职能。

五、加强顶层设计,推进大湾区高教一体化发展的战略布局

党的十八大以来,习近平总书记围绕"加强改革顶层设计"这一问题进行了系统而全面的论述,提出了一系列新思想、新观点、新论断,以全新的视野深化了对改革规律的认识,这些论述为全面深化改革的顺利推进提供了思想指引,推动全面深化改革行稳致远。习近平总书记强调,"要把住顶层设计和路线图,注重改革举措配套组合,使各项改革举措不断向中心目标靠拢"。② 顶层设计是整体性的设计方法,注重改革的系统性、整体性、协同性,自然要求改

---

① 王娅诺."博洛尼亚进程"及其对我国高等教育发展的启示[J].教育观察(上半月),2016,5(1):9-10,18.

② 习近平.推动改革举措精准对焦协同发力形成落实新发展理念的体制机制[EB/OL].[2022-02-19].http://www.gov.cn/xinwen/2016-03/22/content_5056435.htm.

革的最终效果也是整体性的、综合性的。加强改革顶层设计是开创我国发展新局面，实现改革新突破的题中之义，是我国改革进入攻坚期和深水区的必然要求。加强改革顶层设计的基本内涵是要做到全局设计、总体设计、统筹设计，注重改革的系统性、整体性、协同性是加强顶层设计的必然逻辑。① 欧洲高等教育一体化发展的经验表明，区域之间如果能够求同存异，秉承共识、共赢、共创的基本原则，并实施强有力的顶层设计与战略谋划，那么区域高等教育一体化发展便能够取得显著成效。粤港澳大湾区高等教育结构完整、资源丰富、需求旺盛，但同时也面临发展水平不均、发展理念不等、发展模式不同等挑战。由于顶层设计的缺失和不足，三地高校尚未有效实现优势互补与资源共享，而且也尚未形成高校、企业、研发机构之间的良性互动。这一结果不仅弱化了高等教育对区域创新发展与经济增长的支撑，而且也导致了高等教育滞后于区域经济社会的发展和科技创新的步伐。因此，推进粤港澳大湾区高等教育一体化发展，需要从国家战略高度科学谋划、通盘设计，促进高等教育优质资源的集聚与外溢，整体提升大湾区高等教育的综合实力。可以探索将粤港澳大湾区打造为高等教育综合改革试验区，统筹配置高等教育资源、创新高等教育管理体制与办学体制；明确高等教育一体化发展的工作方向和重点，以提高粤港澳大湾区高校参与融合发展、互利互通的能动性和主动性。在此基础上，推动大湾区高等教育一体化发展的战略布局。与此同时，明晰各级各类政府之间的责任与义务，建立国家层面的协调机构，多方联动、齐心协力共同解决粤港澳大湾区高等教育一体化发展过程中的重大问题和合作事项。

---

① 张伯瀚，郭强.加强顶层设计引领改革实践[J].人民论坛，2020(31)：79-81.

第五章

粤港澳大湾区背景下深圳高等职业教育发展

在世界区域经济一体化背景下,继共建"一带一路"倡议之后,2019年2月,中共中央、国务院印发《粤港澳大湾区发展规划纲要》,提出打造粤港澳大湾区教育和人才高地,进而将粤港澳大湾区建设成世界一流湾区和世界级城市群的战略部署。就教育而言,高等职业教育作为教育的主要类型之一,在推动产业发展、培养和储存技术技能型人力资本等方面发挥着主导作用,堪称地方经济社会快速发展的"顶梁柱"。[①] 高等职业教育是粤港澳大湾区教育和人才高地建设的重要组成部分,能为粤港澳大湾区建设提供应用型人才支撑,扩大粤港澳大湾区劳动力人口红利效应。[②] 2020年12月1日,教育部、广东省人民政府联合印发《教育部 广东省人民政府关于推进深圳职业教育高端发展 争创世界一流的实施意见》(粤府〔2020〕63号)(以下简称《意见》),明确提出要推进深圳职业教育高端发展,率先建立中国特色职业教育高质量发展模式;要推进粤港澳职教联动发展,打造世界湾区职教高地。在粤港澳大湾区建设过程中,深圳高等职业教育迎来高端发展的战略性机遇与挑战,开展粤港澳大湾区背景下深圳高等职业教育发展研究具有重要的意义。

第一节 粤港澳大湾区背景下深圳高等职业教育的人才培养定位

新时代经济社会发展对技术技能型人才的需求不断增加,在全国经济领先发展的粤港澳大湾区更是如此。高等职业教育作为我国高等教育的一种重

---

① 潘懋元,朱乐平.高等职业教育政策变迁逻辑:历史制度主义视角[J].教育研究,2019,40(3):117-125.
② 李存园,陶红.粤港澳大湾区建设中高职教育的角色定位[J].职业教育研究,2020(7):4-10.

要类型,对技术技能型人才的培养肩负重要责任。深圳是我国改革开放的前沿阵地,作为中国特色社会主义先行示范区、粤港澳大湾区中心城市,深圳负有推动港澳融入国家发展大局的重要责任。深圳与港澳文化同源,拥有通往港澳的重要港口,在与港澳的合作中具有天然的优势地位。截至 2019 年,深圳拥有经国务院批准对外开放的一类口岸 14 个。① 同时,深圳经济发展水平全国领先,名企如云,拥有强大的高新科技产业集群。深圳的区位优势为粤港澳人才交流合作提供了良好的基础,为各类发展要素在粤港澳大湾区区域内的流动提供了充足动力。作为后崛起的特大型城市,深圳的教育基础较之同类城市仍存在一定差距,但深圳拥有在全国具有重要影响力的高职院校——素有"高职清华"之称的深圳职业技术学院。如何打好"深圳高职教育"这一张牌,首先需明确深圳高等职业教育在粤港澳大湾区建设中的人才培养定位。

一、粤港澳大湾区背景下高等职业教育的内涵

2022 年最新修订的《中华人民共和国职业教育法》(以下简称《职教法》)提到,职业教育是指为了培养高素质技术技能人才,使受教育者具备从事某种职业或者实现职业发展所需要的职业道德、科学文化与专业知识、技术技能等职业综合素质和行动能力而实施的教育,包括职业学校教育和职业培训。同时,《职教法》也明确规定,职业教育是与普通教育具有同等重要地位的教育类型,是国民教育体系和人力资源开发的重要组成部分,是培养多样化人才、传承技术技能、促进就业创业的重要途径。

何为高等职业教育呢? 高等职业教育是包括专科、本科、研究生三个层次的一种教育类型。该类教育不以研究发现客观规律为主,而以应用已发现的规律和定理为经济社会提供直接服务为主,是应用已经创造的理论和发明的技术解决社会问题的教育。应用性是高等职业教育的本质属性。② 新时代中国特色高等职业教育的内涵主要是坚持党的领导、落实立德树人根本任务、扎根中国大地办学、发展素质教育、服务国家与区域经济社会发展,其发展路径是以专业建设为龙头、以教育教学为中心、以优质就业为导向、以产教融合为

---

①　《深圳年鉴》编辑部.深圳年鉴 2020[EB/OL].[2021-12-26].https://www.shenzhenshizhi.cn/ebook/show? id=260&aid=35536

②　袁广林.对高等职业教育本质属性的再认识[J].教育探索,2010(5):13-15.

主线、以合作发展为支撑。① 从职能定位上看,高职教育作为一种教育类型,其主要职能是培养高素质技术技能人才,这也是高职教育与其他类型高等教育的本质区别。②

基于学者对高等职业教育的一些定义,在粤港澳大湾区建设中,高等职业教育的内涵可具体化为:服务于国家、港澳及珠三角九市经济发展,深化产教融合,为港澳及珠三角九市培养各层次高素质技术技能型应用型人才,辐射周边,提升粤港澳大湾区经济发展引领示范作用。

二、粤港澳大湾区背景下深圳高等职业教育的人才培养定位

目前,深圳正积极探索构建纵向贯通的中职、高职(专科)、本科及研究生职业教育体系。在粤港澳大湾区建设战略背景下,深圳各层次高等职业教育应清晰各自发展定位,为大湾区培养"高精尖缺"适应性应用型人才,承担大湾区高素质应用型人才供给者的角色。

关于人才类型的划分,目前普遍公认的是"职业带"理论中的划分,把人才分为学术型、工程型、技术型和技能型四大类型。毋庸置疑,高等职业教育人才培养定位不是学术型人才,而是应用型人才,也就是"职业带"理论中的工程型人才、技术型人才、技能型人才。高等职业教育在举办之初的主要定位是比本科教育低一个层次的专科教育和比中专高一个层次的职业教育,这种认识无异于把高等职业教育定位在"次高等"上。③ 该定位使高等职业教育的高等性被潜移默化削弱,尤其在学历主义的今天,导致越来越多的高职院校向普通高校办学标准对齐,力争升格为本科,向普通高等教育化发展,违背了高等职业教育的内涵本质。深圳高等职业教育在进行办学质量突破时,应紧扣职业教育特色不动摇。

首先,深圳高职教育要持续发展好已有的高等职业专科教育,培养一批能直接服务于湾区的高素质技能型人才。社会对专科教育依旧存在较为片面的固化观念,认为专科教育培养出的人才比普通高校培养的要差,但事实今天社

① 周建松,陈正江.新时代中国特色高等职业教育的内涵与发展路径[J].中国高教研究,2019(4):98-102,108.

② 杨建新.变革创新:引领推动新时代高职教育高质量发展的第一动力[J].江苏高教,2021(1):116-120.

③ 匡瑛.高等职业教育的"高等性"之惑及其当代破解[J].华东师范大学学报(教育科学版),2020,38(1):12-22.

会上所讲的就业难,在高职教育却不一定存在,尤其在经济发达地区,如深圳及珠三角地区,优秀的技术型人才开始出现供不应求的现状。因此,深圳提供高等职业专科教育的三所职业院校(深圳职业技术学院、深圳信息职业技术学院、广东新安职业技术学院)要明确且坚守自己的职能定位,对接城市区域经济发展,在专业设置、教育教学、师资建设、产教融合、交流协作等方面不断精进,致力于培养能直接服务于地方的高素质技能型人才,不断提升职业教育吸引力,辐射国家职教发展。

其次,要进一步发展"高职本科",培养高素质复合型技术型人才。高职本科,即本科层次的职业院校(以下称高职本科),是我国普通高等教育和高等职业教育类型中的一种新型的学校形态,是一个富有创新的本土概念。[①] 高职本科是本科层次的"技术教育",兼具高等教育和技术教育双重属性,其培养目标应主要定位在"技术型"人才。[②] 从字面上来讲,高职本科就是在高职院校里办本科,比高职专科高一层次,不仅要培养学生的行业技能,还需要培养学生在技能中的思考能力以及职业的可持续发展能力。《意见》中也提到要支持深圳职业技术学院、深圳信息职业技术学院开设部分本科专业,创建中国特色世界一流职业学校。

最后,本科层次的职业技术大学,应致力于培养专攻技术研发的工程型人才,要与学术型人才进行区分。应用型本科院校作为我国高等教育体系的重要组成部分,是以推进产教融合、校企合作为主要路径,以立德树人和优化应用型人才培养模式为核心追求,以打造"双师型"师资队伍为发展基础的院校。[③] 如定位为应用型高等学校的深圳技术大学,其主要目标是致力于培养本科及本科以上层次的高素质应用型人才,如具有国际视野、工匠精神和创新创业能力的高水平工程师、设计师等。

深圳不同层次的高职教育,应既清晰自己的定位不越界,又积极探索贯通合作渠道,相辅相成,发挥深圳高等职业教育优势,推动大湾区高等职业教育的协同发展,建设粤港澳大湾区高等职业教育合作示范区。深圳高职教育发展更需对标大湾区经济发展急需产业,深化产教融合,与时俱进调整高职院校专业设置及人才培养方案,为大湾区精准输送各层次的技术技能型人才。

---

① 王明伦.高职本科发展定位研究[J].高教探索,2015(11):94-98.

② 严雪怡.再论职业技术教育[M].上海:上海科学技术文献出版社,2008:52.

③ 汤贞敏,王志强.应用型本科院校建设的理想标准与现实进路[J].高等教育研究,2020,41(5):38-43.

第二节　粤港澳大湾区背景下深圳高等职业教育发展现状

一、深圳高等职业教育发展历程

深圳高等职业教育发端于 1992 年邓小平南方谈话和党的十四大时期。1993 年,深圳职业技术学院创建,是我国第一个以"职业技术学院"命名的职业院校,确立了中国高等职业教育的新范例,成为中国高等职业教育的"一面旗帜",奠定了深圳高等职业教育高端发展的基础。[①] 1998 年,广东新安职业技术学院成立,是一所全日制民办普通高等院校。2002 年,广东建华职业学院(已停止办学)成立,是一所专科层次的民办全日制高等教育机构。同年,深圳信息职业技术学院成立,是一所由深圳市人民政府举办,广东省人民政府批准成立的公办全日制普通高等学校。至此,深圳高等职业教育成为深圳高等教育系统的重要力量。2018 年,深圳技术大学申报设置得到教育部正式发文批准通过,推动深圳职业教育进一步向质的方向发展。[②] 在深圳高等教育的发展进程中,深圳高等职业教育占据不可或缺的重要地位。2019 年《粤港澳大湾区发展规划纲要》提出"打造教育和人才高地""推进粤港澳职业教育在招生就业、培养培训、师生交流、技能竞赛等方面的合作,创新内地与港澳合作办学方式,支持各类职业教育实训基地交流合作,共建一批特色职业教育园区"。2020 年《意见》明确提出推动深圳职业教育争创世界一流。在系列政策的推动下,深圳高等职业教育可谓又迎来了一个发展的"春天"。

二、粤港澳大湾区背景下深圳高等职业教育发展政策举措

(一)增加财政经费投入

《粤港澳大湾区发展规划纲要》提出要促进粤港澳大湾区人员、物资、信息

① 李均,吴秋怡.深圳特区高等教育史略:40 年的嬗变与求索[J].高教探索,2021(7):109-115.
② 教育部.关于同意建立深圳技术大学的函[EB/OL].[2022-01-12].http://www.moe.gov.cn/srcsite/A03/s181/201909/t20190910_398602.html.

便捷有序流动,为粤港澳发展提供新动能。加之粤港澳大湾区经济实力雄厚,经济发展水平全国领先,在粤港澳大湾区建设中,高等职业教育财政经费来源广泛、投入增加。《意见》提出到2022年深圳职业教育累计投入100亿元,以打造世界一流职业教育,进一步服务国家战略和粤港澳大湾区建设。至此,政府加大职业教育财政支持力度,推进粤港澳大湾区各级各类职业教育联动发展,以打造世界级湾区职业教育高地。高等职业教育方面,在财政经费投入增加的基础上,教育部和广东省政府支持深圳职业技术学院、深圳信息职业技术学院创建中国特色世界一流职业学校,以对接人工智能、5G、物联网、智能装备等战略性新兴产业布局专业。① 财政经费投入的增加,有效缓解了深圳高职教育与普通教育"同台竞技"时所处的不利境况与弱势地位,为深圳高等职业教育扩大办学规模、提升人才培养质量、促进产教融合和校企合作提供了稳定的资金支持与物质保障。

(二)完善人才引进政策

习近平总书记强调,人才是创新的核心要素,创新驱动本质上是人才驱动。人才来源主要有两个途径,一是培养,二是引进。粤港澳大湾区不断优化吸引人才、聚集人才和留住人才的政策。在税收上,为解决香港、澳门和内地个人所得税税率差异问题,国家出台了粤港澳大湾区个人所得税优惠政策。在社会保障上,为解决外籍人员在粤工作而不能享受社会保险待遇的问题,国家在养老保险、人才住房等社会保障方面提供了优惠政策。此外,为面向全球引进科研创新团队和领军人才,广东省持续实施"人才引进计划"。一系列人才引进政策,对粤港澳大湾区广聚英才起到了积极的推动作用。就深圳高等职业教育而言,自改革开放之初就出现了千军万马赶赴深圳,为各行各业填补人才缺口、为各产业提供技术支持的壮观场景。在粤港澳大湾区战略的引导下,深圳更是持续实施"孔雀计划",面向全球选聘人才,营造了近悦远来的人才生态,汇聚了包括高职教育在内的各领域优秀专家学者。粤港澳大湾区建设战略背景下,深圳持续优化创新与国际接轨、具有全球竞争力的人才引进政策,为深圳高等职业教育发展奠定了坚实的人才基础、提供了良好的智力支持、营造了适宜的发展环境。

(三)加强实训基地建设

为解决各类高等教育发展不平衡、不充分的问题,粤港澳大湾区实施"冲

---

① 教育部.优化部省合作机制　服务国家重大战略[EB/OL].[2022-01-12].http://www.moe.gov.cn/jyb_xwfb/gzdt_gzdt/moe_1485/201806/t20180613_339748.html

一流、补短板、强特色"的高等教育提升计划。在高等职业教育方面,深圳深化产教融合改革,增设了一批校外公共实训基地。校外公共实训基地是集公益性、服务性、导向性与示范性于一体的面向全社会开放的高科技人才培养公共平台。于深圳职业教育而言,这类实训基地是深圳市为加大校企合作支持力度、推动职业教育健康发展、增强职业教育社会服务能力而设立的校企合作服务平台。在粤港澳大湾区建设战略背景下,深圳增设的校外公共实训基地包括华大基因、深圳市儿童医院、比亚迪集团、全能广告集团等 31 家企业与基地。深圳高等职业教育通过推进实训基地建设,努力探索"政府主导、市场导向、产教融合、开放融通"的职业教育发展新模式,以建立市场需求导向的育人体系、产业牵引的专业体系、教育支撑的科研体系,促进深圳职业教育供给侧精准对接产业需求侧。此外,对于深圳市产教融合"合而不深"、校企合作"校热企冷"或"校冷企热"等不良倾向,深圳高职院校直面难题并积极求索解题路径,如 2019 年深圳职业技术学院与比亚迪共建比亚迪应用技术学院,合作开发比亚迪认证体系,着力打造集人才培养、技术研发、标准研制等方面于一体的特色产业基地。高职院校实训基地建设的持续推进与创新发展,优化了深圳高等职业教育的办学条件并提高了教学质量,加强了深圳高等职业教育教育链、人才链与产业链、创新链的有效衔接,[①]扩大了深圳高等职业教育的发展空间。

(四)优化就业创业环境

继粤港澳大湾区战略提出"为港澳居民在内地学习、就业、创业、生活提供更加便利的条件","为大湾区青年人提供创业、就业、实习和志愿工作等机会",此后,各种支持粤港澳青年就业创业的举措相继推出。于高等职业教育而言,此举为高职院校毕业生创造了积极的出路与良好的就业创业环境。2019 年 5 月,粤港合作联席会议明确提出支持香港青年到广东就业创业,推动公共服务政策对接。[②] 同月,粤澳合作联席会议提出扎实推进粤澳创新创业合作,共同打造国际科技创新中心,抓好首批粤澳青年创新创业基地建设。此后,各种助力粤港澳青年就业创业的活动紧锣密鼓地展开。[③] 2019 年 5 月,粤澳相关部门首次联合举办粤澳青年创新创业基地宣传推介会,为粤澳青年

① 杜玉波.适应新发展格局需要,推进高等教育高质量发展[J].中国高教研究,2020(12):1-4.
② 粤港合作联席会议第二十一次会议在广州召开[EB/OL].[2022-03-01].https://baijiahao.baidu.com/s? id=1633768055402484696&wfr=spider&for=pc.
③ 2019 年粤澳合作联席会议在澳门举行[EB/OL].[2022-03-01].https://baijiahao.baidu.com/s? id=1634686436814171453&wfr=spider&for=pc.

创新创业提供更多机会和更大空间；同年6月，香港举行粤港澳大湾区香港青年实习计划启动礼，大力支持香港青年通过实习了解社会民情、拓宽个人视野、探索就业创业方向。此外，珠三角涌现出一批成效显著的粤港澳青年创新创业基地，如广州南沙的"创汇谷"粤港澳青年文创社区、深圳前海的深港青年梦工场、珠海横琴的澳门青年创业谷等。深圳一直是创新创业的热土，粤港澳大湾区建设战略背景下，良好的就业创业环境更为深圳青年的就业创业搭建了舞台，推动了深圳产业规模扩大与产业结构优化，优化了深圳高等职业教育成果转化环境，拓宽了深圳高职院校毕业生的就业创业渠道。

（五）深化体制机制改革

《粤港澳大湾区发展规划纲要》明确提出"充分发挥港澳独特优势，创新完善各领域开放合作体制机制，深化内地与港澳互利合作"。在粤港澳大湾区建设战略背景下，粤港澳不断深化教育领域体制机制改革创新。就职业教育而言，广东省政府提出完善深圳、香港、澳门职业教育互通共享机制，包括建立深港澳职业教育定期会商制度、推动粤港澳高等专科学历互认试点工作、鼓励粤港澳大湾区企业建立技能等级与薪酬职级挂钩的激励机制等。同时，持续深化职业教育领域"放管服"改革，鼓励国有企业举办或参与举办职业教育。高等职业教育方面，完善产教融合保障机制，优化"政府出补贴、企业出场地、校企共建共享"建设模式。同时，为深化深圳高职院校与行业企业通力合作，政府出台建设产教融合型企业工作方案，落实"金融＋财政＋土地＋信用"组合式激励政策。除此之外，广东省政府完善高等职业教育经费保障机制，包括建立与高职院校办学成本相适应的财政投入制度、优化高职教育支出结构、深化高职院校绩效工资制度改革等，提高了高等职业教育经费使用效益。高等职业教育体制机制的改革创新，增强了深圳高等职业教育发展活力，提高了深圳高等职业教育保障水平，优化了深圳高等职业教育产教融合、校企合作等方面的政策服务供给。

三、粤港澳大湾区背景下深圳高等职业教育实践

（一）秉承创新精神，服务区域经济发展

探讨深圳高职院校，便不可不提及三所院校：深圳职业技术学院、深圳信息职业技术学院、广东新安职业技术学院。这三所高职院校从成立至今，始终秉承深圳改革创新精神，致力服务于深圳特区的经济发展，为特区发展培养了一代又一代技术技能型人才，并辐射周边。深圳职业技术学院先后创造性地

提出"深圳的经济增长点在哪里,我们的专业就办到哪里""教授手上要有油""培养能工巧匠型的大学生,大学水平的能工巧匠"等重要创新理念,在短时间内跃居中国高职教育首位,创造了业界周知的"深职速度"和"深职模式"。学校在 2016 年底召开的第三次党代会工作报告中提出"三个服务、五个定位、一个率先"的战略发展目标。始终坚持为党和国家服务、为深圳经济社会发展服务、为学生健康成长成才服务;努力成为职业教育创新发展的先行者、复合式创新型高素质技术技能人才的摇篮、企业家的摇篮、深圳中小微企业技术研发中心、深圳市民终身教育学校与中国职业教育师资培训重要基地;率先建成中国特色、世界一流职业院校,为世界职业教育发展贡献"深圳模式"。深圳信息职业技术学院坚持始终与党的教育方针同心同向,始终与特区改革开放事业同呼吸共命运,始终与信息技术发展的"三同"办学理念同频共振。广东新安职业技术学院以"学会做人、打好基础、培养专长、加强实践、报效祖国"为校训,贯彻落实"服务区域经济,突出高职特色,发展规模适度,实现优质就业"的办学目标。

(二)提升办学规格,改善湾区教育生态

粤港澳大湾区建设战略背景下,深圳高等职业教育不断提升高职院校办学规格,一方面结合国家高职扩招政策,扩大高等职业教育办学规模;另一方面响应国家"双高计划"建设,不断提升高职院校办学质量。办学规模方面,2019 年深圳市在原仅有两所公办高等职业院校(深圳职业技术学院和深圳信息职业技术学院)的基础上,新建了一所公办应用型高等学校——深圳技术大学。截至 2020 年底,广东省共有 87 所独立设置的高职院校,全日制高职在校生规模为 117.80 万人,较 2019 年的 89.40 万人增加 28.40 万人,增幅达 31.80%。[①]2021 年 4 月,面对深圳高等职业教育规模仍然较小的状况,教育部、广东省人民政府在"推进深圳职业教育高端发展、争创世界一流新闻发布会"上提出"坚持聚焦城市需求,切实将职业教育摆在优先发展位置",加强了深圳高等职业教育办学规模扩大的政府支持与政策供给。同时,粤港澳大湾区战略赋予深圳高职教育全面对接区域企业链与科技链、引领区域产业转型升级、促进区域科技创新与应用等重要使命。2019 年 12 月,深圳职业技术学院和深圳信息

---

① 教育部.2020 年全国教育事业发展统计公报[EB/OL].[2022-03-05].http://www.moe.gov.cn/jyb_sjzl/sjzl_fztjgb/202108/t20210827_555004.html.

职业技术学院双双入选中国特色高水平高职学校建设单位（简称"双高计划"）①，深圳职业技术学院更是作为广东省唯一一所入选"双高计划"A档的高职院校（全国仅10所），成为我国高职院校未来发展的榜样示范之一。除此之外，深圳高等职业教育对自身发展方向进行长期探索，基本明确了朝着应用型本科方向发展的目标定位。应用型本科内涵标准既符合深圳高等职业教育自身发展的需要，又能积极回应粤港澳大湾区战略的现实需求。在粤港澳大湾区建设战略背景下，深圳高等职业教育不断提升办学规格，推进高等职业教育转型升级与高质量发展，丰富了粤港澳大湾区教育类型，实现了粤港澳大湾区教育生态平衡。

（三）优化专业布局，深化湾区产教融合

高等职业教育区别于普通高等教育的明显特点就是工学结合、产教融合。同时，合作是高质量高等职业教育的本质所在。因此，如何促进高等职业教育产教深度融合，进而提升高等职业教育服务大湾区经济社会发展的能力，是当前深圳高等职业教育发展的核心问题。缺乏产业、行业、企业参与的高等职业教育，既无法体现高等职业教育的职业性与技术性，也无法突出高等职业教育的先进性与特殊性。粤港澳大湾区建设战略背景下，深圳高职院校优化学科专业布局，在校企合作方面开展了实践探索。如深圳职业技术学院以建设世界一流职业院校为目标，对接区域产业链，加强优势学科建设，深入推进产教融合，与世界500强或行业领军企业组建特色产业学院。目前，深圳职业技术学院已联合华为、平安、比亚迪、腾讯、阿里巴巴等一批行业龙头企业和领军企业建成11个特色产业学院，初步建立起"校企共同体"，形成"九个共同"的产教融合模式——共同开展党建活动、共同建设高水平专业、共同开发课程标准、共同打造师资团队、共同设立研发中心、共同开发高端认证证书、共同开展创新创业教育、共同招生、共同走出去。② 面对校企合作中学校主动性高于企业的现状，深圳信息职业技术学院进一步促进"行业学院"运行机制建设，深化了行业协会参与职业教育校企合作的创新模式，③增强了深圳高等职业教育的适应性。在粤港澳大湾区建设战略背景下，深圳高等职业教育结合区域产

① 教育部　财政部关于实施中国特色高水平高职学校和专业建设计划的意见[N].中华人民共和国教育部公报,2019(3):74-78.
② 深圳职业技术学院[J].职业技术教育,2021,42(3):49.
③ 邓志新,万守付.行业协会参与职业教育校企合作的模式创新:以深圳信息职业技术学院为例[J].职业技术教育,2015(27):68-72.

业实际,优化自身学科专业布局,大力发展适应新技术和产业变革需要的高等职业教育,初步达成了深圳高职院校与企业的"双赢"。

(四)创新培养模式,突出湾区育人实效

当前,粤港澳大湾区在人才培养方面已经具备了良好的基础,但对标世界一流湾区,人才和教育仍然是粤港澳大湾区突出的短板。于深圳高等职业教育而言,重视并创新高职人才培养模式是促进粤港澳大湾区人才培养的重要内容。就高等职业教育的特殊性而言,人才培养模式是指在一定的理念指导下,学校与企业基于教育目标、市场分析、区域经济、行业指导、专业要求以及双方自身发展等因素共同决定培养目标、专业设置、课程选择、教学方式、质量监控的总和。[①] 当前,深圳高等职业教育拥有顶级院校和一流专业,在人才培养模式创新上已取得了重要成就。在粤港澳大湾区建设战略背景下,深圳高职院校进行了系列深入的实践探索,如建立产业学院、进行"订单式"人才培养、促进教师学术交流、校企资源共建共享、探索现代学徒制等,[②]构建了以技能培养为主的现代创新型人才培养模式。同时,深圳高等职业教育以立德树人为核心追求,注重提高学生身心素养和培育学生工匠精神,充分突出育人实效。2020 年,深圳职业技术学院以"男健壮,女健美;活力校园,幸福深职"为目标,引导学生在校三年期间"读万卷书,行万里路",实现德智体美共同发展。同年,深圳信息职业技术学院积极培育学生工匠精神,其学子斩获全国职业技能大赛光电技术项目金奖,传承和表现出了大国工匠精神。此外,深圳高等职业教育着力打造"双师型"教师,不断优化培养高素质技术技能人才的高职师资队伍。粤港澳大湾区背景下,深圳高等职业教育持续创新人才培养模式、提高教学育人水平、提升人才培养质量,突出体现了粤港澳大湾区育人实效。

(五)加强对外交流,提升湾区国际影响

在粤港澳大湾区建设战略背景下,深圳高等职业教育在国际合作的实践和理论探索上不断取得硕果,在服务粤港澳大湾区建设国际教育示范区中奏响了深圳高等职业教育强音。国际合作的实践探索方面,围绕"中国特色,世界水平"的职教发展目标,深圳高职院校通过协同政企力量合作办学、服务中外合作企业、参与国际竞赛等途径,全方位推动深圳高等职业教育走向世界舞

① 全守杰,谷陈梦.从缺位到共治:基于利益相关者的高职院校人才培养模式建构[J].现代教育管理,2020(4):96-102.
② 李妮.粤港澳大湾区职业教育合作体系的"圈层结构"及其治理[J].高教探索,2021(6):47-52.

台,彰显了深圳高等职业教育高端发展、争创世界一流的特色。2019年,深圳职业技术学院共招收来自33个国家的留学生207人次;①2020年4月,深圳职业技术学院和深圳信息职业技术学院与亚太和非洲11所顶尖高等院校和中国其他高等院校与高科技企业共同发起的"国际网络教育学院"(International Institute of Online Education,IIOE)正式在云端发布,②深圳两所高职院校分阶段提供精品英文在线课程,向国际社会贡献中国高职教育产品与服务,大大加快了深圳高等职业教育国际化进程。理论探索方面,基于一流高等职业教育建设的前提,深圳高等职业教育确立了一流的建设标准。《意见》中指出,通过借鉴国际先进标准,编制职业学校"双师型"教师、人才培养评价、信息化建设、专业建设等标准,推动深圳职业教育标准国际化。深圳高等职业教育积极加强对外交流、推进国际合作,深圳高等职业教育国际化趋势日益明显,高职教育国际化建设呈现蓬勃的发展态势,提升了粤港澳大湾区的国际影响力。

(六)搭建合作平台,服务湾区高地建设

在粤港澳大湾区建设战略背景下,深圳高等职业教育不断朝着建设与世界一流湾区相匹配的高等职业教育方向前进。深圳高等职业教育充分利用区位优势,遵循"不断深化粤港澳互利合作,进一步建立互利共赢的区域合作关系,推动区域经济协同发展"的指导思想,进一步加强与港澳地区高职教育界和产业界的联系,建立合作机制。2020年10月,《深圳市打造现代职业教育体系推进国际一流职业教育建设》专题报告提出,深圳与香港职业训练局共建粤港澳大湾区特色职业教育园区,并由深圳与香港两地政府实施联合管理,包括共同制定课程标准、颁发双方文凭等。在合作建议提出之后,深圳高等职业教育的标杆——深圳职业技术学院,与香港职业训练局就共建"粤港澳大湾区特色职业教育园区"达成合作协议,制定了《深圳职业技术学院与香港职业训练局联合办学申办方案》《粤港澳青年学生交流与创新发展联盟建设方案》等,为双方进一步积极开展技术技能人才培养、师资交流、应用技术研发、员工培训等领域合作描绘了蓝图。在粤港澳大湾区建设战略背景下,深圳高等职业教育搭建大湾区合作平台、打造粤港澳合作基地,既有助于推进深圳高等职业

---

① 深圳职业技术学院.深圳职业技术学院2019—2020学年信息公开报告[EB/OL].[2022-03-16].http://www.szpt.edu.cn/info/1407/9016.htm.

② 深圳信息职业技术学院.2020[EB/OL].[2022-03-16].https://www.sziit.com.cn/info/1015/24740.htm.

教育高质量内涵式发展,更有效服务了粤港澳大湾区教育与人才高地建设。

四、粤港澳大湾区背景下深圳高等职业教育发展困境

在粤港澳大湾区建设战略背景下,深圳高等职业教育服务于教育和人才高地建设等战略目标,当前已在平台建设、办学规格、专业布局、人才培养、国际交流等多方面取得一定成绩。然而,深圳高等职业教育仍存在工匠精神培育不到位、职业教育体系不完善、产教融合渠道不畅通和高职院校互动不积极等制约粤港澳大湾区高等职业教育进一步发展的不良因素。

(一)工匠精神培育不到位,削弱湾区人文魅力

"共建人文湾区""塑造湾区人文精神"是粤港澳大湾区战略主题应有之义。深圳高职教育应当是"以人为本"的教育,应当充分体现粤港澳大湾区的人文关怀与人文魅力。当前,深圳高职院校在办学实践中工匠精神培育不到位,削弱了粤港澳大湾区人文魅力,不利于粤港澳大湾区人文湾区建设。工匠精神是高等职业教育立德树人的载体,也是改变高职教育"重专业轻人文"人才培养模式的切入点。深圳高职院校一直以专业教育为人才培养的主导模式,一定程度上符合高等职业教育的类型特征。然而,深圳高等职业教育对人文素养与社会视野等未来社会愈发关注的"软实力"的忽视,不利于粤港澳大湾区的可持续发展,不能有效支撑粤港澳大湾区人文湾区的战略定位。当前,深圳高等职业教育功利性、依附性和行政化倾向比较突出,忽视了高职教育人才培育的基本功能,脱离了高职生"软实力"提升的共性特点和实际需求。[1]深圳高职院校普遍把行业企业的用人要求奉为"金科玉律",过多关注高职生"硬实力"的培养,忽视对高职生工匠精神的培育,具体表现在:其一,重视对学生硬实力、硬指标的培养和训练,对工匠精神培育的重要性意识不足;其二,缺乏普及高职学生素质教育或通识教育的课程,缺少负责工匠精神培育的专门机构;其三,教学实践更多偏向应用性和专业化,工匠精神培育的实施基础较差;其四,难以监控设定人才培养中工匠精神的养成,缺乏有效可靠的工匠精神评估方法。工匠精神的培育应贯穿高职教育的全过程。[2] 对于以培养粤港澳大湾区高素质技术技能人才为目标的深圳高职教育而言,培育高职生工匠

---

① 袁洪志,陈向平.文化育人:高等职业教育质量提升的新视角[J].江苏高教,2016(1):135-137,151.

② 陈琪.高职教育培育工匠精神的路径探析[J].中国高校科技,2018(5):69-70.

精神、提高人才培养质量是时代主题。

（二）职业教育体系不完善，制约湾区高职教育发展

2019年，我国各类高等教育在学人数为4002万，高等教育毛入学率达51.6%。① 至此，我国高等教育毛入学率跨过了美国学者马丁·特罗提出的高等教育大众化理论中大众化与普及化的分界线，标志着我国高等教育进入了普及化阶段。普及化并不单纯意味着高等教育受众数量增长，更预警着高等教育体系内在秩序从量变到质变的深刻变化。当前，不论是深圳还是粤港澳，乃至全国职业教育仍缺乏健全完善的职业教育体系，制约着粤港澳大湾区高等职业教育进一步发展，不利于普及化背景下我国高等教育内涵式高质量发展。职业教育体系中的"体系"，一般意义上指的是"若干有关事物相互联系、相互制约而构成的整体"。② 体系的根本属性是系统性，系统性是建设高质量现代职业教育体系努力追求的方向与目标。③ 当前，深圳职业教育体系还不完善，主要体现在中高本未贯通和职普未融通两个方面。一方面，深圳职业教育缺乏完善的"中职—高职—职业本科"纵向贯通机制。当前，深圳职业教育只构建了一些局部化的中职生升学途径，为职业院校公开选拔人才的职教高考制度并未建立。考试改革的外部动力是社会需要，内部动力是人的持续提升需求，政府应提供参与途径，动员和鼓励多方参与，建立一种稳定的协调关系。④ 就深圳职业教育高考制度而言，政府、学校、企业等相关主体职能尚未明确、参与积极性较低，共治局面尚未形成，职教高考制度运行效力较低，职业教育学生流动和培养渠道不畅通。另一方面，深圳职业教育缺乏职普横向融通机制。黄炎培曾提出"大职业教育观"，强调职业教育的发展改革与其他教育类型相扶共生。⑤ 2021年中共中央办公厅、国务院办公厅印发《关于推动现代职业教育高质量发展的意见》也明确提出促进不同类型教育横向融通。可见，职普融通是完善职业教育体系、真正搭建人才成长"立交桥"的关键点。然

① 教育部.2019年全国教育事业发展统计公报[EB/OL].[2022-03-27].http://www.moe.gov.cn/jyb_sjzl/sjzl_fztjgb/202005/t20200520_456751.html.

② 夏征农.辞海[M].上海：上海辞书出版社，2000.

③ 卢晓中.基于"职普融通"的现代职业教育体系构建[J].河北师范大学学报（教育科学版），2022,24(1):6-14.

④ 邱懿,薛澜.我国高等职业教育考试招生制度现状、问题与展望[J].中国考试,2021(5):33-39.

⑤ 刘来兵,陈港.建设高质量职业教育体系：动因、框架与路向[J].现代教育管理,2021,(11):106-112.

而,深圳职业教育受到传统"重学术、轻职业"观念的影响,且职教融通缺乏强有力的实施策略,加之职业教育和普通教育二者在教育理念、课程内容、教学方式、学生流动上存在较大差异,当前职普融通仅停留在政策的呼吁倡导和少数高水平高职院校的初步探索上,离真正落地存在较大差距。总体而言,深圳职业教育还未实现中高本职教互通和职普融通,职业教育体系尚不完善,不利于粤港澳大湾区高等职业教育高质量内涵式发展。

(三)产教融合渠道不畅通,束缚湾区优势发挥

产教融合是职业教育发展的根本指向。当前,深圳高等职业教育产教融合渠道不畅通,导致校企合作广度不足、深度不够、有效性较低,制约了深圳高等职业教育进一步发展,束缚了粤港澳大湾区区位优势的发挥。深圳高等职业教育产教融合渠道不畅通主要体现在校企合作机制不健全、教育供给与产业需求结构性失衡以及高职教育对产业发展贡献力不足等方面。首先,校企合作机制是保障产教融合渠道畅通的重要因素。当前,深圳高等职业教育校企合作呈现"合而不作""合而不深"的尴尬局面,体现为"企业一头热"和"学校一头热"两个极端——一些具有技术升级需求的中小微型企业在与强势高职院校合作时往往是"企业一头热",而条件较差的高职院校与头部企业的合作却往往是"学校一头热"。其次,产业转型升级需要与之相适应的职业教育作为技术补给。近年来,深圳以金融管理业、现代服务业和高新技术业等为城市支柱性产业,而深圳高职教育专业设置与深圳产业需求和产业布局不相适应,深圳高职教育供给与深圳产业结构调整步调不一致。最后,高等职业教育具有与地方行业紧密结合的天然优势,高职教育一定程度上充当着当地企业技术研发"孵化器"和成果转化"试验田"的角色。[①] 当前,深圳高职教育难以有效帮助深圳企业进行技术革新和新产品开发、未能有效解决深圳企业生产实践中的技术难题,深圳高职院校与深圳企业较少进行深层次的合作。深圳高等职业教育对深圳产业发展贡献度不高,企业在产教融合过程中受益较小、动力不足。总体而言,当前深圳高等职业教育产教融合渠道不畅通,深圳行业协会和大型企业主动深度参与高职教育的积极性不高,限制了粤港澳大湾区产业、技术、教育等方面资源共享优势的发挥。

(四)高职院校互动不积极,阻碍湾区协同发展

目前深圳高等职业教育规模不足,不足以覆盖粤港澳大湾区经济与产业发展需求,需要湾区高职院校间积极互动、聚力合作,发挥粤港澳大湾区协同

---

① 李春鹏.广西高等职业教育产教融合现状分析与对策[J].广西师范学院学报,2014(2):109.

效应。然而,深圳高职院校与湾区其他高职院校跨校合作互动性弱、积极性不足,阻碍了粤港澳大湾区协同发展。当前深圳高等职业教育虽拥有顶级院校和一流专业,但要打造世界级城市群、建设国际教育示范区,并非某几所一流院校和某几个一流专业所能担当。根据"增长极理论",增长首先出现在一些增长部门,形成极具创新和增长能力的增长极,进而以点带面、以极带域,最终推动整个区域的增长。深圳作为粤港澳大湾区发展的核心引擎,其高职院校需形成强有力的合作发展共同体,进而带动粤港澳大湾区高职院校一体化发展。当前,粤港澳大湾区高职院校在教育理念、办学资源、课程建设和师生流动等方面互动性均较弱。教育理念方面,湾区高职院校始终伴随着文化的碰撞与交融,而理念上的共识是高职院校交流、互动、合作的基础。因此,粤港澳大湾区需在尊重院校差异与传统的基础上推动高职院校合作发展。办学资源方面,粤港澳大湾区高职教育资源主要集中在香港、广州、深圳三市,其中,深圳市内部则集中在南山区和龙岗区,其他地区高职办学资源相对贫瘠。因此,需以精品课程共用、重点实验室共建、实习实训基地共设等方式加快粤港澳三地各高职教育资源流动。课程建设方面,粤港澳高职院校应打造学术交流平台,利用移动互联网、人工智能、大数据等现代教育技术,实现高职院校间专业共建、学科共融、人才共育。师生流动方面,粤港澳高职院校可通过交流访学、学分互认、学位认可等形式加强学生互动,同时,通过教师联培、教师互聘、师资共享等方式实现教师流动。深圳市内部需有效构建高水平高职院校集群,进而推动粤港澳大湾区高职教育一体化发展,从而营造融合、协调、共生的高等职业教育生态,实现粤港澳大湾区高等职业教育协同创新发展。粤港澳大湾区建设战略背景下,深圳高等职业教育需制定具有引导性、前瞻性和全局性的发展目标。同时,促进高等职业教育互动交流,加强校际合作、均衡发展,深化产教融合、校企合作。进而,调整高职院校布局结构,建成规模合理、层次有序、科类契合、形式丰富的创新型发展体系,推动深圳高等职业教育协同创新发展。

第三节　粤港澳大湾区高等职业教育协同创新发展路径探讨

　　粤港澳大湾区建设战略背景下,深圳高等职业教育迎来了前所未有的机遇,也面临着从未经历的挑战。西方学者简·奈特认为,在区域范围内建立紧密关系和合作联盟,能实现各区域各领域资源共享、实践拓展和交互系统的规范化与制度化。[1] 关于高等职业教育,我国学界已基本达成共识,认为协同创新发展是粤港澳大湾区各地高等教育形成发展共同体、实现高质量发展、建成国际教育示范区的重要发展方式。[2] 理论研究表明,协同创新发展是使粤港澳经济、产业、教育合作等诸多方面的发展由无序转向有序、由各自为政走向有效整合的必由之路,[3]同时,世界一流湾区高等职业教育改革实践也证明了协同创新发展之路行之有效。纽约湾区、旧金山湾区和东京湾区等世界一流湾区的高等职业教育经过长期探索,目前正分别践行着职普合作、校际合作和校企合作的发展路径,[4]形成了布局合理、优势鲜明、体系成熟的高等职业教育协同创新发展模式。协同创新发展为世界一流湾区高等职业教育注入了勃勃生机与活力,使得各区域各领域取得了显著的经济和社会效益。由此可见,粤港澳大湾区高等职业教育协同创新发展,有利于深圳高等职业教育内涵式高质量发展,并带动大湾区整体经济、科技、文化等多领域深度合作与发展。是故,破解深圳高等职业教育发展困境,可从理念、政府、社会和院校等各个层面入手,寻找协同创新发展的路径。

一、理念层面：助推文化融合，达成办学理念共识

粤港澳大湾区特殊的环境使其在高职教育合作方面面临一定挑战,三区合作的有效开展需要考虑与之相关的诸多要素的协同作用,首要的便是办学理念的协同。高等职业教育办学理念共识并非简单的集中统一,而是需要经过不同地区的文化融合,进而实现价值和理念认同。粤港澳大湾区高等职业教育办学理念形成共识需要通过文化融合来实现。文化融合指人们将各种不同形式、不同类型甚至相互排斥的文化元素通过一定方式,磨合、相融成互相

① KNIGHT J.Regionalization of higher education in Asia:functional,organizational,and political approaches[M].New York:Palgrave Macmillan,2016:114.

② 卢晓中,秦琴.高等教育集群发展视域下粤港澳大湾区高校办学自主权研究[J].中国高教研究,2021(4):55-63.

③ 陈文理,何玮.粤港澳大湾区教育和人才合作机制研究[J].江汉大学学报(社会科学版),2019,36(6):30-44,119.

④ 买琳燕.世界主要湾区高职教育合作经验对粤港澳大湾区高职教育合作发展的启示[J].职业技术教育,2020,41(36):67-72.

适应、互相补充、互相配合的文化模式。① 人们可以通过对新旧文化不同因子的修正和协调来解决具体实践中产生的矛盾，从而更好地进行交流、联系与接触。文化融合可以使粤港澳高等职业教育办学的思维方式、思想观念达成较高程度共识，进而实现行为举止规范的融合，使活动中的人们遵循相同的行为准则去维持活动的整体秩序。当文化融合达到一定的适应程度，可以改变人们的思想目标和价值观念。

于粤港澳大湾区高等职业教育而言，文化融合是营造高等职业教育协同创新发展环境的应然举措。国际一流湾区高等职业教育发展经验表明，各个水平层次的高职院校交相辉映并形成核心理念文化，是其得以集聚发展的主要原因。促进粤港澳各地高职教育文化相互融合和碰撞，有助于形成共同的高职教育文化进而推动协同创新实践发展。粤港澳三地虽同属岭南文化区，但三地特有的历史进程使粤港澳大湾区文化场域独特。当前，粤港澳大湾区高等职业教育协同创新发展面临文化与价值认同上的巨大差异。在办学理念方面，广东高职院校接受严格的政府管理和干预，办学自主权较小，而香港和澳门两地特区政府秉承了过去的"积极不干预政策"，高职院校办学自主权相对较大，基本是自治理念下结合市场需求自主办学。在高职教育思想方面，香港和澳门的高职院校历来奉行实用主义教育思想，加之高职教育的职业属性，港澳高职院校学科结构较为单一，理、工、商等学科类型占比较大，政治、历史、哲学等方面的教育较为缺乏，尤其缺乏爱国教育和中国传统文化教育。因此，粤港澳三地高等职业教育需要在教育理念、文化价值等方面扩大交流与合作，进而达成较高程度共识，这样协同创新发展才有可能。

加快粤港澳大湾区文化融合，可从以下几个方面着手。首先，加强传统文化的供给。从粤港澳三地的发展历程来看，整个大湾区不但继承了包括广府文化、潮汕文化和客家文化在内的优秀中华传统文化，而且吸收了世界先进文明。因而，粤港澳大湾区蕴含着非常丰富、独特与复杂的文化元素。粤港澳大湾区高职教育协同创新发展需利用其具有核心意义的元素，即粤港澳大湾区的人文价值链，对粤港澳大湾区中的人文价值进行深入挖掘与研究，并在湾区高等职业教育协同创新发展的过程中加强供给力度。粤港澳大湾区高职教育协同创新发展必须把中华优秀传统文化作为粤港澳三地最重要的文化纽带来部署，注重和突出大湾区独特且珍贵的人文价值链，将其打造成为具有极强连接作用的教育理念"黏合剂"，从而积极推进和全面保障粤港澳高等职业教育

---

① 沈洪.全球化与国家文化安全[M].济南：山东大学出版社，2009：231.

协同创新发展。其次,加强优秀文化的交流互动。粤港澳大湾区本身拥有异常丰富、独特、突出的以中华优秀传统文化为内核的人文价值链,这是形成粤港澳大湾区协同创新发展理念的重要法宝。粤港澳大湾区本身固有的文化基础就体现着多元性、亲近性、认同性等特点。因此,粤港澳大湾区需整合优秀的文化资源,促进岭南文化、珠江文化、华侨文化和新旧时期移民文化的交流,以全面打造粤港澳大湾区的文化软实力,全面提升大湾区高等职业教育的文化认同与价值认同。最后,加强青年核心价值观引领。政府层面,以岭南文化为切入口,以法制为核心,以适合青年风格和特点的方式强化对粤港澳大湾区高职学生,尤其是港澳高职学生的中华民族优秀传统文化和爱国主义教育,创造更多让大湾区内地高职学生到港澳交流体验的机会。个人层面,需培养港澳高职学生公民责任、国家情怀、社会担当等高尚素质,全面推动港澳高等职业教育形成以中华文化为核心、多元文化并存的价值体系。粤港澳高等职业教育需通过文化融合,增强粤港澳高等职业教育命运共同体的凝聚力。

在文化融合的基础上,粤港澳大湾区高等职业教育还需合力形成新发展理念,即"创新发展理念"。创新发展能够解决粤港澳大湾区高等职业教育合作发展动力的问题。一方面,粤港澳大湾区高等职业教育要加强自主创新能力建设,包括创新合作平台、创新合作动力、创新合作转化能力,凸显科技创新对高等职业教育合作的强大推动作用,加强高等职业教育关键环节的自主创新,全面构建开放型区域创新合作格局。另一方面,加强制度创新能力的建设,突出体制机制的创新引领合作的作用,推动各种创新能力的全面提升,实现粤港澳高等职业教育由原来合作依靠"资源驱动"向依靠"理念驱动"的转变。此外,在协同创新发展过程中,突出知识、科技在技术合作、管理合作等方面的重要作用。创新驱动的协同发展理念,不但是促进粤港澳大湾区高等职业教育合作发展的关键思路,同时也是引领粤港澳大湾区高等职业教育整体创新能力和发展水平提升的重要理念,更是凸显知识和科技等方面的合作对湾区经济发展支撑作用的重要体现。综上,实现文化融合、达成理念共识是粤港澳大湾区高等职业教育协同创新发展的首要条件,能为粤港澳大湾区高等职业教育的协同创新发展实践奠定理念基础,进而推动实践层面合作活动的有效展开。

二、政府层面:推进体制创新,完善教育合作制度

在理念共识的基础上,实现粤港澳大湾区高等职业教育协同创新发展,需

构建有利于三地互动交流的合作制度。当前,粤港澳大湾区合作制度不健全的弊端,制约着三地高等职业教育的积极互动。因此,推进体制创新,是完善粤港澳大湾区高等职业教育合作制度的重要举措。香港和澳门回归祖国以来,粤港澳三地在多个领域的合作推进是顶层设计、自上而下的规划过程,高等职业教育的协同创新发展自然无法例外。当前,粤港澳大湾区高等职业教育存在合作、管理体制机制创新不足的问题,需加强顶层设计、推进区域合作。一方面,加强高等职业教育制度的顶层设计,落实合作细节的具体制度创新。粤港澳大湾区高等职业教育协同发展过程中的制度性障碍严重阻滞了教育要素的自由流动,造成了教育要素流动的区域壁垒、结构壁垒和行政壁垒等问题,大大增加了三地高等职业教育的合作成本。因此,欲促进粤港澳三地高等职业教育协同发展,必须降低合作成本,发挥各自比较优势,面向流动性进行区域高等职业教育合作的制度重塑。从顶层设计来看,必须加强法律法规方面的制度与政策建设,通过制定相应政策,减少粤港澳三地高等职业教育协同发展过程中的摩擦和冲突,达成协同发展的合作共识,促成协同发展的实践推进。具体而言,首先完善法律法规,加强法制供给力度。如修订《中外合作办学条例》,规定其在粤港澳大湾区中的适用性,并适当制定诸如《粤港澳大湾区高等职业教育合作办学条例》等的制度,确保三地高等职业教育合作的法理性。其次建立健全协调机构,加强机制供给力度。为实现粤港澳大湾区高等职业教育繁荣发展的长远目标,高等职业教育协同发展需肩负时代使命,加强构建湾区高等职业教育协调体系,建立信息及时交流的互通平台和资源共享机制。充分发挥协调实施机构的规划引导和仲裁功能成为一种必然的趋势。因此,中央政府可在“一国两制”的原则下设立粤港澳大湾区高等职业教育协调委员会,实现高等职业教育协同发展制度化、常态化。地方政府可围绕“协同创新发展”这一目标,加紧构建“政产学研”多位一体的创新协同机制。最后,适度下放管理权限,加强带有合作细节的具体制度供给。如在“一国两制”的基本前提下,在高等职业教育人才交流、信息流通、科研经费使用等方面制定更多便利的政策。同时,适当增加学历学位互认的高职院校名单,扩大三地高等职业教育学历学位互认范围;三地政府共同制定高等职业教育发展目标和行动方案,联合出台高等职业教育专门政策,整合三地高等职业教育研究力量,促进高职院校融合与创新发展;逐步开放三地高等职业教育投资市场,鼓励民间资本投资湾区高等职业教育;鼓励通过资本市场等筹集高职教育合作发展资金,强强联合以形成高等职业教育集团品牌。

另一方面,增强推进区域间高等职业教育协同发展的制度创新。粤港澳大湾区高等职业教育合作发展亟须根据其特殊性,建立起符合大湾区特质的、创新型的现代治理制度。目前,粤港澳大湾区各区域主体正在通过寻求优势互补的利益共同点,进行体制机制创新,如建立政府、高校、社会互动的利益共同体,构建以"高校集群—科创—产业"为主导的融合发展模式。[①] 合作制度设计方面,粤港澳大湾区的教育合作注重求同存异,多元包容,既重视保护大湾区的多样性特色,也鼓励各区域要彰显个性化特色。建立高职院校间合理有序的分工协作、错位竞争制度,打破传统意义中分工弱化的无序竞争格局。粤港澳大湾区要加强多元的高等职业教育评价制度供给,以促进高职院校实现分工协作、错位竞争。相对于政府和中介机构的评价,对高职院校影响更大的是市场评价。部分高职院校即使已有声誉和资源的巨大优势,仍然会被市场秩序扰乱发展路径,出现专业化建设受阻的情况。因此,政府需增强粤港澳高等职业教育协作的制度供给,减少市场因素对高职院校发展带来的不利影响。增加粤港澳高等职业教育的制度供给、建立合理有序的分工协作制度,既需要粤港澳三地政府进行合理的政策规划,也需要增加促进其他领域协同发展的制度供给。与经济合作的效益立竿见影相比,粤港澳高等职业教育合作的投资与收益周期较长,而且许多收益较难显性化,三地政府之间存在动力不足的隐患,因此,有必要由中央主管部门牵头,在更高的层面上消除高职院校之间的无效博弈与无序竞争,推动粤港澳高等职业教育跨境协作与协调分工。

总体而言,作为具有两种制度、三个关税区、三个法律体系的异质城市群,国家中心城市、特区城市、国际金融中心、国际航运中心、国际贸易中心和全球制造中心等交汇的特殊区域,粤港澳大湾区高等职业教育协同创新离不开制度协同创新。[②] 粤港澳大湾区高等职业教育协同创新发展需从顶层制度和区域制度两方面推进,借助政府层面的"两手抓"完善粤港澳大湾区高等职业教育合作制度。

三、社会层面:加强校企合作,推动产教融合发展

粤港澳大湾区高等职业教育发展还需发挥湾区优势,进一步加强校企合

① 卢晓中,陈先哲.粤港澳大湾区高等教育集群发展:理论审思与实践策略[J].大学教育科学,2021(4):12-19.
② 李铁成,刘力.粤港澳大湾区协同创新系统的政策体系研究[J].科技管理研究,2021,41(8):19-27.

作,深化产学研合作,推动产教融合发展。粤港澳大湾区产业结构较为合理,且呈现出产业聚集的特点,因此,粤港澳高等职业教育校企合作具有一定的产业基础。在粤港澳大湾区中,香港是一个高度成熟的国际金融中心,拥有在世界上遥遥领先的金融服务体系,支柱产业包括金融服务、贸易物流、旅游娱乐、文化影视和餐饮服务等。近年来,香港没有牢牢抓住贸易金融现代化转型过程中知识科技创新的契机,但深圳却极好地抓住了信息科技产业发展的良机,大力发展电子信息、生物医药、新能源和新材料等高科技新兴产业,大胆改革、勇于创新,将改革与创新注入发展的根与魂之中。当前,华为、腾讯、中兴等全球顶尖企业已成为深圳第一大支柱企业,深圳有望成为国家创新型城市、成为世界的"硅谷"。然而,深圳没有与经济高度适配的高等职业教育集群,深圳需要依靠其他城市高等职业教育的协助才能在高科技产业之路上步伐稳健。这些矛盾一方面体现了粤港澳大湾区高等职业教育协同创新发展是必然趋势,另一方面也突出粤港澳大湾区构建结构科学、布局合理、集约高效的大湾区产学研融合发展格局的重要性。

纵观世界一流湾区,无不聚集一流高校和一流企业,这一优势既吸引了优秀学子求学,也为院校培养人才提供了广阔的施展才华的空间;既发展了经济,也促进了教育质量的提升。欲实现名校名企云集,最有效的措施便是加强校企合作、加强校企对人才的联合培养。对比纽约湾区、旧金山湾区、东京湾区等世界一流湾区,它们都非常注重高等职业教育科技创新成果的转化,为企业发展带去新技术与新资源。粤港澳大湾区校企合作有必要借鉴其经验,全面加强产、学、研、用、资的深度结合,以加强成果转化为重要抓手,推动产教融合发展。校企合作是真正缔造粤港澳大湾区高等职业教育协同创新发展的"源头活水"。然而,平台不足是影响粤港澳校企合作协同发展有效推进的关键因素和"硬环境"。目前,粤港澳大湾区科学装置平台、创新创业基地、孵化器等载体平台建设虽不断加快,但仍难以满足校企协同发展需要,而且还存在平台载体建设与校企合作需求不匹配的问题,如"规则化""数字化"平台载体建设不足,人才资格互认、行业规范对接、人才评价标准对接等不畅通,产品数据库建设缺失等。粤港澳高等职业院校可以通过校企合作,整合政府、企业、研究机构的各种资源,促进科研人员之间、高职院校之间、校企之间的深度合作,展开各种具有创新性的研究。① 高职院校创造发明或专利成果诞生之后,

---

① 沈蕾娜.世界一流大学之间的协同创新:以哈佛大学和麻省理工学院的跨校合作为例[J].中国高教研究,2019(2):21-26.

既可以反哺企业,也可以自己创办企业,实现良性循环,从而构建具有竞争力、富有活力的创新体系。

实现校企合作,需要高职院校科研成果与市场紧密对接,实现与企业密切联系。因此,粤港澳大湾区高等职业教育需尝试设立成果转化中介机构,探索建立科研成果转化体系与市场化运作体系,为科技成果转化提供长期的政策保障,促进高职院校科研成果与市场紧密对接。在这方面,粤港澳大湾区可以借鉴国际一流湾区的发展经验。在纽约湾区,很多高职院校均拥有专业化的为科研成果转化服务的中介组织,这些组织机构有的直接隶属于高职院校的某个部门,有的是自负盈亏的企业实体,其主要任务就是为高职院校教师与科研人员提供科研成果转化服务。无独有偶,东京湾区的筑波科技城也非常重视科技服务机构的作用,这些专门成立的科技服务中介机构不但接受高职院校的委托,也接受企业乃至个人的委托,实现了高职院校与企业乃至独立研究者的技术交流与合作,有利于技术的有效转移。专业的中介机构的介入,可使高职院校科技成果与市场的对接更为紧密,而且也实现了科技成果转化率的大幅度提升,为湾区乃至全球科技创新中心的建设提供了更加强大、更加持久的技术支撑。因此,粤港澳大湾区在推动校企合作时,可以尝试建立科研成果转化中介机构,一方面有利于推动高职院校与企业之间的技术交流,间接实现校企合作。另一方面,建立第三方中介机构,有利于防止高职院校或企业双方一方占据上风而一方沦为附庸,可以保障高等职业教育与市场之间平等地进行物质交换、资源流通与技术交流。当然,纽约湾区、东京湾区处于资本主义制度之中,其科研成果转化中介机构具有较大的营利性质,而我国情况与其相反。因此,在粤港澳大湾区中,科研成果转化中介机构作为高职院校与企业之间的协调者,牵涉利益较大,需保证该组织的公益性与公共性,以免在知识产权与利益纠纷上产生矛盾冲突。

以协同创新理论为指导,通过构建粤港澳三地校企合作框架,引导社会各参与主体协同合作,发挥三地各自优势,实现资源共享、协同创新、合作共赢,将有助于促进大湾区创新应用型人才培养,增进港澳企业和高职学生对内地的了解,以及提升其文化认同与国家认同感,①进而整体推动大湾区高等职业教育的协同创新发展。

---

① 詹泽慧,钟柏昌,霍丽名,等.面向文化传承的学科融合教育(C-STEAM):价值定位与分类框架[J].中国电化教育,2020(3):69-76.

四、院校层面：构建院校集群，创新合作办学机制

粤港澳大湾区高等职业教育还可在院校层面构建院校集群、创新合作办学机制，以真正实践粤港澳大湾区高等职业教育协同创新发展。根据国际一流湾区高等职业教育的发展经验，高等职业教育的高质量发展需要加强区域内外高职院校之间的交流合作。因此，粤港澳大湾区各高职院校需扩大合作半径，构建高职院校集群，创新合作办学模式，实现协同创新发展。院校集群是院校在地理空间上的特殊关系，一般可以分为内部集群和外部集群两类：内部集群主要是微观意义上所有院校所具备的软硬件设施与环境，也是院校集群的核心。外部集群主要是宏观意义上以一所或多所名校为中心而形成的大学群落，一般又可以细分为地理上的集群，如大学城、教育城与科学园区以及契约上的集群，包括一些院校联盟和院校合作办学团体等。一流的院校群体和一流的学科群体最能集聚高端人才。院校集群程度的高低，间接预示着该区域的经济发展水平。① 粤港澳大湾区构建高职院校集群，不仅要充分发挥各区域的比较优势，而且要资源共享，吸取对方的办学经验，努力实现要素无障碍流动。国际一流湾区高职院校之间合作的最大功效就在于通过前沿知识与信息科技频繁流动与共享累进，促进高职院校主体之间的合作互动与协同学习。如旧金山湾区的高职院校集群形成了强大的科研优势、资源优势和人才优势，成为目前世界上最具创新性的区域。东京湾区也依靠强大的高职院校集群，聚集了大量科技创新人才，由此形成了产业创新集群。对粤港澳大湾区而言，需加强各区域高职院校之间的交流互动。合作交流有利于打破湾区高职院校之间的封闭性，增强各高职院校之间的流动性，形成具有区域内和跨区域结构特征的高职院校合作关系。当前亟须粤港澳三地在高职院校之间，展开更加充分、更高层次、更为深入的对话与磋商，以有效构建高职院校集群。

在有效交流的基础上，粤港澳大湾区高职院校需创新合作办学机制，从政策协同、机制协同、教育资源协同、科研创新协同、培养目标协同等方面进行创新，才能全面促进高水平高职院校集群形成。政策协同方面，粤港澳三地虽彼此相邻，然而三地的社会制度存在差异。因此，粤港澳三地教育政策的衔接、协同显得尤为重要，并且是政策协同的重要内容。从三地合作历史看，粤港澳在政策协同方面具有非常丰富的经验，且在多方领域均已经取得了良好的效

---

① 张宏海.高校集群促进人才培养创新与区域经济发展研究[D].武汉：武汉大学，2015.

果。在构建高职院校集群的过程中，粤港澳三地不但要把过去已有的优良协同机制持续发挥，而且要在《粤港澳大湾区发展规划纲要》的基础上全面提升政策协同的广阔空间。机制协同方面，粤港澳高等职业教育创新发展将成为整个湾区经济增长的重要引擎之一，当前珠三角九市要充分利用好国家层面的重大政策支持，促进高等职业教育协同创新发展落地生根。需在省市级层面创新高水平高职院校协同发展机制，协调高等职业教育市际联动，为协同发展与创新发展提供坚实的组织保障。然而，无论是粤港澳大湾区高等职业教育协同发展、创新发展，还是集群发展、融合发展，都必须从宏观、中观和微观不同层次，遵循高等教育固有的内外部规律进行，做到既服务于国家和地区改革和发展战略大局，又服务于学术发展、人才成长。① 教育资源协同方面，粤港澳大湾区应加强教师资源共享平台、人才资源共享平台、课程统筹平台、优秀课程展播平台、信息资源共享平台、科研创新平台等有利于高等职业教育协同创新发展的平台建设，充分体现教育资源的优势互补，并通过高等职业教育的教育资源共享，不断丰富各大平台的资源。进而，持续推进平台的创新性、开放性与共享性，打造粤港澳大湾区高等职业教育协同创新发展示范区，更好地实现粤港澳大湾区高等职业教育协同创新的共赢发展。科研创新协同方面，粤港澳大湾区高等职业教育创新发展必须在三地优势互补的基础上，促进湾区内研究人员或研究队伍在科研创新上的合作与协同。培养目标协同方面，粤港澳大湾区高等职业教育在创新发展过程中，培养出世界一流的顶尖应用型人才是共同努力的目标与方向。然而，对于港澳地区而言，加强港澳高职学生对国家与民族认同方面的培养，是具有重要意义且非常紧迫的课题。② 构建粤港澳大湾区高职院校集群，必须加强政策、机制、教育资源、科研创新、人才培养等方面的协同，必须加强高等职业教育源头的创新，以健全粤港澳大湾区合作办学机制，最终实现粤港澳大湾区高等职业教育协同创新发展。

综上，为积极推进粤港澳大湾区高等职业教育协同创新发展，需从理念层面、政府层面、社会层面和院校层面多方全面推进，从而强化人文融通、加强顶层设计、创新协同机制、落实合作平台，最终提升粤港澳大湾区高等职业教育协同创新发展的效益和水平。

---

① 林金辉.中外合作办学基本规律及其运用[J].江苏高教,2012(1):47-50.
② 许长青,卢晓中.粤港澳大湾区高等教育融合发展:理念、现实与制度同构[J].高等教育研究,2019,40(1):28-36.

第六章
粤港澳大湾区高校创新创业教育

第一节　粤港澳大湾区高校创新创业教育
合作的制度要素分析

　　粤港澳大湾区实现创新驱动协同发展,高校创新创业教育发挥着基础性和先导性作用。基于"创新"基础的双创教育培养具有科学家和企业家精神的人才,实现知识创造与商业转化,促使高校教学科研与经济社会应用紧密联系,学术结构嵌入社会结构,大学与政府和企业形成三螺旋关系,助推经济增长,加速大学向创新创业范式转型。[①]世界一流大学在区域创新生态中发挥着引擎作用,硅谷的诞生、128 高科技产业集群的形成与斯坦福、麻省理工学院的创新创业教育密不可分,其都强调大学服务国家与社会需要。[②]粤港澳大湾区正在以创新驱动推动高质量发展,迈向世界一流湾区。但是相比世界其他三大湾区,粤港澳大湾区建设也面临着更大的挑战,一个国家、两种制度、三个关税区造成的制度差异,一方面预示着大湾区将孕育出前所未有的区域协作制度创新,但目前其也成为继续推进区域双创教育合作的关键性制约因素。本章探讨粤港澳大湾区双创教育合作的优势与困境,并从制度视角分析粤港澳大湾区双创教育的合作问题和优化路径。

　　已有研究表明粤港澳大湾区高校教育合作已经取得了很大进展,例如在跨境招生、学分互认、合作办学、联合培养和共建产学研合作平台等方面取得

[①]　王建华.创新创业与大学范式革命[J].高等教育研究,2020(2):9-16.
[②]　陆春萍,赵明仁.世界一流大学创业教育实践项目的特点分析:以麻省理工学院和斯坦福大学为例[J].高等工程教育研究,2020(4):174-179.

骄人成绩。① 学界目前对于粤港澳大湾区教育合作着眼于融合发展，②③有从政策变迁视角分析粤港高等教育合作历程，④从多元文化归一的价值教育体系、跨区跨行业流动配置的制度体系等方面提出建议。⑤ 对于粤港澳大湾区高校双创教育的研究，有以东莞理工学院为例对地方高校产学融创进行研究，⑥以及对区域产业学院的研究，⑦还有一些零星的有关双创教育合作的建议，如加强高等教育与产业协同，推进成果转化机制建设等，⑧⑨但是还比较鲜见从制度视角对粤港澳大湾区双创教育合作进行的研究。

一、粤港澳大湾区"双创教育"合作的优势与挑战

第一，大湾区有全世界最完整的制造业体系和产业链优势，孵化转化和市场应用能力强，为创新创业人才提供广阔实践空间。深圳、东莞、惠州等地有良好的产业基地，"创业者从提出设想到产品面世的速度比硅谷还要快5～10倍，成本则是硅谷的1/5或更少"⑩。大湾区高端化、智能化的先进制造业与港澳的现代服务业合作融合，打造具有国际竞争力的产业体系。第二，大湾区具有科技创新优势，有利于区域产学研协同创新。《2019年全球创新指数报告》显示粤港澳大湾区拥有全球第二大科技集群，具备良好的创新基础和活

① 许长青，卢晓中.粤港澳大湾区高等教育融合发展：理念、现实与制度同构[J].高等教育研究，2019(1)：28-36.
② 卢晓中.推动粤港澳大湾区教育合作发展的思考[J].中国高教研究，2019(5)：54-57.
③ 卢晓中，卓泽林.湾区高等教育的形成与发展：基于粤港澳大湾区与旧金山湾区比较的视角[J].高等教育研究，2020(2)：90-98.
④ 韦惠惠，陈昌贵.粤港高等教育合作制度变迁分析[J].广东工业大学学报(社会科学版)，2011(1)：6-10.
⑤ 李一希，袁旭阳.深化高等教育改革推动粤港澳融合发展的逻辑与进路[J].中国高教研究，2019(11)：41-47.
⑥ 成洪波.粤港澳大湾区"产学融创"：内涵实质、需求背景与路径探索[J].中国高教研究，2018(10)：36-40.
⑦ 李海东，黄文伟.粤港澳大湾区视域下区域产业学院发展的若干思考[J].高教探索，2020(3)：23-28.
⑧ 蔡炜，耿丹青.粤港澳大湾区高等教育合作发展体系建设结合点的思考[J].高教探索，2019(12)：42-46.
⑨ 谢爱磊，李家新，刘群群.粤港澳大湾区高等教育融合发展：背景、基础与路径[J].中国高教研究，2019(5)：58-69.
⑩ 马化腾.粤港澳大湾区：数字化革命开启中国湾区时代[M].北京：中信出版社，2018：7.

力。粤港澳大湾区拥有 20 家世界 500 强企业和约 4.3 万家高新技术企业；广东省孵化器总数达 901 家，众创空间总数 804 家。[①] 大湾区正在建设一条创新资源集聚的科技创新走廊，吸引和对接全球创新资源，培育一批世界级产业集群，增强经济创新力和竞争力。而且香港高校与内地产业界合作紧密，香港地区 2020 年有五所大学进入世界 100 强，有紧贴全球科技创新前沿的基础研发能力，目前香港科技大学等院校的很多科技成果在珠三角地区实现转化，例如大疆公司是香港科技研究项目在深圳商业化的成果。香港六所大学在深圳建立创新产学研示范基地，围绕深圳产业发展，推动高校与产业融合，增强创新能力。第三，国家政策支持粤港澳大湾区教育合作。《粤港澳大湾区发展规划纲要》（以下简称《纲要》）对大湾区教育合作和创新创业交流机制等从国家层面提出要求。2020 年《教育部、广东省人民政府支持粤港澳大湾区高等教育合作发展规划》将深化体制机制改革摆在首位，打通产学研壁垒，加强大湾区高校创新创业交流。港澳方面，香港特区政府于 2015 年成立香港创新及科技局，负责制定政策，结合官产学研，加快推动香港相关产业发展，推动大学形成联盟。2009 年澳门大学（横琴）校区建立，其与澳门特区政府设立开放式科研基地、产业园区，将科研成果进行技术转移及产业孵化。2016 年"粤港澳高校创新创业联盟"成立，开展以三地及国际交流为特色的创新创业大赛、讲座、论坛、实训营等，联合设立"国际大学生创业资金"。2018 年成立"粤港澳青创联盟"，2019 年成立"粤港澳院士专家创新创业联盟"，协同粤港澳政、产、学、研、金力量，建设粤港澳双创人才交流合作平台。

尽管粤港澳大湾区具有开展双创教育的良好产业合作基础、科技创新优势和政策支持，但是粤港澳大湾区高校双创教育合作仍然存在一些挑战。三地制度差异造成人员、资金、技术、信息等要素自由流动受限，阻碍高校双创教育合作。例如，由于税收等原因，港澳教师不能在内地长期停留。科研经费跨境使用困难，合作项目行政审批程序烦琐，降低了合作热情。[②] 此外，大湾区创业对港澳青年的吸引力不强。制度交易成本较高，公共服务不完善等制约因素导致港澳青年在内地创业就业率不高。[③] 港澳学生对大湾区建设存在

① 邓淑华.粤港澳大湾区构筑双创生态系统[N].中国高新技术产业导报,2019-04-01.

② 陈文理,何玮.粤港澳大湾区教育和人才合作机制研究[J].江汉大学学报(社会科学版),2019(6):30-44.

③ 任颋,杨鎏嵩.粤港澳大湾区创业生态报告 2019[M].北京:企业管理出版社,2020:180.

"冷感"和"被规划"的消极应对心态。① 另外,大湾区青年创新创业类交流项目及政策优惠覆盖范围较为狭窄,影响力不足,只能吸引本身有意愿来内地发展的港澳创新创业青年人才。② 并且粤港澳三地青年合作创新创业成功案例不多,合作平台不完善。香港虽然拥有优秀的高校和基础研究平台,但是香港没有完整的创投产业链,使得很多科技成果很难在香港本地化。③ 并且香港的创业成本高居全球第二,本地缺乏创新创业环境和投资高科技创业企业的风险资本,阻碍创业积极性。④ 这些问题导致粤港澳三地实质性、制度化的双创教育合作机制尚未真正形成,未能形成推动湾区经济社会发展的有效合力。因此,从制度视角分析粤港澳大湾区高校双创教育合作的问题较为迫切。

二、粤港澳大湾区高校"双创教育"合作的制度要素分析

制度是推动区域教育合作的重要手段。新制度经济学家诺斯提出了"制度决定论",制度是形塑人们互动关系的约束和规则,作用是减少交易成本和不确定性,确立协作和竞争关系。制度的突出功能是为合作提供基本规则,保证合作顺利进行。⑤ 粤港澳三地合作历程显示,合作制度有利于推进区域协同发展。制度创新是一种新的制度安排,对经济社会发展具有关键性作用,有助于破除行政壁垒,优化资源配置,降低三地双创教育合作的制度差异,实现创新创业要素顺畅流动。有研究表明在粤港澳的制度创新中,对三地之间合作协调机制的创新力度不足、制度设计多数为单方推出而较少考虑对方的"制度需求"、进度滞后等是目前粤港澳制度创新中存在的主要问题。粤港澳三地政府间已签署的各框架协议和建立起来的联席会议往往流于形式,真正推动三地合作方案实施的并不多。单纯依靠市场力量推动形成的整合为稳定性较低的功能性整合,与其相对的"制度性整合"是指在专门的区域一体化政策下

① 卓泽林.粤港澳大湾区教育合作发展的价值与策略[J].华南师范大学学报(社会科学版),2020(2):71-80.

② 柴茂昌,王俊杰,曾志敏.粤港澳大湾区青年科技交流政策路径研究[J].青年探索,2019(4):78-86.

③ 李小瑛,刘夕洲.粤港澳大湾区科技创新研究:宏观比较、微观实证与个案分析[M].北京:中国社会科学出版社,2019:28.

④ 刘字濠.粤港澳大湾区战略下的深港创新圈2.0[M].北京:新华出版社,2020:210.

⑤ 道格拉斯·C.诺思.制度、制度变迁与经济绩效[M].杭行,译.上海:格致出版社,2014:3-18.

指导形成的较可靠、更稳定的整合类型,为区域经济和社会融合发展提供制度保障。[①] 斯科特认为制度环境可以分为三个维度:规制(regulatory)、规范(normative)和认知(cognitive)。[②] 有研究表明制度环境的三要素对创业教育有积极影响。[③]。在本节中粤港澳大湾区高校双创教育合作的规制环境表现为政府政策,指明了双创教育的方向性。规范环境是人们认可和接受的创新创业行为的标准和价值观,文化和社会规范,企业家地位等。认知环境为大湾区青年对双创的认知程度。除了上述三个因素外,粤港澳大湾区高校均建立有双创教育机构,为合作提供组织基础,以下将从这四个制度环境要素探讨双创教育合作问题。

(一)粤港澳大湾区双创教育合作的政策链分析

粤港澳大湾区建设是新时代国家推动区域协调发展的重大战略,其形成虽具有自下而上与自上而下相结合的双重特征,但更具有较强的政府规划性,政府发挥了制度建设的重要作用。粤港澳大湾区创新创业政策可以从国家、粤港澳三地地际、省级和市级层面进行分类(见表6-1)。其中国家层面从创新区域、创新体系和布局方面支持粤港澳三地建立联合创新区,建立跨省区教育合作交流平台。粤港澳府际虽然没有一个明确的创新创业政策,但在历时近十年的合作框架协议中每年都重点强调了创新创业的三地合作事项,例如《〈粤港合作框架协议〉2019年重点工作》中提出健全粤港跨境科研合作机制,建设全球科研成果转化基地,加快重大创新合作平台建设,构建大湾区科技创新投融资体系。同时,粤澳双方共同签署的《〈粤澳合作框架协议〉2019年重点工作》中提出抓好首批粤澳青年创新创业基地建设等。省级层面方面,广东省在产业政策扶持、科技支撑能力提升、创新创业发展高地和平台服务建设以及资金支持等方面投入较大精力,支持大湾区"创新创业"教育。[④] 广东早在2015年高校创新创业教育经费投入达1.58亿。全省137所高校中有52所高

① 钟韵,胡晓华.粤港澳大湾区的构建与制度创新:理论基础与实施机制[J].经济学家,2017(12):50-57.

② W.理查德·斯科特.制度与组织:思想观念、利益偏好与身份认同[M].北京:中国人民大学出版社,2020:62-88.

③ WANNAMAKOK W, LIANG W. Entrepreneurship education and entrepreneurial intention:perspectives on institutional theory[J].Journal of entrepreneurship,business,and economics,2019,7(2):106-129.

④ 夏正林.粤港澳大湾区"双创"的法治建设问题及对策研究:基于广东省政府以及粤港澳大湾区内地9市的政策分析[J].华南理工大学学报(社会科学版),2019,21(6):21-30.

校设置创业学院,建有创业实践基地 969 个。[①]"广东省高校创新创业联盟"
于 2016 年成立。2017 年广东省教育厅与香港教育局、澳门高教办分别签署
了关于加强粤港、粤澳高等教育交流合作的备忘录。2017 年举办"打造粤港
澳大湾区创新集聚区"的粤港澳合作论坛。2018 年粤港澳大湾区创新创业教
育研讨会上,来自内地和港澳的 160 余所高校成立"粤港澳高校创新创业联
盟"。2019 年广东省人民政府颁布《关于加强港澳青年创新创业基地建设的
实施方案》,政策落实到市级层面,各市纷纷响应国家和省级政府提出的发展
要求,支持青年创新创业基地建设,推出就业补贴、安家补贴、实习补贴、个税
差额补贴等多项措施,吸引港澳人才。[②] 各地政府创新制度建设,消除创新创
业行政壁垒,实现港澳青年进入基地创新创业的政策障碍基本消除。目前,粤
港澳大湾区 11 个城市均建有粤港澳青年创新创业基地,为港澳青年提供了城
市群创新创业空间机会。例如,深圳前海深港青年梦工场有半数创业团队成
员为港澳青年,累计获得融资超过 15 亿元。[③]

表 6-1　粤港澳大湾区创新创业政策

层级	年份	文件名称
国家政策	2015	《国务院关于大力推进大众创业万众创新若干政策措施的意见》
		《国务院办公厅关于深化高等学校创新创业教育改革的实施意见》
	2018	《国务院关于推动创新创业高质量发展打造"双创"升级版的意见》
	2019	《粤港澳大湾区发展规划纲要》
	2020	《教育部、广东省人民政府支持粤港澳大湾区高等教育合作发展规划》
粤港澳府际合作政策	1998	《粤港合作联席会议制度》
	2004	《泛珠三角区域合作框架协议》
	2010—2019	《粤港合作框架协议》
	2011—2019	《粤澳合作框架协议》

---

① 广东省科学技术厅.广东去年高校创新创业教育经费投入达 1.58 亿[EB/OL].[2020-
05-05].http://gdstc.gd.gov.cn/gkmlpt/content/0/631/post_631685.html#729.
② 香港特别行政区政制及内地事务局.大湾区城市[EB/OL].[2020-05-05].https://
www.bayarea.gov.hk/sc/about/zhuhai.html.
③ 前海深港青年梦工场孵化 388 个创业团队,超半数项目获融资[EB/OL].[2020-05-
05].http://www.sznews.com/news/content/2019-07/22/content_22285055.htm.

续表

层级	年份	文件名称
广东省政府创新创业教育相关政策	2014	《广东省教育厅关于实施广东省大学生创业引领计划（2014—2017）》
	2015	《广东省教育厅关于深化高等学校创新创业教育改革的若干意见》
	2016	《广东省人民政府关于大力推进大众创业万众创新的实施意见》 《广东省人民政府办公厅关于进一步促进科技成果转移转化的实施意见》 《广东省系统推进全面创新改革试验行动计划》 《广东省人民政府关于知识产权服务创新驱动发展的若干意见》
	2017	《广东省教育厅关于加强粤港澳高等教育交流合作备忘录》
	2018	《广东省人民政府关于强化实施创新驱动发展战略进一步推进大众创业万众创新深入发展的实施意见》 《广东省人民政府办公厅关于深化产教融合的实施意见》
	2019	《广东省人民政府深化人力资源社会保障合作推进粤港澳大湾区建设战略合作协议》 《广东省人民政府关于加强港澳青年创新创业基地建设的实施方案》
市级政府支持港澳青年创新创业政策（例举）	2019	《深圳市加强港澳青年创新创业基地建设工作方案》 《广州南沙新区（自贸片区）鼓励支持港澳青年创新创业实施办法（试行）》 《关于加强珠海市港澳青年创新创业基地建设的实施方案》 《佛山港澳青年创业孵化基地建设实施方案》 《东莞松山湖推动港澳人才创新创业实施办法》

　　各层级政府支持创新创业的政策,体现了国家到地方政府均有较强的行政动员能力和有效的组织规划能力,并对创新创业进行激励和保障制度设计。从顶层规划,再到逐层落实和细化,政策链完备。不过,一个重要不足之处是粤港澳三地仍然缺乏明确的"创新创业教育合作"政策,区域府际留有制度设计空白。虽然纵向政策链体现了国家到地方强有力的政府主导双创教育政策,但是缺乏三地之间横向的合作机制设计,各地以地方行政区划政策为主,三地缺乏共享政策机制设计。广东省双创政策较为主动和积极,香港和澳门的双创政策具有跟随性。香港和澳门特区政府响应广东省政策均建立青年创新创业基地。香港特别行政区政府2019年成立"大湾区香港青年创新创业基

地联盟",支持在大湾区创业的香港青年,成立"青年发展基金"推出"粤港澳大湾区创新创业基地体验资助计划"和"粤港澳大湾区青年创业资助计划"。澳门方面,2016年粤港澳机器人创新基地在横琴·澳门青年创业谷挂牌。2018年澳门青年创业孵化中心启用,其是澳门首个国家级众创空间。香港、澳门特区政府均积极寻找新的经济增长点、拓展发展空间,特点之一是"深港澳"合作密切,其分别与深圳市签订《共同推进深港青年创新创业基地建设合作协议》《关于共同推进深圳、澳门青年创业孵化的战略合作框架协议》等文件。三地横向比较来说,港澳的双创教育主要由内地政策带动,主动性不强。大湾区整体来讲,双创资源流通共享机制缺失,各地存在行政分割与竞争。面临政府主导与区域治理难以兼容的合作困境,阻碍政府间合作协议实施程度。[1][2] 另外,顶层双创教育合作制度不明确和泛化,导致各地政府难以出台相关的促进创新资源流通的共享机制。

(二)粤港澳大湾区创新创业的文化环境

如果说政府政策是一种正式制度的话,文化、信仰、习俗和价值观等则属于非正式制度范畴,本文重点探讨文化要素。"创新文化"是一种令人想不断挑战自己并持续创造自身价值的理念、机制和氛围,创新文化是接地气的、潜移默化的,有时候连行为主体本身都没有意识到的。[3] 粤港澳大湾区同属开放包容,鼓励创新,实干的岭南文化圈。并且开放多元,容忍失败的创新创业文化环境,有利于激发创新创业活力,多元化人才融入。例如,美国硅谷地区,外籍人口约为36%,其创业文化的特点是支持冒险,宽容失败。[4] 创新文化的"3T(技术、人才和宽容)理论"认为,宽容是吸引和培育人才的外部环境,是创新的前提条件,没有宽容,青年人就会缩手缩脚,止步不前,就不会去尝试突破,更不会去冒险。例如集聚大量年轻人的移民城市深圳具有敢于冒险、崇尚创新、宽容失败、开放包容的文化,激发了创新创业精神和培育了很多优秀企业家。企业家精神在全球经济发展中发挥重要作用,优秀的企业家精神将会使中国真正成为一个把梦想变为现实的创新国度。深圳于2019年11月1日设立企业家日,是对企业家精神和地位的认可。并且深圳创业文化对激发日

① 张紧跟.论粤港澳大湾区建设中的区域一体化转型[J].学术研究,2018(7):58-65.
② 毛艳华,杨思维.粤港澳大湾区建设的理论基础与制度创新[J].中山大学学报(社会科学版),2019(2):168-177.
③ 马中红.营构青年创新文化丰沛的粤港澳大湾区[N].中国青年报,2019-06-10.
④ 胡曙虹,黄丽,杜德斌.全球科技创新中心建构的实践:基于三螺旋和创新生态系统视角的分析:以硅谷为例[J].上海经济研究,2016(3):21-28.

本青年创业产生了很大作用。① 另外,大湾区的香港多年来获评为全球最自由的经济体系之一,拥有顶尖国际商贸和金融都会地位,具有刻苦耐劳、勤奋拼搏、创新和进步的香港狮子山创业精神,并以开放包容的心态悦纳外来文化,形成一种全新的创新动能。同样,澳门也是多元文化交流之地,澳门科技大学等高校肩负着"努力把澳门建设成为粤港澳大湾区西部科创中心"的使命。因此,高校创新创业教育中通过创新文化浸润,培养学生的创新精神至关重要。例如斯坦福大学和麻省理工学院创新创业文化浓厚,让思想无拘无束地自由流动,创业实践项目繁多,滋养着每位学生从进校时就怀揣创业梦想,鼓励学生走出象牙塔,积极投身社会创办企业,并且校友企业创造的经济价值巨大。广东省教育厅《关于深化高校创新创业教育改革的若干意见》中提出"独立思考,自由探索,勇于创新"的校园创新创业文化建设指引。深圳大学2017 年出台《深圳大学文化创新发展纲要》提出"顶天立地育人"的大学创新创业文化,突出高校科研服务国家战略,服务地方经济发展,强化经世致用,实现产教融合。② 粤港澳三地实行完全不同的行政制度,但以双创文化为纽带和共生点链接三地,可以激发港澳与内地合作的积极性。尤其突出以"创新"为基础的双创教育文化,其犹如空气一样滋养着创新精神,有利于全社会提高对创新创业的认知,加速粤港澳大湾区创新创业教育的互动和融合。

(三)粤港澳大湾区青年对创新创业的多维认知

根据"2019 年全球创业观察报告"对创业自我认知调查的数据:识别机会、认识能力、害怕失败和创业意图,相比全球其他经济体中国人对创业的自我认知方面"害怕失败"的成分较多,识别机会和认识能力也较弱。③ 有研究对"粤港澳大湾区青年创新创业文化的认知"进行调查,发现半数(50.06%)的受访者表示自己"有创业的想法或计划",青年对创新创业教育的需求表现得非常迫切,大中专学校现有创新创业教育无法满足他们的需求。④ 另有研究对香港青年在大湾区创业的现状进行了调查,发现创业者人数有增加,但总人数不多,成功个案少创业落地难,受限于香港经济结构及对内地缺乏了解,创业者作为居民在内地生活仍有不便,港青创业内生动力不足。整体而论香港

① 谢轶,区玉辉.拥抱深圳的日本[N].信报,2019-01-03.

② 深圳大学:加快创建世界一流创新型大学[N].深圳特区报,2020-05-07.

③ BOSMA N,KELLEY D.Global Entrepreneurship Monitor 2018/2019 Global Report[EB/OL].[2021-11-12].https://www.gemconsortium.org/report.

④ 马中红,吴映秋.青年创新创业文化的认知、评价和实践:基于深圳青年群体的调研[J].青年探索,2019(4):51-64.

青年创业意向并不强烈,仍然需要较为长期的引导和培养。[1] 当然大湾区对港澳青年创业也有吸引力,正如香港青年认为在香港创业空间会小一点,而在内地创业起步很容易。[2] "港澳青年内地创业"调研发现,港澳青年创业模式从"输入"变为"输出",原本港澳向内地输入技术、资金、商业管理模式和管理经验等,已经逐步转向由内地向港澳输出经验模式。港澳青年创业心态也从"俯视"到"平视"乃至"仰视"。[3] 因此,《纲要》发布之后,粤港澳大湾区给创新创业者提供的不仅仅是一个城市的创业机会,而是由 11 个城市组成的区域连接市场,并扩大为城市群创业投资空间。创业者可以便捷地在各个城市中寻找创业机会,城市创业者成为湾区创业者。改变以往粤港澳三地青年创业处于相对隔离的"密室状态",湾区建设为青年创业家提供"湾区城市合伙人"的基础。[4] 因此,从制度设计上提供给湾区青年更多的创新创业合作机会,对港澳青年在税收、住房、场地等方面给予更多的政策便利,以吸引青年到大湾区创新创业。

(四)粤港澳大湾区高校双创教育合作的组织基础

高校建立创新创业教育机构为大湾区高校双创教育合作提供组织基础。粤港澳大湾区高校响应国家深化高校创新创业教育改革的要求,均成立了创新创业机构,作为追求知识转移和创业精神培育的重要平台成为学术界和社会之间沟通的桥梁,实现政产学互动共赢。大湾区内的珠三角九市进入全国首批和第二批"深化创新创业教育改革示范高校"的共有 8 所,都建立了创新创业教育组织机构。香港和澳门的大学也有独具特色的创新创业教育机构和平台。梳理这些组织机构、平台的双创特色如下(见表 6-2)。

表 6-2 粤港澳大湾区高校创新创业教育组织机构

高校	创新创业教育特色
香港科技大学 创业中心	该中心成立于 1999 年,为学生提供从知识获取、创意构思、原型制作到商业化的全链条服务,培育企业家为香港及其他地区的经济和社会发展服务

---

[1] 卢雯雯,邹平学.香港青年在粤港澳大湾区内地城市创业现状、困境与趋势分析[J].青年发展论坛,2019,29(1):22-34.

[2] 暨南大学创业学院."敢闯、敢玩、敢野"的香港 90 后创业青年[EB/OL].[2020-05-05]. https://mp.weixin.qq.com/s/AbilrKlFID_6yZp5hl58LA.

[3] 张光南.港澳青年内地创业[M].北京:中国社会科学出版社,2018:5-6.

[4] 陆剑宝.粤港澳大湾区如何打造全球人才集聚新高地?[N].经济导报,2020-02-17.

续表

高校	创新创业教育特色
香港中文大学 创业研究中心	该中心成立于 2005 年,致力透过研究、教育及社会服务推动创业。特点是与校外民政事务局、香港科技园、香港数码港、香港天使投资脉络、香港设计中心,以及珠江三角洲一带企业家、天使投资者、创业投资者等联系紧密
香港大学 亚洲创业与商业价值中心	该中心成立于 2005 年,推动香港、内地和亚太地区的创业精神和商业价值观的智力资本开发与教学。
香港理工大学 创业研究院	该院 2018 年与深圳大学合作建立了"大湾区国际创新学院"。致力于通过与世界领先大学、政府和企业的合作,将其发展成为一个世界级的技术开发、知识转移和创业创新中心
香港城市大学 创业教育中心	该中心成立于 2001 年,提供创业教育与培训。并建立创意创新创业开放式教育平台(CEPIE),开办以投资、创业、行业顾问和知识产权贸易为核心的网络课程,致力发展创新创业教育
澳门大学 创新创业中心	该中心 2020 年获批为"国家级众创空间",立足"三创教育"(创新、创造、创业),中心定位在教学以及在孵化前期支持创业
澳门科技大学 创业就业发展中心	该中心成立于 2010 年,协助学生树立健康、良好的就业意识,建立对生涯发展的核心价值,提升整体竞争力,做好进入人力市场的准备
中山大学 创业学院	该学院 2009 年成立,以"打造商界黄埔,培育创业精英"为目标,形成基于"STRATEGIC"战略创业理念的具有创新型专业和实践特色的创业教育与培训模式
广东工业大学 创新创业学院	该学院 2015 年成立,协同政府、企业、粤港构筑学生创新创业实践平台,逐步形成了"N+1+N"一体化的实践育人模式。发起成立粤港澳高校创新创业联盟和粤港澳大学生创新创业实践基地
华南理工大学 创业教育学院	该学院 2011 年成立,支持创业实践,鼓励真枪实干,助力广东产业转型升级。设立了专门的创业培育基金和创业投资基金
暨南大学 创业学院	该学院 2011 年成立,以三创(创意、创新、创业)教育为宗旨,构建和完善三创教育生态,强调的不是白手起家,而是对现有商业模式、创业模式的"微创型改变"
华南农业大学 创新创业学院	该学院 2014 年成立,建立大学生创新创业孵化基地和教师创客空间,举办农业创新创业大赛和广东省青年农业创业精英训练营
华南师范大学 创业学院	该学院成立于 2009 年,较早将创业教育融入专业教育。对学生进行分类教育,探索和实践"金字塔"式大学生创业教育体系

续表

高校	创新创业教育特色
深圳大学 大湾区国际创新学院	该学院是在 2009 年创业中心基础上,通过两次升级,于 2018 年与香港理工大学合作成立大湾区国际创新学院,探索国际化创新创业合作机制
南方科技大学 创新创业学院	该学院于 2016 年成立,服务深圳国际科技、产业创新中心建设和国家发展。致力于聚焦工业研究,培养创新创业高端人才,孵化高技术企业

以上大湾区各高校均建立各具特色的双创教育机构,培养具有创新精神和创业能力的人才,但作为双创组织平台与外界的联系和沟通还比较欠缺,存在以下问题:第一,高校间双创教育合作缺乏战略联盟和协调机制,缺乏高校间互联互通、互学互鉴、共建共享顶层设计。高校创业机构之间缺乏广泛互动,机构之间的合作还只是凤毛麟角,尽管有深圳大学和香港理工大学合作共建"大湾区国际创新学院",但缺乏更多的校际合作案例。并且大湾区高校创新创业的合作制度供给仍然停留在民间自发的校际之间,还未上升到府际的协作制度。第二,学校的双创机构和校外由政府主导建立的双创基地之间缺乏合作和共享机制建设。同属双创教育的组织平台,但是平台之间缺乏互通互联共享资源制度设计。第三,高校在大湾区整个创新生态系统中作用发挥有限,知识链与产业链、创新链结合不紧密。有研究针对 161 所粤港澳大湾区高校进行调查,发现跨区域专利流动相对较少,港澳大学转移、许可的专利数量并不多,与经济一体化不相匹配。[①] 大湾区高校带动产学研合作能力较弱,高等教育与产业集群发展严重不匹配,未能发挥促进创新发展、产业转型和经济发展的作用。高校教授搞研发多以论文专利作为最终目标,造成很多专利只停留在学术的层面上,无法发挥它们的社会和经济价值。[②] 并且产学研合作机制不健全,在大湾区内缺乏大学、政府、企业协同的生态体系建设。因此如何建立政府、企业、大学与科研机构的联盟平台,实现高等教育与产业集群进行深度融合发展是一个迫在眉睫的命题。[③]

以上从政策、文化、认知和组织基础四个维度分析了粤港澳大湾区创新创业教育合作中起基础支撑作用的制度环境要素,表现出大湾区创新创业教育

① 孙娟,黄嫣然,阳屹琴.粤港澳大湾区高校专利转移、许可现状、挑战和建议[J].科技管理研究,2019(5):92-97.
② 马化腾.粤港澳大湾区:数字化革命开启中国湾区时代[M].北京:中信出版社,2018:7-149.
③ 庞川,林广志.粤港澳大湾区发展报告 2018—2019[M].广州:广东人民出版社,2019:97.

合作存在三地府际缺乏实质性制度化双创政策共享机制,青年对双创的认知不足,知识链与产业链联系不紧密,高校双创组织机构与政府双创基地间互动较弱等问题。粤港澳三地为实现双创教育的深度融合,既要充分挖掘现行制度环境下的潜在合作利益,更要不断进行制度创新,通过制度性优化和整合使三地合作达到更高层次。[①]

三、加强粤港澳大湾区高校"双创教育"合作的建议

粤港澳大湾区双创教育未来的发展需要发挥政府间协调机制,构建大湾区双创教育合作体系,建立高校间创新创业教育合作平台,鼓励大湾区高校开展双创教育合作,推进区域双创教育发展,为大湾区经济社会创新发展服务。

第一,优化双创生态系统,加强粤港澳大湾区创新创业教育合作体系建设。政府作为双创教育的主推手,加强顶层设计,加快粤港澳大湾区双创教育的战略性整体布局,建设大湾区合作体系,创立合作联席教育制度,使企业—高校—政府形成高效合作机制,减少制度差异对区域合作带来的不良影响。加强大湾区创新创业教育生态系统建设,实现多主体要素间的协同创新,形成教育链—产业链—创新链互动的产学融创模式,使湾区内各创新主体,如大学、公司、国家实验室、金融力量、法律服务积极互动。深化学校和企业的合作,着力粤港澳产业基地建设,为港澳青年创业就业提供发展空间,促进产学研转化。打破创新创业教育的"孤岛",大力推进高校、科研机构与企业间的要素流动。

第二,加强高校双创组织机构之间的资源共享,建立高校双创机构与政府双创基地的制度链接。高校双创机构平台之间建立资源共享机制,在课程资源共享、学分互认,实训基地、师资力量等方面加强合作。大湾区有丰富的高校创新创业教育机构和政府支持建立的各市粤港澳青年创新创业平台,两者融合汇通,通过制度创新,加强高校和政府之间创新创业教育平台交流和合作,使各平台形成网络化互生关系,并以创新创业项目驱动,联合进行人才培养和项目攻关。鼓励湾区双创教育合作的制度创新,例如湾区的前海、南沙和横琴自由贸易试验区,已经通过制度创新为创新创业者提供发展机会。前海深港青年梦工场探索的"深港科创合作模式"得到业界的认可并复制推广。对港澳理工类教授团队创业予以条件的特别放宽和特事特办。

---

① 杨英,秦浩明.粤港澳深度融合制度创新的典型区域研究:横琴、前海、南沙制度创新比较[J].科技进步与对策,2014,31(1):39-43.

第三,提升大湾区高校基础研究能力,夯实以"创新"为基础的双创教育,加强高校与产业集群有机融合,促进科研成果转化。"2019年粤港澳大湾区创新研究报告"显示广州、深圳在高校和科研院所的优势创新机构数名列大湾区前茅,高校和产业融合必能构建出优良的创新创业生态系统。专利数量则是考察一个地区创新能力的重要指标,近五年数据显示,粤港澳大湾区的PCT专利总量处于上升趋势,增长速度均高于其他三大湾区。① 因此加大高校PCT专利的转化率,提升大学的基础研究能力,加大高校间协作,强化区域合作联席制度,构建产学研联盟,推动区域创新创业教育合作事项,建立与产业集群相匹配的创新创业教育集群,发挥高校双创教育服务社会经济发展的目的。并进一步完善科技成果产权管理体制,改革高校教师和科研人员评价机制,打通科技成果转移转化的"最后一公里"。

第四,完善区域双创人才激励制度,提升双创对港澳青年的吸引力,营造"创新文化共同体"。通过学分互认、课程共享、师资交流等措施促进粤港澳大湾区双创人才流动;提升跨境人才流动的公共服务水平,在跨境税收、过境签证、边检制度、居留许可、跨境办公等方面增加制度弹性,为创新要素跨境流动提供便利,推动粤港澳大湾区人才交流合作。加强制度软环境建设,营造良好创新文化氛围,加强大湾区文化建设的"软联通",营造更加开放多元、宽容失败的创新创业文化环境,有利于激发创新创业活力,增强大湾区高质量发展的内生动力。②

第二节　世界一流高校创新创业模式镜鉴:以美国为例

全球化竞争日益激烈,越来越多的国家意识到,创新创业教育在开发学生技能,提升大学竞争力优势和促进经济发展方面至关重要。美国是持续将近一个世纪的领先创新者,在今天仍然是最强大的创新型国家。美国政府越来越将创新创业教育作为经济发展和国家创新体系构建的重要保证和途径,而今仍然持续推进创新创业教育,捍卫美国全球领导力地位。美国高校的创业

① 夏正林.粤港澳大湾区"双创"的法治建设问题及对策研究:基于广东省政府以及粤港澳大湾区内地9市的政策分析[J].华南理工大学学报(社会科学版),2019,21(6):21-30.
② 陆春萍.粤港澳大湾区协同发展的制度创新[N].中国社会科学报,2020-08-27.

教育领先世界,具有较成熟和完善的创业教育体系和模式。学术界普遍将 1947 年哈佛大学商学院教授迈尔斯·梅斯开设"新创企业管理"课程作为美国高校创业教育的开端。根据美国学者 Katz(2003)梳理的美国创业教育一百多年的发展历程,美国现有 2200 门创业课程在 1600 个大学开设,有 277 个捐赠教授席位,44 个创业类杂志和 100 多个创业中心。[①] 美国的创业教育覆盖国民教育的全过程,在高等教育阶段主要体现在创业学科的发展、课程的系统化、创业学位的设立等。当前中美贸易战,终究是科技的比拼,自主科技能力的发展对中国的崛起至关重要,培养创新创业教育人才更显得非常关键。尤其是美国的创新创业教育值得我国学习。因此本节将探讨美国创新创业教育的制度设计、教育体系和模式。

"创新"(innovation)和"创业"(entrepreneurship)这两个概念具有双生性,创新是创业的基础和前提,创业是创新的体现和延伸,创新是创业的特质,创业是其目标。"创业教育之父"杰弗里·蒂蒙斯(Jeffry A.Timmons)曾把二者的关系比作促使美国经济进步的发动机和汽缸,创新可产生重要的新发明和新技术。[②] 创业教育是通过组织正规地传递创业精神和创业能力的过程,[③] 学生通过"改变"创造价值,不管学生从事什么职业都可以终身受益。我国教育部 2010 年把创业教育名称改为创新创业教育。创新创业教育已经跨越学科和专业的限制。根据美国考夫曼基金会的调查有 89% 的创业公司创立者是来自非商业和管理专业的学生。[④] 创新创业教育的核心是培养学生的创新创造能力、批判思维、问题解决的能力。

一、国家制度建设促进美国大学创新创业教育

国家的制度和政策必然决定国家的创新率。伦德瓦尔认为国家创新体系包括介入探索的机构和组织,如研发部门、技术研究所及大学。成功的科技国家都致力于解决市场失灵问题,政府可以按需制定他们的科技制度和政策,以

① KATZ J A.The chronology and intellectual trajectory of American entrepreneurship education[J].Journal of business venturing,2003,18(2):283-300.
② 蒂蒙斯,斯皮内利.创业学[M].北京:人民邮电出版社,2005:9-10.
③ GEORGE S.An examination of entrepreneurship education in the United States[J].Journal of small business and enterprise development,2007,14(2):168-182.
④ PAUL D H.Why is the entrepreneurial university important? [J] Journal of innovation management,2013,1(2):10-17.

适应社会文化、历史和政治经济形势,从而提高科技绩效。[①] 美国从国家层面一直促进大学创新创业教育的发展,包括颁布法案促进大学服务当地社区经济建设和对高校创新创业资金的投入。

(一)颁布法案确保高校创新创业教育与产业和区域经济发展紧密联系

美国自 1862 年的莫里尔法案颁布以来,制定和颁布了多部创新创业法案和国家计划,不断激励技术创新,促进大学的技术转移。美国各届政府均十分重视以技术创新和产业创新为主导的产业政策,营造创新的制度环境。表6-3梳理了美国 19 世纪后半叶至今的创新创业方面的主要法案和国家计划。

表 6-3　美国主要的创新创业法案和政策

时间	法案/政策	主要内容
1862 年	莫里尔法案 (Morrill Act)	联邦政府拥有的土地赠予各州,来兴办和资助教育机构。建立公立高校和学院开展农业科学和机械技术教学
1890 年	莫里尔法案Ⅱ (Morrill Act Ⅱ)	要求赠地学院必须消除种族歧视,进一步扩大学科设置,发展应用型学科
1914 年	《史密斯-利弗法案》 (Smith-Lever Act)	新科学知识的扩散法案。由联邦政府资助,农业部和赠地学院合作,建立农业推广站,把农业科学研究通过教育与生产相结合,也是联邦政府参与教育事业的代表立法之一
1939 年	哈奇法案 (Hatch Act)	增强以高校实验基地为依托的农业研究,创办农业试验站,加强赠地学院的研究功能
1980 年	《拜杜法案》 (Bayh-Dole Act)	将许多政府资助的发明独家控制权转让给大学和企业。允许大学的发明和发现申请专利,应用到企业,推进研发成果的商业应用
1980 年	《史蒂文森-韦德勒技术创新法案》 (Stevenson-Wydler Technology Innovation Act)	提升技术创新在国家经济、环境和社会目标上的应用。支持国内技术转移和促进联邦政府科学技术资源开发利用
1982 年	小企业创新发展法案 (Small Business Innovation Development Act)	建立小企业创新研究计划,促进政府赞助有商业化潜力的小型高科技公司

①　LUNDVALL B Å.National systems of innovation:towards a theory of innovation and interactive learning[M].London:Printer Publishers,1992:89.

续表

时间	法案/政策	主要内容
1989 年	《国家竞争力技术转移法》（National Competitiveness Technology Transfer Act）	继续修正史蒂文森-韦德勒技术创新法案，加速技术成果转化和推广
1993 年	美国技术创新政策（Technology for America's Economic Growth：A New Direction to Build Economic Strength）	对技术的投资是对美国未来的投资，加强美国的工业竞争力和创造就业机会，创造使技术创新蓬勃发展，并吸引投资商业环境；确保整个政府对技术的协调管理；在工业、联邦和州政府和大学之间建立更紧密的工作伙伴关系；发展基础科学
2004 年	国家创新倡议"创新美国：在竞争与变化的世界中繁荣"（National Innovation Initiative "Innovate America：Thriving in a World of Challenge and Change"）	分析美国创新生态系统，创新是美国的灵魂，是确保美国在 21 世纪领导地位的重要手段，在人才、投资、组织及机制三方面提出 80 多项政策建议
2009 年	《美国复苏与再投资法案》（American Recovery and Reinvestment Act）	联邦政府宣布了"力争上游计划"（Race to the Top Program）以及"创新教育（Educate to Innovate）"项目，保证了十亿的私人投资在 STEM 教育和完成过半的"到 2021 年培养出十万数学与科学精英教师"的计划
2011 年	美国创新战略：确保经济增长与繁荣（A Strategy for American Innovation：Securing Our Economic Growth and Prosperity）	奥巴马政府对通过扶持创新赢得未来的构想进行清晰阐释。重视高校科技创新创业人才的培养
2011 年	《创业美国计划》（Startup America）	开放资本渠道，推动初创企业增长；将教育与企业家联系起来；减少壁垒，让政府为企业家服务；加快突破性技术从实验室到市场的创新；在医疗、清洁能源和教育等行业释放市场机遇
2013 年	美国创新法案（Innovation Act）	对专利诉讼程序进行改革，帮助和保护企业应对恶意的专利侵权诉讼
2013 年	《创新与创业型大学：聚焦高等教育创新和创业》（Innovative and Entrepreneurial University：Higher Education，Innovation & Entrepreneurship in Focus）	美国的研究型大学利用多样化的路径鼓励创新思维和创新活动包括学生创业、教师创业、科技转化、校企合作和参与区域经济发展

续表

时间	法案/政策	主要内容
2014 年	创客国家计划 (Nation of Makers Initiative)	奥巴马总统发起了"创客之国"计划,旨在让更多的学生、企业家和公民能够使用新技术来设计、制造任何东西,以及增加对导师、空间和资源的支持
2015 年	美国创新战略 (A Strategy for Americam Innovation)	在基础研究方面进行世界领先的投资;促进获得高质量 STEM 教育;建设创新型政府等

　　以上法案和政策促进了技术商业化,加速了技术创新从实验室到市场的转化速度,满足服务公众的需要,实现经济的可持续发展和高品质就业。法案的出台促进了高校与产业界的合作,大量科技型大学衍生创业公司的诞生。例如麻省理工学院利用林肯实验室发明的先进成果,如计算机软硬件、精密机械等积极创办衍生公司。又如举世闻名的硅谷,斯坦福大学培育了大量技术衍生公司,享誉全球的惠普、谷歌、雅虎等著名企业就是由斯坦福大学师生创办的。以上的法案规定了科技成果的知识产权归大学所有,而不是归发明者个人所有。这有利于大学创办衍生公司,促使发明成果对经济发展做出贡献。另外,衍生公司的创办也得益于美国高校灵活的休假制度,激发教师创业热情。这些创业型企业与大学保持着越来越紧密的联系。以美国五大生物技术产业区为例,其兴起和发展的一个主要原因就是依托当地实力雄厚的大学和科研机构,如波士顿地区的哈佛大学和麻省理工学院,旧金山地区的斯坦福大学和加州大学伯克利分校,圣地亚哥地区的加州大学圣地亚哥分校等,大学为新型创业活动贡献人力和技术。并且以大学为主形成产业技术集群,例如马萨诸塞州波士顿附近依托麻省理工学院和哈佛大学的 128 公路高科技园区以及旧金山附近依托斯坦福大学的硅谷,技术集群吸引大批科学家、工程师及创业者,是商业天使和风险投资家的聚集地,成为区域经济的扩张驱动器,为当地社区、创业公司、公司雇员创造了大量财富。因此,硅谷、北卡研究三角、奥斯汀研究区等成为世界闻名的创新创业区域,这与斯坦福大学、北卡罗来纳大学、得克萨斯大学奥斯汀分校对区域经济的兴起和发展起到巨大的带动作用有关。大学衍生企业最重要的一个环节是减少大学科技成果转化的障碍,大学通过优化技术转化办公室(Technology Transfer Office,TTO)和创建概念

证明中心(Proof of Concept Centers,PoCCs)来推动科技成果的转化。[①] 大学还通过创业走廊,衍生企业加速器,共享实验室、孵化器,创新产业集群等方式服务地方经济。法案不仅让美国高校增加了大量专利成果,创建了创业衍生公司,也推进了区域经济发展和产业结构优化。

美国政府除了上述的法案之外,还包括总统签署的一些有利于创新创业的计划。例如,奥巴马政府发起的"创业美国计划"等。2019 年 2 月,特朗普总统签署了《激励妇女法》(INSPIRE Women Act)(H.R.321)和《促进妇女参与创业法》(Promoting Women in Entrepreneurship Act)(H.R.255),以促进妇女进入并领导 STEM 领域(科学、技术、工程和数学),并力图将美国发展成为全球未来几代人的创新中心。

(二)经费支持

美国政府对于创新创业教育的发展包括国家经费支持和社会资源投入。

首先,美国联邦政府发放大量研究经费和国家补贴给美国大学以提高国家科技竞争力。很多大学校长是国家国防研究委员会成员,大学成为国家科研工作的主要阵地和培养高级专门人才的重要场所。例如,政府给麻省理工学院投入 15 亿美元研制雷达,给哈佛大学、哥伦比亚大学等提供 20 亿美元研究原子弹等。美国于 2009 年、2011 年和 2015 年连续三次颁布《美国创新战略》,其对研发经费进行大量投入。例如 2015 年对研发投入为 3%;对创新创业非常支持,例如 2011 年投入 10 亿美元创业基金。美国的很多国家实验室都建立在大学,属于联邦政府资助的研发中心。这些研发中心构成了全美基础研究和科技创新的主要平台。这些国家实验室受到来自国防部、能源部、卫生部、农业部和航空航天局等联邦政府机构的全额资助。如由美国国防部资助的设于麻省理工学院的林肯实验室,年经费达 3.44 亿美元。[②]

其次,美国多家基金会对创新创业教育的发展功不可没。1951 年科尔曼基金会(Coleman Foundation)创立,是第一个资助创业教育的基金会,2005年进行了创业教职研究员项目(Faculty Entrepreneurship Fellows Program)支持全校性创业教育。1987 年成立的全国创业教育基金会(National Foundation for Teaching Entrepreneurship)运用创业和商业教育帮助处于危机中

---

① 赵中建,卓泽林.美国研究型大学在国家创新创业系统中的路径探究:基于美国商务部《创新与创业型大学》报告的解读与分析[J].全球教育展望,2015(9):41-54.

② 王志强,卓泽林,姜亚洲.大学在美国国家创新系统中主体地位的制度演进:基于创新过程的分析[J].教育研究,2015(8):139-150.

的青少年发展必要技能,从而在学校和社会环境中获得成功,提供教师培训、咨询、研讨会,培养学生的就业技能以及创办和经营企业的能力。另外,考夫曼基金会(Kauffman Foundation)推动全校性创业教育兴起,2003 年首次资助 8 所美国高校进行全校性创业教育实验(Kauffman Campus Initiative)。[①]包括伯顿·摩根基金会(Burton D.Morgan Foundation)对 5 所文理学院进行资助推动全校性创业教育。由于这些基金会的推动,创业教育不再囿于商学院,许多人文社会科学院系也结合专业教育开设创业教育课程,丰富了创业教育的类型,涵盖包容性创业教育、艺术创业教育、社会创业教育等。除此之外,还有美国自然科学基金会通过资金支持工程类院校的创业教育,例如 5 年投入 1000 万美元在斯坦福大学建立全国工程教育创新中心。

二、美国大学创新创业教育体系

(一)多层次创业教育体系

美国创业教育体系体现终身化的特色,国民教育各阶段全面普及创业教育,涵盖了基础教育到高等教育阶段,体现了创业教育从娃娃抓起的早起点特色。例如基础教育中的 K-12 创业教育计划由 12 个模块构成,每个模块介绍创业概念,了解创业教育知识,完成不同阶段创业教育目标。美国的高等教育最初模仿欧洲的高等教育体制创办 9 所殖民地学院,之后发起创办州立大学、赠地学院、研究型大学、社区学院等。高等教育阶段的创业教育体系包括本科、研究生阶段创业专业的设立,各高校创业中心、创业教育研究会的建立等,同时形成了高校、社区、企业良性互动发展的创业教育生态系统。百森商学院于 1968 年第一个在本科教育中设立创业教育学士学位,学生进行创业教育课程的系统训练。之后创业教育向商学院之外拓展。创业教育的学位研究生教育在美国的哈佛大学、芝加哥大学、西北大学开设,培养创业方面的专业教育人才。此外,美国社区学院也是美国高等教育体系的重要组成部分,社区学院的创业教育分为学分制和非学分制两种类型。2012 年 2 月,奥巴马政府下拨80 亿美元设立"社区学院到职业基金"(Community College to Career Fund),

---

① TORRANCE W.Entrepreneurial campuses:action,impact,and lessons learned from the kauffman campus initiative[EB/OL].[2019-12-09]. Ewing Marion Kauffman Foundation.https://www.kauffman.org/-/media/kauffman_org/research-reports-and-covers/2013/08/entrepreneurialcampusesessay.pdf.

也极大地促进了社区学院创业教育的开展。① 因此,美国的创业教育体系包括基础教育、研究型大学、社区大学创业教育,甚至包括文理学院也加入创业教育大军。

(二)科技创业教育和社会创业教育双轮驱动

美国创业教育类型多样化,不但提供多层次的教学和实践,培养商业型创业者,更加吸纳全校学生加入创业队伍,尤其是人文学科的学生进行社会创业,为当地社区服务,实现商业价值和社会价值的双赢,如为美国而教(Teach for America)、北卡罗来纳大学教堂山分校的饥饿午餐(Hunger Lunch)项目和霍普金斯大学组织的布鲁伯格减少烟草使用行动(Bloomberg Initiative to Reduce Tobacco Use)等社会创业项目。截至2011年,美国有148所院校提供社会创业课程。②

1.科技(商业)创业教育

衡量一个国家是不是创新型国家的指标很多,其中科学技术竞争力很关键。科学技术能力是一个国家科学、技术、工程和数学人才的综合能力。许多科学进步和技术创新发生在大学,或者开始于大学。大学实验室是许多科学研究和技术创新工作开展的场所。人工心脏、万维网、DNA测序和核能等无数的重大发现和发明均是大学研究的直接结果。德国经济学家弗里德里希·李斯特认为教育在决定国家生产率方面起着至关重要的作用,他认为教育跟科学、发明和国家竞争力是紧密结合的。研究型大学、工业实验室和专职企业研究设施兴起之后,接受过正规教育的STEM工作人员逐渐成为国家创新活动的重要来源。③ 美国在经历苏联人造卫星的冲击之后,认为美国在科技方面落后于苏联,是因为美国没有培育足够的STEM人才,因此之后将有关国家安全的科技投资扩大到包括对STEM教育和大学的巨额补贴。例如,美国霍普金斯大学开创了美国科技研究型大学的开端,以先进的实验室和巨大的学术自由吸引顶尖科研人员和学生,之后美国的哈佛大学、哥伦比亚大学、芝加哥大学、康奈尔大学、斯坦福大学、密歇根大学和威斯康星大学都采用了霍普金斯大学的方法。美国政府认为改善STEM教育是国家的当务之急。联邦政府参与STEM教育战略规划,与教育界共同确保所有美国人终身享有高

①　梅伟惠,陈悦.美国高校创业教育新纪元:"创业美国计划"的出台、实施与特点[J].高等工程教育研究,2015(7):82-87.
②　黄兆信,黄扬杰.社会创业教育:内涵、历史与发展[J].高等教育研究,2016(8):69-74.
③　泰勒.为什么有的国家创新力强?[M].任俊红,译.北京:新华出版社,2018:91.

质量的 STEM 教育,确保美国在 STEM 教育、创新和就业方面处于全球领先地位。而 STEM 所涉及的工程、技术、科学等学科领域正是创新创业最活跃的领域。

2.社会创业教育

美国不但更加重视科技创新创业教育,同样社会创业教育也蓬勃发展。因此,美国也是社会创业教育的滥觞先锋,社会创业被视为解决社会问题的手段和可持续发展的重要途径,已经成为经济和区域发展战略的核心原则。社会创业教育的第一堂课始于 20 世纪 90 年代末,由哈佛大学格雷格·迪斯(Greg Dees)教授开设并讲授。据统计,目前遍布 35 个国家的 250 名教授正在积极开展社会创业教育,这些教授大部分来自大学。[①] 哈佛大学重视培养具有全球视野的领导人才,注重将全球重大问题与教育相结合,及时将"可持续发展""经营责任""绿色创业""全球变革"等理念渗透进创业教育之中,显现出其社会创业教育在世界高等教育舞台的前瞻与先行。[②] 美国一流顶尖高校的社会创业教育各具特色,在东海岸以哈佛大学商学院和哥伦比亚大学商学院为代表,在西海岸则以斯坦福大学公共政策研究项目和加州大学伯克利分校哈斯商学院为代表。目前在大学范围内的社会创业教育已经逐步走出了商学院,呈现融合式发展态势,多学科都参与到社会创业教育的实践中。社会创业教育注重培养学生的社会责任感,用创业思维与行动解决社会问题的能力。鼓励学生参与社会服务、解决社会问题,涵盖了关注弱势群体的包容性创业教育(inclusive entrepreneurship education)。

三、美国高校创新创业教育模式

(一)美国高校主要的创新创业教育模式

据 2019 年《美国新闻与世界报道》,全球大学排名前 20 名中美国高校占据 16 席,而这些美国顶尖一流高校也是美国创新创业教育的典范。表 6-4 梳理了美国主要的创新创业教育模式。

---

① 刘原兵.大学社会创业教育:全球视野下的日本回应[J].宁波大学学报(教育科学版),2018(7):74-79.

② 徐小洲,倪好.社会创业教育:哈佛大学的经验与启示[J].教育研究,2016(1):143-149.

表6-4 美国高校主要的创新创业教育模式

	聚焦模式 (focused program)	全校性创业教育模式 (university-wide entrepreneurship)	
		磁石模式 (magnet model)	辐射模式 (radiant model)
代表学校	哈佛大学 宾夕法尼亚大学 芝加哥大学 西北大学	麻省理工学院 百森商学院 斯坦福大学 加州大学洛杉矶分校 圣地亚哥加利福尼亚大学	康奈尔大学 仁斯利理工大学 北卡罗来纳大学教堂 山分校 华盛顿大学
管理体制	隶属商学院/管理学院 的创业教育中心	隶属商学院/管理学院的 创业教育中心	全校创业教育委员会
管理机构	商学院/管理学院	商学院/管理学院	所有参与学院分别负责
课程结构	专业化、系统化	整合性课程结构,包括基 础、专业和支持层次	核心课程和补充课程
师资来源	商学院/管理学院	商学院/管理学院	所有参与学院的教师
学生构成	商学院/管理学院学生	针对全校学生	针对全校学生

如表 6-4 所示,整体来讲美国高校创新创业教育的模式分为聚焦式和全校式。全校式又细分为磁石模式和辐射模式。其中聚焦模式是传统的创业教育模式,将创业学作为一门独立的学科在商学院和管理学院发展。主要在商学院/管理学院建立创业学学科,构建从本科、硕士到博士的完整学科体系和课程内容。

磁石模式是依托商学院/管理学院或者创业教育中心负责整个项目的规划和运行,为全校学生提供创业教育,不涉及经费、师资等方面的变革。例如,麻省理工学院所有的创业教育课程是由斯隆管理学院的创业教育中心开设。整合了有限的资源,增加了商学院/管理学院和其他学院的联系。百森商学院依托阿瑟·布兰克创业中心,建立创业学专业和创业捐赠席位。加强创业理论和实践的结合,1978 年成立世界上第一个创业名人堂(卓越创业者协会),普瑞斯-百森伙伴项目培养全球的创业教育者,促进工程教育与创业教育结合,并于 1984 年以来举办创业计划大赛,孵化学生创意。[①]

辐射模式是鼓励不同学院的教师积极参与创业教育,涉及管理体制、师

---

① Babson College.Centers and Institutes[EB/OL].[2019-12-09].https://www.babson.edu/academics/centers-and-institutes/.

资、经费筹集等各方面的改革。在管理体制上,学校层面先成立创业教育委员会,负责协调和指导全校范围创业教育,① 例如康奈尔大学有 9 个学院(包括研究生院)参与了创业教育项目,参与学院的学生有机会学习创业课程,并且康奈尔大学的创业项目设计考虑到不同学院的特殊需求和机会。② 美国的许多高校已经在其非商科专业中整合了创业课程,如工程学、农业、艺术、环境科学、护理学等专业,而这种形式也被认为是创业教育获得最佳实践的条件之一。创业中心作为一个跨学科研究性质的学术—教学中心,能够打破传统的组织结构、跨越人为划分的学科边界来整合有限的资源,灵活保持与外界的联系和更好地满足跨学科解决现实问题的需要。③

除了上述三种重要的模式外,还有混合模式,就是把磁石模式和辐射模式进行结合。美国学者 Streeter 和 Jaquette(2004)研究了 38 个创业项目发现其中 28 个属于全校性的模式。④ 接着 160 个项目被调查,发现全校创业教育在增长。⑤ 全校性的创业教育培养学生的创业性思维、创业技能、解决问题的能力、风险承受的能力、组织领导能力,是一个更加包容和宽泛的创业教育的概念,通过跨学科形式培养创新型人才,掌握多学科理论知识和方法,培养善于学习、借鉴和创新的高层次复合型人才。

(二)分层多样的创业教育课程与体验式教学方法

美国高校创新创业教育提供分层多样化的课程组织体系供学生选择,并以体验式教学方法为主。创业教育不但教会学生商业是如何运作的,更注重培养学生的创新意识、思维和能力。美国创业教育课程包括创业基础课、创业能力课以及行业聚焦课程,涵盖理论和实践方面的课程,例如专业基础课有创业知识、创业思维能力、创业营销和管理、创业融资等;以产业(商业)为基础的课程有创业机会识别、资源需求与商业计划等;以创新发明为基础的课程有创业新产品开发、工程创业、创业实验室、计划竞赛、创办小型企业、知识产权保

① 梅伟惠.美国高校创业教育模式研究[J].比较教育研究,2008(5):52-56.

② Entrepreneurship Courses by College/School[EB/OL].[2019-12-04].http://eship.cornell.edu/entrepreneurship-courses-for-academic-year-2017-2018/.

③ 黄兆信,曾尔雷,施永川,等.以岗位创业为导向:高校创业教育转型发展的战略选择[J].教育研究,2012(12):46-52.

④ STREETER D H,JAQUETTE J P.University-wide entrepreneurship education:Alternative models and current trends[J].Southern rural sociology,2004,20(2):44-71.

⑤ STREETER D H, KHER R, JAQUETTE J P. University-wide trend in entrepreneurship education and the rankings:a dilemma[J].Journal of entrepreneurship education,2011(14):75-92.

护等。创业教育课程具有融合性、跨学科性、开放性等特点。例如,许多社会科学与人文学院也结合自身的学科优势开展与音乐、表演等方面结合的创业证书类课程和社会创业类课程,这些专业创业课程、创业辅修课程、创业证书课程满足跨学科学生的不同需求。

美国创业教育的教学方法方面,有学者对美国 25 所顶级大学的本科体验式创业教育进行调研,认为美国创业教育大致分为三类:第一类称之为理论驱动的教育。方法是通过讲座、课本或其他阅读来传达概念和原则。第二类是基于案例的,反映了许多商学院的创业教育,教学法上引导学生从例子中推断出相关的观点。第三类教育是体验式或边做边学。学生沉浸在活动中,并以项目的成功推进和实践来理解原理。课程将"做中学"作为主要或核心的学习形式,通过比较体验式创业项目,到公司等体验的沉浸式学习方法让学生获得丰富的创业知识和技能。[①]

（三）丰富多样的学生创业实践平台

灵活丰富多样的创新创业实践中心和实验室为学生提供实践平台,培养学生的创新思维和创业能力。例如,哈佛大学的创新实验室（Harvard Innovation Labs）[②],简称 I-Lab,其可供在任何阶段探索创新和创业的所有在校生使用。提供哈佛学生发展和成长所需的所有物力和智力资源,包括一对一的咨询、企业家会面、孵化器计划和竞赛。如麻省理工学院的 MIT Edgerton Center 和 MIT Media Lab,[③]学生在这些创业中心学习新技能,探索大胆疯狂的想法,并获得建议和鼓励,Edgerton Center 是头脑和手的结合点,并将技术与社会和人类联系起来。除此之外麻省理工学院拥有丰富的实验室、课程、竞赛和其他与 D-Lab 项目交叉的项目生态系统。[④] 还有密歇根大学的创新蓝（Innovate Blue[⑤]）网络平台,密歇根大学从各个角度拥抱创业精神,从工程和研究,到艺术和设计,健康和社会发展,将创业计划延伸到每一个学科,并将这

---

①　MANDEL R,NOYES E.Survey of experiential entrepreneurship education offerings among top undergraduate entrepreneurship programs[J].Education and training,2016,58(2):164-178.

②　Harvard Innovation Labs[EB/OL].[2019-12-04].https://innovationlabs.harvard.edu/about/.

③　About Doc Edgerton[EB/OL].[2019-12-04].http://edgerton.mit.edu/about.

④　MIT Ecosystem[EB/OL].[2019-12-04].http://d-lab.mit.edu/about/mit-ecosystem.

⑤　Innovate Blue mission[EB/OL].[2019-12-04].https://innovateblue.umich.edu/about/mission/.

些学科有机地连接起来形成创业生态系统,共同应对世界上一些最大的挑战。将教育基础与实践机会结合起来,使学生获得自我价值和创新冒险的能力。毕业生具备良好的合作能力,能够跨学科合作,解决一些世界上最复杂的问题,建立新的企业,成为现有企业中的创新者,造福公众。加州大学伯克利分校的社会利益信息技术研究中心(Berkley CITRIS)[①]自 2001 年成立以来,作为加州大学四个跨学科科学与创新研究所之一,通过与工业界、政府机构和国际合作伙伴的合作,在纳米技术、计算机科学、工程、制造业、社交媒体和其他领域实现了创新贡献,旨在缩短世界一流科研实验室和产业间的距离,促进了数百名加州大学教员、学生、企业合作伙伴和国际机构之间的跨学科工作,以跨越传统界限的方式塑造技术的未来。

因此,这些实验平台多是跨学科的实践基地,注重学生动手能力的培养,并紧密地和政府、企业合作建立生态网络,让学生可以服务当地社区的经济和社会发展,并且发展学生对前沿技术的研究和应用能力,全方位培养学生的创新创业能力。

四、三螺旋视角中美国高校创新创业教育分析

在创新型国家建设中,大学、产业、政府发挥主要作用,三者的关系被看作不断发展的网络三螺旋。埃茨科维兹(Etzkowitz)(2014)提出的大学－产业－政府三螺旋发展关系,认为许多研究型大学正在向创业型大学转变,大学的角色不仅仅为培养人才。[②] 三螺旋创新模型的要旨是大学、产业和政府三个机构领域之间相互作用、构建以知识创新为核心的社会组织系统的基础结构和基本机制,推动优质创新资源的集聚与共享,迈向协同进化的螺旋式发展道路。[③] 另外,希拉·斯劳特(Sheila Slaughter)(1997)和伯顿·克拉克(Burton R.Clark)(2000)关注美国高等教育不同领域的组织,研究建立创业型大学组织上转型的途径。

创新创业教育扩充了大学角色,使得知识资本化。美国大学的创新创业

① CITRIS History [EB/OL].[2019-12-04].https://citris-uc.org/history/.

② ETZKOWITZ H. The entrepreneurial university wave:from ivory tower to global economic engine[J].Industry and higher education,2014,28(4):223-232.

③ ETZKOWITZ H,LEYDESDORFF L.The dynamics of innovation:from national systems and"mode 2"to a triple helix of university-industry-government relations[J].Research policy,2000,29(2):109-123.

教育已经让大学超越了传统的教学活动和科学研究,扩展到对技术和商务知识的应用,注重对区域经济和财富创造的贡献。美国政府认为大学是创新和社会复兴的力量源泉,大学能协助组建高附加值的新型企业,创造高薪就业机会,扩大贸易出口,从而提升区域地位。首选机制就是在大学校园附近组建"新企业孵化器"。科学技术基金会提供研发拨款、风险资本、无息贷款,对设在科技园及社区附近的创业公司提供援助。大学通过向企业孵化公司转让授权的知识产权收费和获得股份。根据福尔曼等人的观点,国家创新能力是个体和组织创新能力的汇聚与综合,国家层面创新能力的构建需要在不同利益相关者之间建立有效的连接,促进创新过程中所有利益相关者都支持知识生产。富有活力的知识互动促进创新能力,这是知识经济时代竞争优势的关键。大学作为创新源泉,为创新过程提供养料支撑,产生人力资本的重要作用。发达经济体中的大学已率先在整个创新生命周期过程中将"研究—创新—商业活动"转化为助推增长与发展的核心能力。人力资本为国家经济发展做出重大贡献,大学通过促进知识创造和交流,成为国家层面创新的主力军。[①] 有关1267名企业研发经理的调查列出高校间接促进产业创新的十种纽带:学术出版物(41%)、非正式的信息交流(36%)、会议(35%)、大学咨询(32%)、合同研究(21%)、毕业生招聘(20%)、联合研发项目(18%)、高校专利(18%)和许可(9.5%),以及 STEM 人员的相互交流(5.8%)。[②] 知识资本化代表着大学在社会中的角色转变,将教学、科学研究与技术转移结合在一起,使得大学在经济发展中起的作用增大。

五、美国高校创新创业教育对中国创新创业教育的启示

美国的创新创业教育比中国早了很多年。从美国许多大学发展的历史可以看出许多赠地大学是满足国家和社会发展的需要而建立的。国家法案确保高等教育为地方经济发展服务,解决本地经济、生产和社会生活方面的实际问题,充分发挥创新创业教育为经济社会发展服务的功能。美国高校创新创业教育对我国的启示:

① FURMAN L,PORTER M E,STERN S.The determinants of national innovative capacity[J].Research policy,2000,31(6):899-933.

② COHEN W M,NELSON R R,WALSH J P.Links and impacts:the influence of public research on industrial R&D[J].Management science,2002(48):1-23.

第一，创新创业教育和国家发展战略融合。国家的顶层设计非常重要，美国为确保在国际竞争中立于不败，非常重视创新创业教育，并不是像我们想当然地认为美国的创新创业是自下而上的自由发展，其实国家的顶层设计是至关重要的。从国家发展战略的高度制定人才发展规划，尤其是科技创新创业人才的培养。美国政府设立创新创业办公室和创新创业咨询委员会，并划拨经费专门支持创新创业，推动高校科研成果和专利向商业转化，促进大学和产业界合作，共同培育具有科技含量和市场经济价值的创新创业项目。

第二，鼓励高校加快科技成果的转化速度，服务区域经济发展。国家层面通过《拜杜法案》等；高校内部则通过技术转移办公室和概念证明中心等，积极支持大学科技成果转化、促进校企合作，参与区域经济发展，实现大学科技与产业之间的协同发展，构建国家创新创业生态体系。例如，创新创业名校麻省理工学院等是作为赠地学院建立起来的，使命是服务当地经济发展，现在建立了良好的创新创业生态系统。

第三，侧重实践和体验的课程与教学设计，丰富多样的创新创业实验室、中心和实践平台，锻炼学生创新创业能力。美国很多一流大学为学生专门设立创新创业实验室，并注重课程的理论和实践结合，让学生从做中学。师资多元化，广泛和企业界合作，并让驻校企业家讲授"企业家和创业"等课程，担任导师共同培养学生。课程多元化，有专业学位课程，辅修专业课程、证书课程和丰富多样的创业竞赛，非常重视学生跨学科学习能力的培养。

第四，美国有较成熟的创新创业学科体系，有些高校已经成立了独立运营的创业学院，并有丰富多样的创业学科联盟。例如，1996 年美国国家创业中心联盟（National Consortium of Entrepreneurship Center）的成立使得全国创业资源共享；美国大学创造者和创新者联盟（National Collegiate Inventors and Innovators Alliance）支持创新创业教育教学改革；还有许多地区大学的创业联盟[1]等。但在中国还没有专门的创新创业学科体系，创新创业课程和教学需要系统化，并需要广泛发展创新创业教育联盟，增强区域和跨区域间的沟通和合作。

---

[1] SCHMIDT J J，MOLKENTIN K F.Building and maintaining a regional interuniversity ecosystem for entrepreneurship：entrepreneurship education consortium[J].Journal of entrepreneurship education，2015，18(1)：157-168.

第三节　粤港澳大湾区高校双创教育的
"深圳模式"探析

深圳高校的双创教育内嵌于整个城市的创新生态系统之中,是区域创新生态系统的有机组成部分并发挥智力人才支撑和创新纽带作用。通过不断探索与政府和产业界深度互动,以政产学协同培养国家社会需要的双创人才,形成了独特的"深圳模式"。其主要特点包括政府对产学研合作的顶层规划,产教深度融合共建学科与师资队伍,基于创新的科技创业教育,服务地方发展的人才培养理念和组织管理体制创新,注重知识转移与应用的科技成果转化平台建设以及深港协同创新等。

深圳市是国家级创新型城市和自主创新示范区,基本形成了"基础研究＋技术攻关＋成果产业化＋科技金融＋人才支撑"的全过程创新生态链,在国际上享有"中国硅谷"的美誉。培养了大批创新创业人才的深圳高校,在创新生态链中具有基础性作用,通过不断探索与政府和产业界的深度互动,培养具有科学家精神和企业家精神的双创人才,为区域和国家创新生态体系提供智力和人才支持,形成独特的"深圳方案"。本节试图从创新生态系统视角,分析深圳高校创新创业教育的特点,以及深圳经验带来的启示。

一、理论框架

(一)创新生态系统

创新的产生需要新知识产生、解释、分配和吸收的支持,而创新的应用则将新事物(如新物种,新种群,新生态链的诞生、成长和消亡)与新事物实现的载体——创业相联系。因此,创新生态系统与知识生态系统、创业生态系统具有一定的交集。[①] 本节把知识生产作为创新的源头,把技术开发、应用与持续改进作为创新的有机过程,统一纳入"创新生态系统"的内涵范畴,聚焦以科技创新为主线的创新创业生态系统。

不同领域的学者对创新生态系统的研究主要涉及基本概念、影响因素、创

---

① 赵放,曾国屏.多重视角下的创新生态系统[J].科学学研究,2014(12):1781-1796.

新模式和演化机制四个方面。[1] 创新生态系统通常指创新要素间动态复杂交互型的关系组合，具有多样性、平衡性、动态性、竞争性、协同进化性、自控能力有限性等自然生态系统特征，[2][3]依赖外部环境的变化与生态系统的成员参与。[4] 创新生态系统由研究群落、开发群落和应用群落组成核心结构，由领导力、政策、文化、教育、资金等组成环境要素，[5]创新生态系统的成员通过创新资源流动和整合而相互联系、相互影响、相互依赖，由独立发展向共生演化转变。[6] 异质种群通过创新达到共生效应，形成多主体联动的价值网络，从而实现互利增值。[7] 制度和机制是系统自增益循环过程的关键要素，[8]核心企业和政府在创新种群共生演化中具有决定性作用，[9]是已有研究关注的重点。

创新生态系统是一个由宏观、中观和微观系统组成的多层次嵌套共生演化系统，各层级、要素、种群与物种之间相互影响作用的机制复杂，[10]总体来讲高一层级系统构成低一层级系统的环境，对低一层级系统起到约束、支持与激发的作用。

（二）高校双创教育生态系统

学者认为，创业教育生态系统是以"教育性"与"创业性"融合实现知识生产—扩散—价值创造的闭环动态系统。[11] 从环境、结构、功能、演化四个维度

① 刘平峰,张旺.创新生态系统共生演化机制研究[J].中国科技论坛,2020(2):17-27.

② ADNER R.Match your innovation strategy to your innovation ecosystem[J].Harvard business review,2006,84(4):98-107.

③ 许冠南,周源,吴晓波.构筑多层联动的新兴产业创新生态系统:理论框架与实证研究[J].科学学与科学技术管理,2020(7):98-115.

④ ADNER R,KAPOOR R.Value creation in innovation ecosystems:how the structure of technological interdependence affects firm performance in new technology generations[J].Strategic management journal,2010,31(3):306-333.

⑤ 梅亮,陈劲,刘洋.创新生态系统:源起、知识演进和理论框架[J].科学学研究,2014,32(12):1771-1780.

⑥ 欧忠辉,朱祖平,夏敏,等.创新生态系统共生演化模型及仿真研究[J],科研管理,2017(2):49-57.

⑦ 王伟楠,吴欣桐,梅亮.创新生态系统:一个情境视角的系统性评述[J].科研管理,2019,40(9):25-36.

⑧ 刘丹,闫长乐.协同创新网络结构与机理研究[J].管理世界,2013(12):1-4.

⑨ 孙冰,徐晓菲,姚洪涛.基于MLP框架的创新生态系统演化研究[J].科学学研究,2016,34(8):1244-1254.

⑩ 曾国屏,苟尤钊,刘磊.从"创新系统"到"创新生态系统"[J].科学学研究,2013,31(1):4-12.

⑪ 黄兆信,王志强.高校创业教育生态系统构建路径研究[J].教育研究,2017,38(4):37-42.

探究我国高校创业生态系统中的问题,[1]其中环境就是指外部系统。我们在探讨高校双创教育层面时借鉴 Dunn 的界定,即高校创新创业教育体系包括内系统和外系统,外系统也就是其他学者的"环境"或"高一层级创新生态系统"。其中内系统包括学校创新创业制度设计、组织管理结构、课程体系、师资力量、实践平台等,外系统包括政府创业政策、企业和社会中介机构等,这些要素相互关联构成协同性共生区域创新网络,形成"大学—企业—政府"协同创新创业模式。研究表明这种协同模式是提升区域创业活跃度的重要推动力。[2]

目前,关于创新生态系统的文献多集中在对以技术和商业创新为核心的创新生态系统的研究,或者集中在高校内部创新创业教育生态系统的研究,较少把高校双创教育作为外部创新生态系统的内嵌子系统并对两者互动关系进行研究。本节以深圳高校为案例,试图探究高校双创教育与区域创新生态系统的互动。

二、深圳区域创新生态系统

深圳是我国最具创新活力的城市,"创新"是这座城市的"基因"。从 20 世纪 90 年代开始,深圳市政府相继出台了《依靠科技进步,推动经济发展的决定》(1991)、《1990—2000 年深圳科学技术发展规划》(1991)、《深圳市高新技术产业园区发展规划纲要》(1997)、《关于进一步扶持高新技术产业发展的若干规定》(1998)、《关于建立区域创新体系加快高新技术产业持续快速发展的决定》(2014)、《关于促进科技创新的若干措施》(2016)和《深圳经济特区科技创新条例》(2019)等科技创新政策,有力推动了一大批具有自主知识产权的高科技企业的崛起,实现了从"深圳制造"向"深圳创造"的升级转型,使深圳成为一个典型的依靠科技创新推动经济发展的城市。

深圳市根据国家创新战略,通过顶层设计改革体制机制,颁布了一系列制度措施,调动全员全要素参与创新,如《深圳国家创新型城市总体规划(2008—2015)》《深圳市建设中国特色社会主义先行示范区的行动方案(2019—2025年)》等,营造有利于创新创业的政策环境,[3]着力打造"基础研究+技术攻关+成果产业化+科技金融+科技中介服务+人才支撑"共生演进的创新生态

①　刘文杰.我国高校创业生态系统的现实困境及其超越[J].高校教育管理,2020(3):68-75.
②　DUNN K.The entrepreneurship ecosystem[J].MIT technology review,2005(19):232-235.
③　陆春萍.弘扬创新精神增强内生动力[N].中国社会科学报,2019-09-26(1).

系统,建立起"创新—创业—创投—创客"四创联动机制,[①]形成了政产学研协同创新的"深圳模式"。

相对完善的科技中介和科技金融服务是深圳创新生态系统的要素。政府通过制度创新营造创新创业的公共服务环境,以税收优惠、资金扶持、弹性人才政策等促进产业集群发展,并由政府出资创办诸多孵化器、软件园,促进核心群落之间的合作协同。以高校集中的南山区为例,拥有34家科技企业孵化器,其中国家级孵化器7家,占全市一半以上,成为国际知识创新群落。南山科技事务所是科技服务中介的一个典型,以独立的第三方机构角色为政府和企业提供产业分析、园区规划、产学研合作、技术转移、产业联盟组织和运营等服务。这些科技中介机构有效促进了区域创新资源的融合发展。[②] 此外,金融中心的地位成就了创投之都,深圳风险投资机构数量约占全国三分之一。[③]政府致力于建设创业投资引导平台,包括市属国资创投机构(深创投)和创业投资引导基金等,为双创提供资金支持。金融机构创办的科技金融特色支行和特色产品,如孵化贷、成长贷、知识产权质押贷、研发贷等,为科技中小企业提供全方位的融资服务。[④]

浓厚的创新创业文化氛围是深圳创新生态系统的又一要素。拥有一批具备强大研发能力的高新技术产业,一批广为人知的成功创业企业家,以及大批众创空间,作为科技金融试点城市科技创业投资高度活跃等,[⑤]都有助于形成吸引和激励科技创业的价值导向和氛围,而高交会,"IT+BT"双领袖峰会等成为促进创新创业的重要助推平台。

具体到与高校创新创业教育直接相关的政策举措,深圳早在20世纪90年代,即与众多一流高校成立了"深圳虚拟大学园",发展成为多种要素的集合体,包括高校、科研院所、金融投资机构以及高新区企业。通过构建良性互动机制将大学、科技园与高新区链接起来,实现信息、资源、技术的交互与共享,将科研成果转化为市场价值,实现产业化。提供优惠政策吸引一流大学来深

---

① 刘刚,王宁.突破创新的"达尔文海":基于深圳创新型城市建设的经验[J].南开学报(哲学社会科学版),2018(6):122-133.
② 李小甘,余新国.科技创新:南山经济社会蝶变的第一驱动力[M].深圳:海天出版社,2015:182,9-10.
③ 刘宇濠.粤港澳大湾区战略下的深港创新圈2.0[M].北京:新华出版社,2020:95.
④ 李小甘,余新国.科技创新:南山经济社会蝶变的第一驱动力[M].深圳:海天出版社,2015:182,9-10.
⑤ 乐正.深圳的国际科技产业创新之路[M].深圳:海天出版社,2019:232.

建立新型研发机构,例如深圳清华大学研究院、北京大学深圳研究生院、哈尔滨工业大学深圳研究院等,探索产学研深度合作机制。[①]

深圳政府注重教育在创新创业中的作用,通过制定优先发展教育规划,在地高校创新创业教育始终走在全国前列。颁布了《深圳市人民政府关于加强创业带动就业工作的实施意见》(2015)、《关于大力推进大众创业万众创新的实施意见》(2016)和《深圳市人民政府关于做好当前和今后一段时期就业创业工作的实施意见》(2018)等,对大学生等创新创业给予政策和资金支持。

简言之,深圳作为首个国家创新型城市,形成了较为完善的创新生态系统,对内嵌其中的高校双创教育子系统起到引导、支撑、浸润和濡化作用。

三、深圳高校双创教育生态系统的特征

深圳高校的双创教育是区域创新生态系统的一个子系统,包括学校创新创业制度设计、组织管理结构、课程体系、师资力量、学生实践平台等要素,这些内部要素与外部要素,即城市双创环境、政府相关政策、企业和社会中介机构等,相互关联构成协同性共生区域创新网络,并产生一种多边网络重合区域的混合型组织,包括合作研究中心、孵化器和战略联盟等[②],形成"政产学研"协同进化的模式,优化整个区域创新生态系统。

深圳目前有 14 所高校,创新创业代表性高校有深圳大学、南方科技大学、清华大学深圳国际研究生院、深圳职业技术学院等。这些高校充分利用区位优势,实现知识生产功能和社会服务功能的有效连接,搭建创新创业教育平台,激发学生内生性创业意愿,培养具备创新创业精神和能力的高素质人才,为区域创新发展提供了有力的智力和人才支撑。

(一)以服务区域创新发展理念构建双创组织模式

理念是教育实践的指南针。世界一流创业型大学的办学理念是以推动知识应用为使命,学以致用、服务社会经济发展,目标是培养创新型复合型人才,[③]

① 邱宣.构建产学研结合自主创新体系:深圳虚拟大学园发展模式与路径初探[J].中国高校科技与产业化,2007(8):34-37.

② ETZKOWITZ H, LEYDESDORFF L. The dynamics of innovation: from national systems and "mode 2" to a triple helix of university-industry-government relations[J]. Research policy,2000,29(2):109-123.

③ 陆春萍,赵明仁.世界一流大学创业教育实践项目的特点分析:以麻省理工学院和斯坦福大学为例[J].高等工程教育研究,2020(4):174-179.

而深圳浓厚的创新创业氛围和众多良机,也促进激发了深圳高校和广大师生以服务区域发展为己任的理念。深圳大学、南方科技大学等应特区发展之需建立,以培养创新创业人才为立校之本,主动融入国家战略发展规划、对接城市发展需求。深圳大学培养具备"顶天立地"精神的创新创业人才,作为深圳招生规模最大的高校,办学 37 年来培养了 30 万创新创业人才,其中 80%以上扎根深圳,一批校友成长为优秀创业者,马化腾、周海江、史玉柱等就是其中的佼佼者。

以服务区域创新发展为理念,利用深圳宽松开放的创新氛围,深圳高校通过制度创新,构建起了全员参与的全方位创新创业人才培养体系。深圳大学出台了《深圳大学关于进一步加强创新创业教育的若干意见》《深圳大学本科生创新学分认定办法》《深圳大学大学生科技创新竞赛奖励办法》《深圳大学科技成果转化办法》《深圳大学加快创建世界一流大学工作方案》等。南方科技大学不断探索具有中国特色的现代大学制度,以"创知、创新、创业"为办学特色培养双创人才。[①] 深圳高校双创教育机构普遍呈现组织创新的特点,表现出打破院系藩篱,推进校内跨院系跨学科、校外联合大学和企业交流、实现部门间资源统筹调配和整合的特征。以南方科技大学为代表的研究型大学实行理事会治理机制、书院制和双导师制度,鼓励不同学科深度交叉融合,七个学院共建学生创业中心。以深圳大学为代表的老牌双创教育特色校,其双创教育组织机构经过数次升级,从创业园发展到创业学院再到大湾区国际创新学院和创新创业教育中心,每次都成立由校长挂帅的大学生创新创业工作领导小组,构建了统筹协同、资源整合的机制,以双创教育为本体,高校、政府机构、创投孵化、企业产业联动培养高层次双创人才,对接国际双创资源,致力于建设具有全球影响力的双创教育品牌。

(二)以产教深度融合共建学科专业与师资队伍

充分利用区域高科技领军企业云集的优势,深圳高校主动作为,通过"引企入校""引产入教",将大学的学科专业建设与区域产业结构和国家创新创业战略需求对接,以产业链—学科链—专业链互动改造现有学科体系,以服务需求、问题导向培育新兴学科专业,以培养区域发展的亟须人才。例如,深圳大学与近 50 多家企业签订协议,建立了长期的合作关系,有 400 多家企业成为校外实践基地。通过实施"一流企业引领一流学科建设计划",强化产学研深

---

① 梁北汉.探索建设高水平大学的新路径:关于深圳筹建南方科技大学的若干思考[J].深圳大学学报(人文社会科学版),2009,26(1):1-6.

度融合,与腾讯、华为、中兴、大疆、迈瑞等企业开展战略合作,把学科布局、学科方向、学科团队、学科人才培养等全面与深圳一流企业全过程创新链融合,使人才培养供给侧和产业需求侧相互匹配,探索一流企业与一流学科相互依托支撑的共生共荣关系,与人工智能等战略性新兴产业共建"专业型创客部落",建立华为"智能基座"产教融合协同育人基地、阿里云大数据学院等。南方科技大学建立9个校企联合实验室、30余家教学实践基地,校企联合创办集创新教育与创业实践为一体的新型工程硕士和博士项目,通过"创新英才计划""未来企业领袖培养计划",联合培养高素质创业者。深圳职业信息技术学院把产教融合作为人才培养的核心模式,建立知识链和产业链的共享机制。深圳技术大学紧密对接产业需求设置学科专业,根据《中国制造2025》,深圳、珠三角地区产业发展需要设置学科专业,坚持产教融合深度开展校企合作,积极与行业协会、龙头骨干企业、科研院所建立新型战略伙伴关系等。

以产教融合建设师资队伍。利用区域高新技术产业人才云集的优势,深圳高校积极吸收聘请产业界人士加入双创教育。深圳大学成立了创业教育指导委员会,吸收企业家构成的"社会型"师资,建立实战型创业导师库。通过"深圳大学创业者联盟"汇集的商业孵化器、风投机构、创业教育机构、资源型企业等社会机构,引入科技达人、创业先锋、风险专家等社会专业人士,聘请一批企业家为创业导师,开发、讲授创业实战课。如与腾讯、阿里巴巴、苹果、亚马逊(中国)等知名企业开展合作,联合开设"创业实战"系列课程。鼓励本校教师课内课外开展"创新研究短课"和"聚徒教学"等专创融合模式,通过创研、创客实践,将科研项目带入课堂,产业技术融入实训。南方科技大学吸引掌握核心技术的高科技创业人才以研究教授的身份加入南科大,建立校企联合实验室,布局未来重大科技,实现工业界和学术界协同创新与发展,孵化顶级高科技创业公司。另外,重视教师的学术创业,鼓励教职工创新创业,已成立高科技企业50余家,《南方科技大学章程》(2015)规定"全职教师可每周一天在校外从事科技转化工作",打破前沿基础研究和产业化应用研究之间的隔离。

(三)以跨学科创新创业课程体系和实践平台培育双创人才

深圳高校将与产业深度合作的资源优势转化为教育资源优势,重视跨学科双创教育课程建设,以开放性知识生产模式建立"创业学科专业群"和双创教学实践平台。南方科技大学鼓励学科之间的交叉和融合,2016年推动前沿与交叉科学研究院成立。打造"综合设计"课程,以学生为中心,多学科交叉融合,开展体验式学习、项目引导式学习和混合式学习。由企业申报项目,跨专业学生组队承接,配备学术和企业双导师跟踪。同样,深圳大学在创新创业教育课程建设中强化大类培养,促进学科交融,"科学＋人文"助推跨界创新,探索建立跨院系、跨学科、跨专业交叉培养创新创业人才的机制,促进人才培养由学科专业单一型向多学科融合型转变,为人才培养提供多元化发展道路,把创新创业元素融入专业课程,紧跟专业领域的产业模式和行业动态,形成全过程创业教育模式。搭建跨学科拔尖创新人才培养平台,设立各类创新实验班、产业应用实验班、创业精英培育班、复合人才培养班等,形成以研究性学习为基础的精英教育模式,培养"跨界"复合型创新创业人才等。推行灵活的教学管理制度,明确了创新创业学分的认定与转换机制,激发学生创业热情;实行弹性学制,最长为八年;设置独立的"创新创业实践成绩单",为每一位学生修读创新创业课程、参加创新创业实践建档立卡。

深圳高校普遍重视学生创业实践平台建设,培养学生创新思维和实践能力。例如,深圳大学早在 1999 年就设立创业园,与社会上 30 多家创客中心建立"大学生创业(创客)孵化基地"。成立"深大创业者联盟",搭建学生与企业沟通的桥梁。并与著名校友企业共同培养创新创业人才,例如与华强集团联合共建"深圳大学华强大学生创客育成中心",与腾讯公司共建"腾讯特色班"等,培养企业需要的有创新意识和创业能力的人才。深圳大学还成立科技创新创业发展基金和学生创新发展基金项目,促进校友创业投资基金发展,为师生创业提供支持。近年来学校每年拨出 1000 余万元设立学生创新创业发展基金,提供"创意—创新—创客—创业"全链条扶持,对学生初创企业进行资助,每年扶持 50～60 家学生企业,为每个初创企业提供 3 万～20 万资金支持和免费办公场地。举办"粤港澳大湾区大学生公益创新创业项目大赛""'深创杯'国际大学生创新创业大赛"等。自 2009 年以来已孵化大学生创业企业 377 家,销售额或市值 1 亿以上的学生创办企业 5 家,1000 万元以上的企业近 30 家。[①] 不但在校生具有较强的创业意识和精神,而且毕业生自主创业比例也较高,例如毕业三年后参与自主创业的比例为 7.1%,远超全国"211"院校平均水平(2.0%)。[②] 另外,以深圳职业技术学院为代表的高职院校设有学生创意创业园、IT 创客中心、电子精英创客空间等多个创业实践基地,为大学生创客提供专业支持和全过程服务,形成从创业苗圃到孵化器一体化的创业实践教育系统。深圳高校得益于深圳浓厚的创业氛围,高科技企业产业集群,为高

① 包月阳,张诗雨,孙超,等.深圳大学:从跑出"深圳速度"到求索内涵式发展[J].中国发展观察,2018(24):10-16.

② 与众不同的特区大学创新创业人才的摇篮[N].深圳特区报,2017-05-19(A11).

校通过产教融合跃升发展提供了战略机遇,为学生提供了丰富的创业机会。

（四）以科技成果转化平台推动知识转移与应用

大力打造科技成果转化平台是深圳高校双创教育的又一重要举措。科技成果转化平台是推动高校从知识生产到知识应用的重要桥梁,也是师生双创实践平台。通过技术转化中心等平台,把学术资本转化成生产力,与政府和企业等外部组织互动,构建内外联动的创新创业教育生态系统,实现教育链与政策链和产业链的协同发展。例如,深圳大学技术转化中心创立"深趋势"顶天立地产学研项目对接活动,以创新项目为标的,科技为动力,市场为导向,融通资本,对接产业,产学研相结合,推动技术转移,打造创新创业专业平台。同时建立多个地方研究院,充分调动产学研各个参与者的知识创造能力,加速知识流动和应用转化,例如成立深圳大学龙岗创新研究院、南山工业技术研究院、坪山生物医药研发转化中心、龙华生物产业创新研究院等。通过这些科技成果转化平台,把更多的学术成果转化为服务区域经济社会发展的动能。

南方科技大学设立创新创业学院,将实体教学科研单位纳入技术转移体系进行组织创新,使人才培养与技术转移实际紧密联系。设立产学研工作委员会进行制度建设和决策,产学研工作委员会对于技术转移相关的政策和项目可以及时反馈,独立决策。技术转移中心和资产经营管理公司则为具体执行机构。高等院校技术创新与产业相结合,使技术转化中心成为新的产学研联合体,使得高等院校、科研院所、生产机构紧密地结合。

（五）以开放合作打造深港澳双创教育共同体

深圳高校相比全国其他高校双创的显著特点是与港澳联系紧密,形成深港协同创新,共融发展良好态势。深圳市政府与香港六所大学在深圳建立创新产学研示范基地,围绕深圳产业发展、人才培育、创新技术扶持、创新成果转化,推动高校与产业融合,增强创新能力。2019年颁布《深圳市加强港澳青年创新创业基地建设工作方案》,深圳各区有深港青年创新创业基地多家,如前海深港青年梦工场、罗湖深港澳青年创新创业基地、福田岗厦深港澳青年创新创业基地等。例如,深圳前海深港青年梦工场有半数创业团队为港澳青年,累计获得融资超过15亿元[①]。

深港校际合作层面,深圳大学与香港理工大学联合发起成立"大湾区国际创新学院",整合区域创新资源,辐射粤港澳大湾区和国际四大湾区,全力打造

---

① 前海不仅造梦而且圆梦:前海深港青年梦工场孵化388个创业团队,超半数项目获融资[N].深圳特区报,2019-07-22(A01).

创新创业教育国际版。深圳大学建立深港大学生创业基地,扩大港澳与内地高校师生交流计划,设立"创业服务工程"留学生硕士点,联合香港理工大学在全国首创"创新应用博士后"项目;与斯坦福大学等创业名校开展合作项目,与美国硅谷高创会签订"大湾区—硅谷之窗"合作协议;联合清华大学深圳国际研究生院成立了深圳高校创新创业教育联盟,助力高校创新创业教育积极融入粤港澳大湾区和先行示范区建设。另外,香港中文大学(深圳)的创新创意创业中心是深圳市众创空间、创新创业孵化基地和示范型基地,连接香港中文大学创业校友会、星河集团等国内外知名创新创业机构。

因此,深圳高校借力创新型国家建设和粤港澳大湾区国际科技创新中心战略规划的重大机会,增强深港两地的创新创业交流,聚焦青年科创人才培养,重视新生代科技企业家的培育,探讨深港如何协同发展等问题。深圳有全世界最完整的制造业体系和产业链优势,孵化转化和市场应用能力强,为创新创业人才提供广阔实践空间。深港创新圈正在建设一条创新资源集聚的科技创新走廊,吸引和对接全球创新资源,培育一批世界级产业集群,增强经济创新力和竞争力。香港地区2020年有五所大学进入世界100强,有紧贴全球科技创新前沿的基础研发能力,目前香港科技大学等院校的很多科技成果在深圳实现转化,例如大疆公司是香港科技研究项目在深圳商业化的成果。

四、深圳高校双创教育的启示与未来发展

相比全国其他高校,深圳高校双创教育最显著的特征是充分利用区位优势,将双创教育深深嵌入城市创新生态系统中,建立起互利共生演化机制,多元主体通过互动、合作协同和整合融合,实现价值互补与增益,形成了特色鲜明的"深圳模式"。虽然深圳的区位优势难以复制,但是政府的顶层设计、高校双创教育与区域创新生态系统的多维互动,对其他地区高校双创教育的发展具有启示借鉴意义。

第一,将双创教育融入城市发展,打造"校城"共生模式。深圳高校建校之始就与深圳这所城市的创新创业精神融为一体,城市造就了大学,大学滋养了城市,彼此互生共荣,达成"校城融合"。与社会联系紧密的创新创业教育提升了大学对周边区域的辐射力,形成高校创新经济圈和创新文化圈,培养出的优秀创新创业人才不断为区域创新生态系统注入活力。深圳高校建设目标是通

过融入城市使命、融入城市创新、融入城市示范,成为深圳城市文化的名片。[①]
例如,深圳大学所在的深圳南山区云集 160 家上市公司,为创新创业教育提供
了良好生态环境,以华为和腾讯等为代表的高科技企业,研发投入和科研产出
较高,带动高校与产业协同发展。企业与大学合作,通过共建创业课程、建立
实践基地、搭建师生创业平台、对学生创业给予资金支持、共建产学研基地等
方式,培养和吸引优秀创新创业人才。实现大学"融入特区、服务深圳"的
战略。

　　第二,发挥政府在产学研合作中的重要作用。政府通过体制机制改革创
立了新型的研究生院、研发机构和产业联盟,推动产学研合作。政府与高校合
作建立的集研发、育人与孵化为一体的管理体制被称为"四不像",其面向产业
和企业,管理方式高度企业化,并且不同于普通高校双创教育的特点之一是拥
有创业投资公司,如深圳清华大学研究院形成"研发＋孵化＋创投"的营运模
式,成立投资公司积极地介入创业项目的孵化。中科院深圳先进技术研究院
打通产学研资整个链条,成立投资管理公司和企业育成基地,拥有天使基金、
风投基金和并购基金,育成企业 500 多家。[②] 政府主导成立几十家产学研联
盟,如移动互联网、云计算、基因产学研联盟等,联动企业、大学和科研机构等
围绕产业技术创新的关键问题,开展合作。

　　第三,产教深度互动,以产业链带动学科专业链发展。深圳是企业家的摇
篮,企业是深圳的创新主体,整个城市建立了以市场需求为导向的产学研一体
化自主创新模式,企业对高校的学科建设和双创教育具有强烈引领作用。反
观美国硅谷和波士顿地区,高等教育与区域经济呈现强劲的互动效应,成为全
球知识生产、创新创意和产学研一体化的枢纽。而深圳高等教育发挥的经济
支撑作用有限。但是深圳高校在双创教育中努力探索与企业合作培养人才,
将创新创业教育贯穿人才培养全过程,构建与企业互动的双创教育网络,实施
创新教育基础上的高层次创业教育,形成政产学协同育人的创新创业深圳模
式。因此双创教育的"深圳案例"具有政府和企业对产学研合作的主导性和带
动性特点。

　　深圳高校在双创教育中取得显著成效,但比较而言深圳的高等教育资源

①　李清泉.先行示范区建设背景下的深圳大学:加快建设世界一流城市大学标杆[N].中
　　国科学报,2019-10-23(5).
②　靳睿,于畅,姚李亭.深圳产学研一体化的经验分析与政策建议[J].现代管理科学,2018
　　(6):73-75.

远不如美国硅谷、波士顿和中国的北上广等城市,科技中介服务相比美国硅谷等仍有差距,国家级创新载体数量不多,双创人才还不能满足战略型新型产业对基础研究与应用研究的需求,限制了源头创新供给。当前,面临世界百年未有之大变局,深圳高校怎样在创新创业教育方面先行示范? 如何发挥区域集群优势,打造与美国硅谷相媲美的产学研结合典范? 为此,有如下建议:

首先,夯实以创新为基础的双创教育,强化科技创业力度。科技创新是实现基础性、重大性和颠覆性创新的关键,然而深圳的科技创新90%在企业,高等院校并不占重要地位。企业研发会追逐市场热点,缺乏对基础性、公共性研究的持续投入和技术攻关。因此,需要加大对高校基础研究的支持力度,通畅"知识—技术—产业"链条,使知识创新体系和技术创新体系快速迭代循环。

其次,企业是深圳创新创业的主体,与企业建立深度合作机制是今后高校要着力发展的领域。通过推进大学和企业之间的合作,联合建立研发机构,解决地方产业转型升级中的关键技术难题,以应用研究带动基础研究,校企协同共建大学专业学科,并鼓励教师创新创业,积极支持大学技术转移,推动区域与地方经济发展。

再者,进一步完善学术成果市场转化的服务支持体系,加速高校科技产业化进程。制定教师学术创业的激励制度,加快大学科技园建设,强化产学研合作模式,增强学校衍生企业对社会的影响力。拓展多元化创新创业资金来源,吸引风险投资、天使投资关注教师和学生的创业项目,与全球创新创业基金会建立合作关系,形成多渠道的创新创业资金来源。

概言之,要进一步完善深圳高校双创教育与政府和企业的良性互动机制,让三者高效精准对接,有效提升创新创业资源的流动和整合效率,形成"政产学"三螺旋协同进化发展模式,在知识领域、行政领域和产业领域形成合力,优化创新创业生态系统,进一步提高服务支撑社会经济发展的能力和贡献度。

第七章
粤港澳大湾区特殊教育发展

特殊教育是教育事业的重要组成部分,是建设高质量教育体系的重要内容,是衡量社会文明进步的重要标志。党中央、国务院高度重视特殊教育,党的十八大以来,国家组织实施了三期特殊教育提升计划,特殊教育普及水平、保障条件和教育质量得到显著提升,但还存在发展不平衡不充分等问题,仍是教育领域的薄弱环节。[①] 作为国家重大发展战略的粤港澳大湾区建设,有利于深化内地和港澳交流合作,有利于推进粤港澳地区教育高地的建设与发展。粤港澳大湾区特殊教育发展研究,是贯彻落实国家特殊教育高质量发展的必要举措,有利于发现粤港澳大湾区特殊教育的优势和不足,为构建粤港澳大湾区特殊教育高质量发展模式提供借鉴,为带动珠江三角洲地区特殊教育的发展提供一个有益的指导。

第一节　粤港澳大湾区特殊教育现状分析

由于历史的原因,粤港澳大湾区的特殊教育分别在广东省、香港特别行政区和澳门特别行政区各自的体制与区域内萌芽与发展,形成了各不相同的现状和特征。同时,受国际特殊教育理念向融合教育方向的发展,粤港澳大湾区特殊教育亦呈现出特殊教育学校和融合教育学校两种主流的教育安置形式。

---

① 教育部.国务院办公厅关于转发教育部等部门"十四五"特殊教育发展提升行动计划的通知[EB/OL].(2021-12-31)[2022-03-05].http://www.moe.gov.cn/jyb_xxgk/moe_1777/moe_1778/202201/t20220125_596312.html.

一、粤地特殊教育现状分析

近代以来,中国粤地的特殊教育学校多创办于广州市,且最早由外国教会创办。1891 年,美国传教士在广州芳村创立中国第一所特殊教育学校——广州明心瞽目学校。[①②] 1909 年,美国浸信会在广州寺贝通津开办"慕光瞽目院",广州沦陷后停办。1912 年,美国长老会创办私立心光瞽目学,广州市教育局每月拨付经常费补助,抗日战争开始后不久停办。1906 年,两广浸信会在广州市东山署前路(现恤孤院路)创办恤孤院,1919 年改名为两广浸信会孤儿教养院;1932 年,迁入广州沙河新建院址,改名为两广漫信会孤儿教养院,广州沦陷后停办。

近代广州地区第一所公立特殊教育学校起源于广州西关逢源南约的一所孤儿院,民国时期由广东省警察厅接办。1912 年改为公立,命名为广东公立孤儿教育院。1926 年 7 月,广州市政府在德宣西路高岗创办广州市立贫民教养院。1956 年,广州市政府将张颖仪开办的广州私立启聪聋哑学校改为公立,并命名为广州市聋哑学校,1990 年更名为广州市聋人学校。[③]

新中国成立后,尤其是改革开放以来,广东省特殊教育发生了翻天覆地的变化。广东省除创办越来越多的义务教育阶段的特殊教育学校外,还开办了残疾人中等职业学校 1 所(广东省培英职业技术学校),广州中医药大学和广州大学分别开办了盲人大专班和聋人大专班。[④]

(一)粤地特殊教育基本形式

1994 年,联合国教科文组织在西班牙召开的"世界特殊教育大会"上颁布《萨拉曼卡宣言》,并提出了 inclusive education 的思想,明确指出特殊教育的要旨就是帮助特殊需要儿童回归主流社会。此后,我国特殊教育界先后提出了"全纳教育"和"融合教育"的理念,特殊需要儿童的教育安置形式主要分为普通学校随班就读、普通学校开设特教班和专门的特殊教育学校三种主要的形式。

近年来,随着国家对特殊教育的不断重视,对特殊需要儿童的不断关怀,接受特殊教育的对象由能进入学校接受教育的特殊需要儿童扩展到不能进入

① 杨家骆.民国卅七年份中华年鉴(第五册)[M].台湾:鼎文书局,1973:1697.
② 何国华.民国时期的教育[M].广州:广东人民出版社,1996:256.
③ 郭海清.近代广州特殊教育特色及启示[J].现代教育论丛,2018(2):83-89.
④ 王莹.立足新起点,实现广东特殊教育更大发展[J].现代特殊教育,2019(9):5-7.

学校接受特殊教育的儿童,由此特殊教育的基本形式也得到了进一步的扩充,送教上门成为专门为不能入校接受特殊教育的一类儿童而设置的教育形式。目前,粤地基本形成了以融合教育学校、特殊教育学校和送教上门为主的教育形式。

(二)粤地特殊教育基本概况

1.粤地特殊教育教师概况

粤港澳大湾区中的粤地包括广东省的广州、深圳、珠海、佛山、肇庆、惠州、东莞、中山和江门9个市,截至2022年2月20日,粤地共有特殊教育在编教师3502人,其中广州特殊教育在编教师1062人,深圳特殊教育在编教师618人,珠海特殊教育在编教师189人,佛山特殊教育在编教师364人,肇庆特殊教育在编教师223人,惠州特殊教育在编教师272人,东莞特殊教育在编教师296人,中山特殊教育在编教师192人,江门特殊教育在编教师286人(见表7-1)。

表7-1 2021—2022学年粤地特殊教育教师情况统计表

城市	教师人数
广州	1062
深圳	618
珠海	189
佛山	364
肇庆	223
惠州	272
东莞	296
中山	192
江门	286
合计	3502

2.粤地特殊需要儿童及其安置概况

截至2022年2月20日,粤地共有特殊教育班级1091个,安置各类特殊需要儿童共计12377人。其中,广州市共有特殊教育班级343个,安置各类特殊需要儿童共计3760人;深圳市共有特殊教育班级196个,安置各类特殊需要儿童共计1921人;珠海市共有特殊教育班级58个,安置各类特殊需要儿童共计715人;佛山市共有特殊教育班级124个,安置各类特殊需要儿童共计

1344 人;肇庆市共有特殊教育班级 73 个,安置各类特殊需要儿童共计 772 人;惠州共有特殊教育班级 81 个,安置各类特殊需要儿童共计 1103 人;东莞市共有特殊教育班级 71 个,安置各类特殊需要儿童共计 916 人;中山市共有特殊教育班级 55 个,安置各类特殊需要儿童共计 713 人;江门市共有特殊教育班级 90 个,安置各类特殊需要儿童共计 1133 人(见表 7-2)。

表 7-2 2021—2022 学年粤地特殊需要学生安置情况统计表

城市	班级数	学生人数
广州	343	3760
深圳	196	1921
珠海	58	715
佛山	124	1344
肇庆	73	772
惠州	81	1103
东莞	71	916
中山	55	713
江门	90	1133
合计	1091	12377

目前,粤地特殊教育学校包括专门的盲校 1 所,聋校 2 所,培智学校 20 所,孤独症儿童学校 1 所,脑瘫儿童学校 2 所,其余 34 所均为综合性的特殊教育学校(见表 7-3)。同时,教育行政部门主管的特殊教育学校 55 所,民政部门主管的特殊教育学校 1 所,残疾人联合会主管的特殊教育学校 4 所。

表 7-3 2021/2022 学年粤地特殊教育学校情况统计表

城市	学校名称	学校数量
广州	广州市启明学校、广州市启聪学校、广州市黄埔区启智学校、广州市白云区云翔学校、广州市荔湾区康迪学校、广州市南沙区启慧学校、广州市番禺区培智学校、广州市黄埔区知明学校、广州市天河区启慧学校、广州市康纳学校、广州康复实验学校、广州市花都区智能学校、广州市越秀区启智学校、广州市海珠区启能学校、广州市残疾人安养院附属学校、广州市社会福利院附属特殊教育学校、广州市从化区启智学校、广州市增城区致明学校	18

续表

城市	学校名称	学校数量
深圳	深圳元平特殊教育学校、深圳第二特殊教育学校、深圳市福田区竹香学校、深圳市南山区龙苑学校、深圳市罗湖区星园学校、深圳市宝安区星光学校、深圳市龙华区润泽学校、深圳市龙岗区特殊教育学校、深圳市光明区特殊教育学校、深圳市坪山区特殊教育学校	10
珠海	珠海市特殊教育学校、珠海市斗门区特殊教育学校	2
佛山	佛山市启聪学校、佛山市高明区启慧学校、佛山市南海区星辉学校、佛山市顺德区启智学校、佛山市三水区启智学校、佛山市禅城区启智学校、佛山市康复实验学校	7
肇庆	肇庆市启聪学校、德庆县启智示范学校、肇庆市端川区启智学校、四会市特殊教育学校、广宁县特殊教育学校、怀集县特殊教育学校、封开县特殊教育学校、肇庆市高要区启智学校	7
惠州	惠州市特殊教育学校、博罗县特殊教育学校、惠州市惠城区特殊学校、惠阳区特殊教育学校、龙门县特殊教育学校、惠东县培智学校	6
东莞	东莞启智学校、东莞市康复实验学校	2
中山	中山市特殊教育学校	1
江门	江门市特殊教育学校、江门市蓬江区特殊教育学校、江门市新会区特殊教育学校、台山市特殊教育学校、鹤山市特殊教育学校、恩平市特殊教育学校、开平市特殊教育学校	7
合计		60

二、香港特殊教育现状分析

20 世纪 60 年代以前,香港特殊教育主要是由教会组织和慈善机构承担,香港特区政府对特殊教育的介入通常限于政策指导或经费资助。1863 年,嘉诺撒修女在香港创办了第一所特殊教育学校——嘉诺撒盲女院。1897 年,盲人协会女传教士布丝乐在德国喜迪堪会援助下收容并教育 4 名被遗弃的失明女童,成为香港心光盲校的前身。1934 年,英国圣公会的两位女传教士和加拿大青年会总干事黎里悦女士共同筹建了香港第一所聋校——真铎启暗学校。

1960 年,香港教育司署成立特殊教育组,开始正式专门管理特殊教育事务。20 世纪 70 年代以后,港英政府颁布了一些领导和支持特殊教育实施与

发展的政策性文件。受欧美回归主流和一体化教育思潮的影响,港英政府于
1977 年 9 月发布《群策群力协助弱能人士更生》的康复白皮书,开始将特殊需
要儿童融入普通班级。

1997 年 7 月 1 日,香港回归之后,香港特别行政区设立了教育局专门管
理全港教育。目前,香港拥有一个成熟的特殊教育系统。特殊教育学校一直
从教育专业角度出发,本着关爱和信任,用心帮助有较严重或多重残疾的学生
克服限制和困难,培育他们达到能力可及的学习表现水平,展现潜能。香港教
育局与普通学校群策群力,秉持"一切从心开始"的信念,在文化、政策和措施
三方面结合,支援有特殊教育需要的学生,全校参与模式已成为融合教育的基
本模式。

(一)香港特殊教育基本形式

香港特别行政区教育局采用"双轨制"推行特殊教育:针对有较严重或多
重残疾的学生,教育局会根据专业人士的评估和建议,在家长的同意下,转介
他们入读特殊学校,以便接受加强支援服务;其他有特殊教育需要的学生,则
会入读普通学校。当前,普通学校学生的特殊教育需要主要分为九类,包括特
殊学习困难、智力障碍、孤独症、注意力不足/过度活跃症、肢体伤残、视觉障
碍、听力障碍、言语障碍及精神病。

目前,融合教育是香港特殊教育的主要形式。教育局鼓励普通学校秉持
"及早识别""及早支援""全校参与""家校合作""跨界别协作"五个基本原则,
在文化、政策及措施三方面互相配合下,推行全校参与模式融合教育。学校成
立学生支援组,推动所有教师采用三层支援模式照顾有特殊教育需要的学生,
从而帮助他们克服限制和困难,使学生达到能力可及的学习水平,并促进他们
在成长阶段发展潜能,逐步成为独立、有适应能力和自学能力的人,迎接人生
挑战。[①]

(二)香港特殊教育基本概况

1.香港特殊教育教师概况

根据教育局学校教育统计组、教育局学校发展分部中央 1 组和教育局特
殊教育分部公布的最新数据[②]:截至 2020 年 10 月,香港共有特殊教育教师

① 香港特别行政区教育局.融合教育[EB/OL].[2022-03-08].[https://sense.edb.gov.hk/
tc/integrated-education/principles/.
② 香港特别行政区教育局.统计资料[EB/OL].[2022-03-08].[https://www.edb.gov.hk/
tc/about-edb/publications-stat/figures/index.html.

2022 人,其中本科以上学历的特殊教师 1995 人,本科以下学历的特殊教育教师 27 人(见表 7-4)。

表 7-4 2020—2021 学年香港特殊教育教师统计表

学历	人数
本科以上	1995
本科以下	27
合计	2022

数据来源:香港特别行政区政府教育局

2.香港特殊需要儿童及其安置概况

截至 2020 年 10 月,教育局学校教育统计组、教育局学校发展分部中央 1 组和教育局特殊教育分部公布的最新数据显示[1]:香港接受特殊教育的小学生共计 3996 人,接受特殊教育的中学生共计 4360 人,总计 8356 人。其中,在特殊教育学校接受教育的小学生 3980 人,中学生 4310 人,共计 8290 人;在设有特殊班的普通学校接受教育的小学生 16 人,中学生 50 人,共计 66 人(见表 7-5)。

表 7-5 2020—2021 学年香港特殊需要儿童入学情况统计表

学校类型	学段		小计
	小学	中学	
特殊教育学校	3980	4310	8290
设有特殊班的普通学校	16	50	66
合计	3996	4360	8356

数据来源:香港特别行政区政府教育局

目前,香港特殊教育学校包括特殊教育学校 62 所,设有特殊班的普通学校 8 所,共计 70 所(见表 7-6)。[2]

表 7-6 2020—2021 学年香港特殊教育学校情况统计表

学校类型	学校数量
特殊教育学校	62

---

[1] 香港特别行政区教育局.统计资料[EB/OL].[2022-03-08].https://www.edb.gov.hk/tc/about-edb/publications-stat/figures/index.html.

[2] 香港特别行政区教育局.统计资料[EB/OL].[2022-03-08].https://portal.dsedj.gov.mo/webdsejspace/internet/Inter_main_page.jsp? search_data.

续表

学校类型	学校数量
设有特殊班的普通学校	8
合计	70

数据来源:香港特别行政区政府教育局

　　香港特殊教育学校包括视障、听障、肢体残疾和智障等十种类型,其中,视障儿童学校 2 所,听障儿童学校 1 所,肢体伤残儿童学校 6 所,轻度智障儿童学校 12 所,中度智障儿童学校 14 所,轻中度智障儿童学校 6 所,严重智障儿童学校 10 所,混合程度智障儿童学校 1 所,群育学校 8 所,医院学校 1 所,共计 61 所(见表 7-7)。①

表 7-7　香港特殊教育学校类型及数量统计表

学校类型	学校名称	学校数量
视障儿童学校	心光学校 心光恩望学校	2
听障儿童学校	路德会启聋学校	1
肢体伤残儿童学校	香港红十字会雅丽珊郡主学校、香港耀能协会高福耀纪念学校、香港耀能协会赛马会田绮玲学校、香港耀能协会罗怡基纪念学校、香港基督教服务处培爱学校、香港红十字会玛嘉烈戴麟趾学校	6
轻度智障儿童学校	匡智屯门晨辉学校、匡智狮子会晨岗学校、道慈佛社杨日霖纪念学校、中华基督教会望觉堂启爱学校、路德会救主学校、中华基督教会基顺学校、才俊学校、沙田公立学校、救世军石湖学校、三水同乡会刘本章学校、匡智屯门晨岗学校、匡智翠林晨岗学校	12
中度智障儿童学校	匡智元朗晨乐学校、保良局余李慕芬纪念学校、保良局陈丽玲(百周年)学校、礼贤会恩慈学校、基督教中国布道会圣道学校、明爱乐进学校、明爱乐群学校、匡智松岭学校、香港四邑商工总会陈南昌纪念学校、匡智元朗晨曦学校、将军澳培智学校、东华三院群芳启智学校、匡智屯门晨曦学校、赛马会匡智学校	14

---

① 香港特殊学校议会.特殊学校概览[EB/OL].[2022-03-08].https://www.chsc.hk/spsp/school_category.php.

续表

学校类型	学校名称	学校数量
轻中度智障儿童学校	东华三院徐展堂学校、天保民学校、香海正觉莲社佛教普光学校、匡智张玉琼晨辉学校、香港西区扶轮社匡智晨辉学校、东华三院包玉星学校	6
严重智障儿童学校	明爱乐勤学校、明爱乐义学校、明爱赛马会乐仁学校、香港心理卫生会-臻和学校、慈恩学校、匡智松岭第二校、匡智松岭第三校、保良局陈百强伉俪青衣学校、保良局罗氏信托学校、灵实恩光学校	10
混合程度智障儿童学校	匡智绍邦晨辉学校	1
群育学校	香港青少年培育会陈南昌纪念学校、玛利湾学校、香港扶幼会盛德中心学校、香港扶幼会则仁中心学校、香港扶幼会许仲绳纪念学校、明爱培立学校、东湾莫罗瑞华学校、明爱乐恩学校	8
医院学校	香港红十字会医院学校	1
合计		61

数据来源:香港特殊学校议会

三、澳门特殊教育现状分析

澳门自创立商埠以来(16 世纪中叶到 20 世纪 60 年代),特殊教育未能得到政府的重视,智力障碍人士、孤儿、老人和疾病患者等主要由民间团体和宗教组织提供人道援助,主要由澳门天主教机构为智力障碍人士开办服务,为孤儿、老弱伤残、麻风病人及精神病患者等设立院舍,提供救济与住宿服务。[①] 1967 年,基督教创办圣保罗学校,开始兼收智力障碍儿童,标志着澳门特殊教育的开始。 1978 年,圣保罗学校改为招收聋童的路德会圣保罗学校(现名为协同特殊教育学校),成为澳门历史上的第一所特殊教育学校。[②]

20 世纪 80 年代中期,澳葡政府拓展特殊需要儿童的安置方式,陆续开办了特殊班、特殊学校和特殊训练中心,澳门特殊教育得到迅速的发展。20 世纪 90 年代,澳葡政府正式在教育司设立特殊教育发展委员会。[③] 随后,于

---

① 阮邦球.澳门特殊教育:回顾和展望[J].行政,2008,1(21):81-104.
② 李秀娟.澳门特殊教育的发展特色及启示[J].现代教育论丛,2014(5):73-77.
③ 阮邦球.澳门特殊教育:回顾和展望[J].行政,2008,1(21):81-104.

1991年颁布澳门教育制度法(第11/91/M号法律),将特殊教育确定为澳门教育的一个组成部分,明确了特殊教育的宗旨,界定了特殊教育对象的残疾类型,并在教育暨青年局设立了特殊教育工作小组,以团队工作模式在学校提供辅导及治疗等服务,举办家庭式生活教育、性教育及生活技能等教育活动。①随后,澳葡政府、澳门特区政府分别于1996年和2006年先后颁布了《批准特殊教育制度》和《纲要法》,推动了澳门特殊教育的进一步发展和完善。

(一)澳门特殊教育基本形式

澳门特殊教育由澳门特别行政区政府教育及青年发展局统筹管理,提供特殊教育的学校包括公立及私立学校,共分三个类别②:

第一类是为学习能力稍弱的学生而设的融合班。这些学习能力稍弱的学生主要是指身体机能障碍、智力范围属于临界智能不足、孤独症、过度活跃症、学习障碍或有长期且持续性的情绪行为问题,他们在普通班级接受教育,学习内容与该级同学类同。融合班为其提供小量的特殊辅助,教师会因应学生的个别特殊需要而采取相应的教学策略来协助学生学习,使之能与同班其他同学一起学习及成长。

第二类是为整体学习出现显著困难的学生而设的特殊教育小班。这些整体学习出现显著困难的学生主要是智力范围属于轻度智能不足,且伴随学习困难或具长期且持续的严重情绪及行为问题,而在学习上需要较大的迁就或辅助。他们所学习的科目会较一般正规教育少,但仍然采用正规教育的课程。

第三类是为智力属于轻度智能不足或更严重程度、整体适应能力出现显著障碍的学生而设的特殊教育班级。特殊教育班级会为学生提供个别课程安排及特别教学环境,教学内容除了基本的学科以外,还包括自理、沟通和社会适应等生活训练;课程采用以主题编写的教材为主,让学生能得到与自身能力及生活相关的学习及训练。

同时,教育及青年发展局还于1992年设立一个专门负责心理及特殊教育的部门——"教育心理辅导暨特殊教育中心"。教育心理辅导暨特殊教育中心为学生进行评估及提供各种支持服务,其主要包括教育安置的评估及治疗评估;进行专业咨询;为年满4周岁或以上且于澳门正规教育学校就读,申请"残

---

① 李秀娟.澳门特殊教育的发展特色及启示[J].现代教育论丛,2014(5):73-77.

② 澳门特别行政区政府教育及青年发展局.特殊教育[EB/OL].[2022-04-10].https://portal.dsedj.gov.mo/webdsejspace/internet/Inter_main_page.jsp? id=8721.

疾评估登记证"的学生进行智力评估;优化评估工具。①

(二)澳门特殊教育基本概况

澳门特殊教育的对象包括资优学生和身心存在障碍的学生。为有特殊教育需要的学生开设的班级分为提供融合教育的普通班、特殊教育小班和特殊教育班,为学生提供适合他们身心发展的受教育机会,协助他们融入社会、发挥潜能、弥补不足及参与就业。2020—2021学年澳门共有9所学校设置特殊教育班,其中1所公立学校和3所私立学校是专门的特殊教育学校,3所公立和2所私立的普通学校设有特殊教育班;此外,有2所公立学校设置特殊教育小班。公立学校除1所专门的特殊教育学校外,所有公立学校及37所私立学校参与了融合教育计划。

1.澳门特殊教育教师概况

澳门特殊教育教师包括公立学校和私立学校的特殊教育工作者,其中2021年10月26日澳门特别行政区政府教育及青年发展局公布的2021—2022学年教师统计数据显示:公立学校特殊教育教师55人,其中本科以上学历特殊教育教师13人,本科及以下学历特殊教育教师42人;私立学校特殊教育教师88人,其中本科以上学历特殊教育教师7人,本科及以下学历特殊教育教师81人,澳门特殊教育教师共计143人(见表7-8)。②

表7-8 2021—2022学年特殊教育教师情况统计表

学历水平	公立学校	私立学校	小计
本科以上	13	7	20
本科及以下	42	81	123
合计	55	88	143

数据来源:澳门特别行政区政府教育及青年发展局

2.澳门特殊需要儿童及其安置概况

截至2021年10月26日,澳门2021—2022学年在校所有类型的特殊需要儿童年龄分布在3~22岁,共设88个班,安置特殊需要学生910人。其中,公立学校38个班,安置特殊需要学生426人;私立学校50个班,安置特殊需

---

① 董志文.从法律及运作状况探讨澳门特殊教育的发展[J].现代特殊教育,2016(18):29-34.
② 澳门特别行政区政府教育及青年发展局.非高等教育统计[EB/OL].[2022-04-10].https://portal.dsedj.gov.mo/webdsejspace/internet/Inter_main_page.jsp? id=8525.

要学生 484 人(见表 7-9)。[1]

表 7-9　2021—2022 学年特殊需要学生情况统计表

学校类型	班级数	学生人数
公立学校	38	426
私立学校	50	484
合计	88	910

数据来源:澳门特别行政区政府教育及青年发展局

目前,澳门特殊教育学校包括提供融合教育类学校 48 所,特殊教育小班 2 所,特殊教育班 9 所(见表 7-10)。[2]

表 7-10　澳门提供特殊教育的学校情况统计表

教育类型	学校名称	学校数量
融合教育	二龙喉中葡小学、中葡职业技术学校、北区中葡小学、石排湾公立学校、何东中葡小学、高美士中葡中学、芯仔中葡学校、乐富中葡幼儿园、郑观应公立学校、澳门演艺学院(舞蹈学校)、澳门演艺学院(音乐学校)、九澳圣若瑟学校、庇道学校、沙梨头坊众学校、沙梨头浸信学校、海星中学、培正中学、培华中学、圣公会中学(澳门)、圣若瑟教区中学第五校、圣若瑟教区中学第六校、澳门葡文学校、圣善学校、圣玛沙利罗学校、圣德兰学校、圣罗撒英文中学、圣安东尼幼儿园、雷鸣道主教纪念学校、圣玛大肋纳学校、福建学校、新华学校、德明学校、莲峰普济学校、广大中学、鲁弥士主教幼儿园、澳门三育中学、澳门中德学校、澳门坊众学校、澳门浸信中学、澳门国际学校、联国学校、氹仔坊众学校、妇联学校、教业中学、明爱幼儿园、圣保禄学校、圣公会(澳门)蔡高中学、圣若瑟教区中学	48
特殊教育小班	北区中葡小学、中葡职业技术学校	2
特殊教育班	北区中葡小学、何东中葡小学、氹仔中葡学校、路环中葡学校、启智学校、明爱学校、协同特殊教育学校、联国学校、鲁弥士主教幼儿园	9

数据来源:澳门特别行政区政府教育及青年发展局

粤港澳大湾区特殊教育最早均由国外教会组织创办,但直到各地政府介

---

[1]　澳门特别行政区政府教育及青年发展局.非高等教育统计[EB/OL].[2022-04-10].https://portal.dsedj.gov.mo/webdsejspace/internet/Inter_main_page.jsp? id=8525.

[2]　澳门特别行政区政府教育及青年发展局.非高等教育统计[EB/OL].[2022-04-10].https://portal.dsedj.gov.mo/webdsejspace/internet/Inter_main_page.jsp? search_data.

入并主管后才得到发展和完善。目前,粤港澳大湾区各地已经成立了特殊教育的专门管理机构,并初步形成了各自的特殊教育安置形式和教育特色,特殊需要儿童得到了基本的教育及合理的安置,且融合教育的安置形式得到政府和社会各界更多的重视和支持。

第二节 粤港澳大湾区特殊教育体系比较

目前,粤港澳大湾区中香港特别行政区和澳门特别行政区特殊教育主要由特区教育局主管,而粤地特殊教育学校则根据主管单位的不同分属于教育行政部门、民政部门和残疾人联合会。在教育形式上,粤港澳大湾区基本以特殊教育和融合教育为主,而粤地特殊教育则发展了送教上门的教育形式。

一、粤地特殊教育的体系

1.粤地特殊教育的行政体系

我国政府对特殊教育的管理主要分为中华人民共和国教育部(以下简称教育部)、中华人民共和国民政部(以下简称民政部)和中国残疾人联合会(以下简称中残联)三个职能部门。

教育部下设基础教育司,主要承担基础教育的宏观管理工作,拟订推进义务教育均衡发展政策,拟订普通高中教育、幼儿教育、特殊教育的发展政策;会同有关方面提出加强农村义务教育的政策措施,提出保障各类学生平等接受义务教育的政策措施;会同有关方面拟订义务教育办学标准,规范义务教育学校办学行为;拟订基础教育的基本教学文件,推进教学改革等工作。基础教育司统筹各省市教育行政部门管理特殊教育工作。目前,粤港澳大湾区中粤地特殊教育主要由广东省教育厅和各地市教育局负责,各地市开设特殊教育学校且专门负责特殊需要儿童的教育安置工作。

民政部下设儿童福利司,主要负责拟订儿童福利、孤弃儿童保障、儿童收养、儿童救助保护政策、标准,健全农村留守儿童关爱服务体系和困境儿童保障制度,指导儿童福利、收养登记、救助保护机构管理工作。各省市行政部门分别设有省民政厅和市民政局,收养孤弃儿童,并对其实施教育。粤地遭遗弃的特殊需要儿童主要在广东省民政厅和各地市民政局接受特殊教育。随着国家对特殊教育发展的重视,各地市民政局也独立设置特殊教育班,对遭遗弃的特殊需要儿童开展教育教学工作。

中残联是经国务院批准和国家法律确认的残疾人自身代表性组织,是由中国各类残疾人代表和残疾人工作者组成的全国性残疾人事业团体。各省市分别设有省残疾人联合会和市残疾人联合会,主要职责是宣传贯彻《中华人民共和国残疾人保障法》,维护残疾人在政治、经济、文化、社会等方面平等的公民权利,密切联系残疾人,听取残疾人意见,反映残疾人需求,全心全意为残疾人服务;协助政府制定实施残疾人事业发展纲要,促进残疾人康复、教育、劳动就业、扶贫、维权、文化体育、社会保障、科技信息化应用和残疾预防等,改善残疾人参与社会生活的环境和条件。近年来,广东省残疾人联合会、深圳市残疾人联合会和东莞市残疾人联合会独立设置特殊需要儿童学前教育、义务教育和职业教育学校,共同推进我国特殊教育事业的发展。

2.粤地特殊教育的安置体系

当前,我国特殊教育尚属于狭义的特殊教育,即还未包括对超常儿童、阅读障碍儿童等的教育,其教育对象主要包括视障儿童、听障儿童、智障儿童、孤独症儿童和脑瘫儿童。按照国家对特殊教育学校建制的规定,每一个省应建有一所盲校,每一个市应建有一所聋校,每一个人口达到 30 万及以上的区县应建有一所综合性的特殊教育学校。目前,粤地建有专门的盲校 1 所(广州市启明学校)、聋校 2 所(广州市启聪学校、肇庆市启聪学校)、孤独症儿童学校 1 所(广州市康纳学校)、脑瘫儿童学校 2 所(东莞市康复实验学校、广州康复实验学校)、培智学校 20 所,其余多为综合性的特殊教育学校。

近年来,我国一直致力于推进融合教育发展,我国融合教育的发展目标就是让残障儿童,包括听障、轻中度智障、学习障碍的儿童,与普通儿童共同学习生活,尽可能融入普通学校,获得平等的学习机会。粤地教育系统在国家各项政策的推动下基本形成了"以随班就读和特教班为主体,以特殊教育学校为骨干,以送教上门为补充"的特殊教育安置体系。以深圳地区的融合教育为例,深圳市教育局积极借鉴国内外融合教育的模式与经验,以"适度、适合、适当"为原则推进特殊需要儿童的正向融合教育。目前,深圳主要以普通学校随班就读和普通学校特教班两种形式开展融合教育,截至 2021 年接纳 1908 名适龄特殊需要儿童随班就读,已建成 17 个特教班,接纳 171 名适龄特殊需要儿童入学,在深圳市教育安置形式中总体占比 58%,为适龄特殊需要儿童的教育安置提供了有力的保障。①

---

① 沈光银.社会主义先行示范区背景下深圳特教发展的新进路[J].特区教育,2021(11):4-6.

目前,粤地没有接受融合教育的,且有能力接受特殊需要的儿童主要在各地市及区县的特殊教育学校就读。总体而言,盲童主要在广州市启明学校就读,同时深圳元平特殊教育学校和惠州市特殊教育学校也为户籍盲童提供教育安置。其他类型的特殊需要儿童基本在当地的特殊教育学校得到合理的安置。此外,没有能力接受学校教育的特殊需要儿童,则多安排了送教上门的教育安置。

2022 年 1 月 25 日,国务院转发了教育部、国家发展改革委、民政部、财政部、人力资源和社会保障部、国家卫生健康委、中国残联联合制定的《"十四五"特殊教育发展提升行动计划》,鼓励 20 万人口以上的县(市、区、旗)办好一所达到标准的特殊教育学校。残疾儿童较多且现有特殊教育学校学位不足的县(市、区、旗),要根据需要合理规划布局,满足残疾儿童入学需求。20 万人口以下的县(市、区、旗)要因地制宜合理配置特殊教育资源,鼓励在九年一贯制学校或寄宿制学校设立特教班。[①] 未来,在党和政府的关怀下,我国特殊教育的发展必将迎来更加完善的体制和保障,特殊需要儿童也将得到更高质量的教育安置。

二、香港特殊教育体系

1.香港特殊教育的行政体系

自香港回归之后,香港特殊教育主要由香港特别行政区政府教育局(以下简称教育局)主管,为了加强对特殊教育工作的管理与督导,教育局特设特殊教育工作小组和融合教育工作小组。

特殊教育工作小组(即原特殊教育学校教育工作小组),是教育局与有关界别之间的沟通渠道,让两者可就特殊教育的事宜进行沟通。工作小组的成员包括:来自教育局、社会福利署、特殊教育学校议会、津贴中学议会、津贴小学议会、特殊教育学校办学团体及非政府机构的代表;教师训练/特殊教育领域的本地专家;以及有特殊教育需要儿童的家长组织及家庭与学校合作事宜委员会的代表。特殊教育工作小组作为教育局与学校及相关界别的沟通平

---

① 教育部.国务院办公厅关于转发教育部等部门"十四五"特殊教育发展提升行动计划的通知[EB/OL].[2022-04-10]. http://www.moe.gov.cn/jyb_xxgk/moe_1777/moe_1778/202201/t20220125_596312.html.

台,其职责主要是为特殊教育的政策、措施和发展提供意见及建议。①

融合教育工作小组,原为教育局于 2005 年成立的"主流学校推行融合教育工作小组",后于 2021 年 1 月改名为"融合教育工作小组"。小组成员涵盖推动融合教育的主要持份者,包括中小学及特殊教育学校议会的代表、中小学校长会的代表、资源中心及资源学校的代表、香港社会服务联会代表及其提名下多间残障人士服务机构的代表、有特殊教育需要儿童的家长组织代表、家庭与学校合作事宜委员会的代表、大专院校的代表,以及其他部门如卫生署及社署的代表等。教育局通过定期会议向各持份者阐释有关融合教育最新的工作进展,并听取他们对改善措施的意见。融合教育工作小组作为教育局与学校及相关界别的沟通平台,其主要职能是就融合教育的政策、措施和发展提供意见及建议。②

2.香港特殊教育的安置体系

香港特区政府采用"双轨制"推行特殊教育,会聘请专业人士对有较严重或多重残疾的学生进行评估,并在与家长的协商下转介入读资助特殊教育学校;其他有特殊教育需要的学生,则会入读普通学校。③

(1)特殊教育学校的安置体系

特殊教育学校学生的入学年龄一般为六岁。随着新学制下的高中课程在 2009—2010 学年开始实施,特殊教育学校为学生提供免费基础教育及高中教育。特殊教育学校的每班学生人数比普通学校较少,介乎 8 至 15 人,视乎学校的类别而定。就教师与班级的比例而言,特殊教育学校的小学及初中每班 1.8 名教师,为智障学童而设的特殊教育学校高中每班 2 名教师,提供普通课程的特殊教育学校高中则每班 2.1 名教师。为提高教师的地位及专业水平,教师职位由 2019—2020 学年已全面学位化。为了满足学生的不同需要,教育局为相关类别的特殊教育学校提供额外的常额教师,例如为孤独症学生提供学习支援的辅导教师、视障学生的定向行动导师及低视力儿童视觉功能训练教师等。

此外,不同类别的特殊教育学校依据其学生残疾或学习障碍类型与程度

① 香港特别行政区教育局.特殊教育工作小组[EB/OL].[2022-04-10].https://sense.edb.gov.hk/tc/about-us/policy.html.

② 香港特别行政区教育局.融合教育工作小组[EB/OL].[2022-04-10].https://sense.edb.gov.hk/tc/about-us/task-force-on-integrated-education.html.

③ 香港特别行政区教育局.特殊教育工作小组[EB/OL].[2022-04-10].https://sense.edb.gov.hk/tc/about-us/policy.html.

提供各种专职人员,包括职业治疗师、物理治疗师、言语治疗师、职业治疗助理员、护士、教育心理学家、社工及点字印制员等。宿舍管理部门的专职人员则包括舍监、副舍监、宿舍家长主管、宿舍家长、活动辅导员及护士等。特殊教育学校善用校内人手,推动跨专业协作,以照顾学生的不同学习需要。在2021—2022学年,教育局继续加强特殊教育学校的专业及辅助人员的支援,并在人事聘任上提供弹性,以配合学校运作和学生的需要,进一步提升特殊教育学校的教育质素,其具体措施包括提升职业治疗师和物理治疗师的职级、增设护士长职级、给予学校聘用具精神科护理资格的护士的自主权、为轻度智障儿童学校提供校巴司机职位,并改善特殊教育学校校巴司机的职级,以及容许将教师助理、厨师、校巴司机和看守员的职位空缺换取现金津贴,用于招聘相应的临时辅助人员。[①]

(2)融合教育学校的安置体系

为有效照顾学生的多样性,确保每一位学生都能够获得平等的教育机会,教育局一直鼓励普通学校推行"全校参与模式"的融合教育,并于近年推出多项加强措施支援有特殊教育需要的学生。[②]教育局一直为公办普通学校提供额外资源、专业支援和教师培训,协助学校推行"全校参与模式"的融合教育,支援不同特殊教育需要类别的学生,为他们提供合适的教学过程和学习环境,建构共融的校园文化。

自2019—2020学年起,政府加强对公办普通学校推行融合教育的支持,其主要政策包括把"学习支援津贴"推广至全港公办普通学校,成倍增加"学习支援津贴"的第三层支援津贴额,并按学生需要为学校提供最多3名常额教师职位;为录取较多有特殊教育需要学生的学校提升特殊教育需要统筹主任的职级;扩展"优化校本教育心理服务";推行"加强校本言语治疗服务";向录取有特殊教育需要的非华语学生的学校提供"有特殊教育需要非华语学生支援津贴"。

在促进专业交流以照顾不同需要的学生方面,教育局推行"学校伙伴计划",邀请在支援有特殊教育需要的学生方面拥有丰富经验的特殊教育学校成为特殊教育学校暨资源中心,为普通学校提供支援,并为有严重学习和适应困

---

①　香港特别行政区教育局.特殊教育[EB/OL].[2022-04-10].https://sense.edb.gov.hk/tc/special-education/principles.html.

②　香港特别行政区教育局.融合教育实务篇[EB/OL].[2022-04-10].https://sense.edb.gov.hk/tc/integrated-education/integrated-education-in-practice/index.html.

难的智障学生提供短期暂读计划,从而协助普通学校掌握支援有关学生的技巧和策略。①

三、澳门特殊教育体系

1.澳门特殊教育的行政体系

澳门特殊教育主要由澳门特别行政区政府教育及青年发展局主管。20世纪90年代起,澳门成立了特殊教育发展委员会。颁布"第11/91/M号法律"后,澳门教育及青年发展局于1992年成立了一个专门负责心理及特殊教育的部门——教育心理辅导暨特殊教育中心②,其主要职能是为学生进行评估及提供各种支持服务,主要包括教育安置的评估及治疗评估;进行专业咨询,若发现学生在各项发展上出现问题,影响学习及日常生活,中心的专业人员会为求助者提供专业咨询服务;为年满4周岁或以上且于澳门正规教育学校就读,申请"残疾评估登记证"的学生进行智力评估;优化评估工具,包括已建立了"韦氏儿童智力量表"的澳门版本,及研制了"学习障碍诊断工具"等。当前,澳门疑似有特殊教育需要的学生,均会在系统安排下,接受特教中心的教育安置评估及治疗评估。

2.澳门特殊教育的安置体系

澳门特殊教育是《纲要法》中的一个组成部分,特殊教育涵盖学前教育、小学教育和中学教育,亦包括特殊班。融合教育是在普通正规学校中实施的特殊教育,融合教育是让有特殊教育需要的学生与其他学生共同接受学校教育。③ 目前,澳门为特殊需要儿童提供特殊教育的学校包括公立及私立学校,共分三个类别:

其一,融合班。融合班专门为诸如有身体机能障碍,智力属于临界水平,有孤独症、多动症以及长期且持续性伴有情绪行为问题的学习障碍等学习能力稍弱的学生而设置。融合班设置在普通学校内,且学习内容与普通同龄学生没有差别,不过融合班的教师会根据特殊需要儿童的具体情况开展相应的教学

---

① 澳门特别行政区政府教育及青年发展局.融合教育的最新发展概况[EB/OL].[2022-04-10].https://sense.edb.gov.hk/tc/integrated-education/integrated-education-in-practice/latest-developments-in-integrated-education.html.

② 冼权锋,等.澳门特殊教育专项评鉴报告[EB/OL].[2022-04-10].http://www.Dsej.Gov.mo/~webd-sej /www/grp_doc /dsejdoc /20120928/index.html.

③ 阮邦球.澳门特殊教育:回顾和展望[J].行政,2008,21(1):81-104.

协助。

其二,特殊教育小班。特殊教育小班专门为轻度智力落后,且伴有学习困难或长期具有持续性的严重情绪和行为问题的学生而设置。特殊教育小班学生存在整体学习的显著困难,在学习上需要较大的迁就或辅助。特殊教育小班分为公立和私立两种:公立特殊班按年龄划分为三个学习阶段,每个阶段和不同班组的教学内容和学习重点亦有所不同,并分为第一阶段(6~10 岁)、第二阶段(11~15 岁)和第三阶段(16 岁以上)和启导班(6 岁以上)四个不同班组,启导班收生的对象为智能不足、唐氏综合征、孤独症、过度活跃症、脑麻痹、肢体障碍、弱视和整体发展迟缓的学生;私立机构以中心(0~6 岁)和学校(3~21 岁)两种教学团体模式开办四种不同类型的特殊班。[①] 一般"小班"学生都会被安置在公立学校的一个专为这类学生而设的 8~15 人的班级来上课,他们的学习课程与普通班课程相当,但课程会进行调整,自 2011—2012 学年起,对"小班"已实施了初中延伸的三年职业技术教育导向的教育课程,为"小班"学生毕业后的生涯发展做准备。[②]

其三,特殊教育班。特殊教育班专门为轻度以上智力落后,且整体社会适应能力显著不足的学生而设置。一般"特教班"学生会安置在公立学校或私立学校的一个专为这类学生而设的 6~15 人的班级,公立学校会将"特教班"学生按年龄划分为三个阶段,各阶段又划分为轻、中、重度来授课;而私立学校则包括幼儿、小学及中学教育。[③]

尽管粤港澳大湾区特殊教育体系不尽相同,但都孕育于各自的教育制度和现状,皆为有效地解决当前不同类型、不同程度特殊需要儿童教育安置的需求,同时也在一定程度上保证了特殊需要儿童的身心发展,并为其生涯规划作出了较为积极有效的指导与训练,且共同推动了我国特殊教育事业的整体性发展与提升。

第三节 粤港澳大湾区特殊教育保障机制

粤港澳大湾区建设是我国区域性联动发展的重要举措,其建设有利于积

---

① 阮邦球.澳门特殊教育:回顾和展望[J].行政,2008,21(1):81-104.
② 董志文.从法律及运作状况探讨澳门特殊教育的发展[J].现代特殊教育,2016(9):29-34.
③ 董志文.从法律及运作状况探讨澳门特殊教育的发展[J].现代特殊教育,2016(9):29-34.

极引进港澳和国际教育资源,加强教育交流合作,打造教育高地,便利粤港澳居民共享优质教育资源。对粤港澳大湾区特殊教育保障机制进行研究,将有助于我们了解各自的优势和不足,并在互相合作与支持中寻求区域性的高质量发展。

一、粤地特殊教育保障机制

(一)政策法规保障

为了推动我国特殊教育的发展,国家制定了相关法律法规,夯实了特殊教育发展的基础性保障。1982 年《宪法》明确规定,国家和社会帮助安排盲、聋、哑和其他有残疾的公民的劳动、生活和教育。1986 年《义务教育法》进一步规定,地方各级人民政府为盲、聋、哑和弱智的儿童、少年举办特殊教育学校(班)。《义务教育法》将三类特殊儿童的义务教育纳入法律体系,保障了残疾儿童的义务教育权利,这也成为我国特殊教育发展的重要目标。2006 年修订后的《义务教育法》明确指出,普通学校应当接收具有接受普通教育能力的残疾适龄儿童、少年随班就读。

为了推进特殊教育公共服务性的发展,2011 年《中国儿童发展纲要(2011—2020 年)》指出,促进基本公共教育服务均等化,建立和完善适度普惠的儿童福利体系;《中国残疾人事业"十二五"发展纲要》也要求,将残疾人义务教育纳入基本公共服务体系,资助残疾儿童接受普惠性学前康复教育。2015 年发布的《关于加快推进残疾人小康进程的意见》和 2016 年先后发布的《"十三五"加快残疾人小康进程规划纲要》和《关于加强困境儿童保障工作》等政策法规,一致强调加强残疾儿童福利服务,提升残疾人基本公共服务水平,提高残疾人受教育水平。同时,教育部连续发布的《特殊教育计划(2014—2016 年)》和《第二期特殊教育提升计划(2017—2020 年)》相继提出,建立财政为主、社会支持、全面覆盖、通畅便利的特殊教育服务保障机制,增强特殊教育保障能力,健全特殊教育专业支撑体系等措施。[①]

为了贯彻落实国家特殊教育提升计划,广东省政府也先后制定并发布了《广东省特殊教育提升计划(2014—2016 年)》和《广东省第二期特殊教育提升计划(2017—2020 年)》,进一步推进了广东省特殊教育改革发展的总体要求

---

① 陈雨濛,俞国良.我国特殊教育政策历史进程的文本分析[J].教育学术月刊,2020(4):13-19.

和主要措施。2018年1月，广东省政府办公厅还印发了《对市县级人民政府履行教育职责评价办法》，对残疾儿童九年义务教育入学率、特殊教育学校建设情况、普通学校设置特殊教育资源教室的情况进行了考核评价的规定，切实推动了市县级人民政府对特殊教育发展的关注与投入。[①] 为了贯彻落实国家和省厅相关特殊教育政策法规，各市县也相应制定了地方法规政策，尤其是近年来各地市特殊教育提升计划的制定、颁布和实施切实提升了粤地特殊教育的办学条件与质量。

(二)经费保障

为了提高广东省特殊教育的普及水平，省政府加大了对特殊教育经费的投入力度。

其一，推动普及残疾学生15年免费教育。从2015—2016学年第二学期开始，省政府在全省范围内实施高中阶段残疾学生免费教育，提出了免收学杂费、课本费，高中阶段残疾学生免费补助标准不低于普通中等职业学校免学费补助标准的1.1倍拨付等规定。目前，粤地九市已基本实施从学前到高中阶段残疾学生15年免费教育。

其二，提升建设特殊教育学校的支持力度。省财政专门设立新建标准化特殊教育学校建设资金和特殊教育学校建设维护资金，同时对欠发达地区新建和改建、扩建特殊教育学校予以奖励。从2014年到2019年，省政府共下达专项补助资金14.79亿元。

其三，提升特殊教育学校正常运转标准。为了提高义务教育阶段残疾学生生均公用经费标准，截至2019年特殊教育学校学生按不低于普通学校8～10倍的标准拨付，同时附设特教班学生不低于5倍且每年不低于6000元的标准拨付，随班就读、送教上门学生则按照每年不低于6000元的标准拨付。[②]

同时，各地市也相应地制定了特殊教育的专项经费，逐年增加特殊教育预算经费，充分保障特殊教育发展水平和办学质量的提升。譬如，佛山市教育局2020年安排特殊教育预算经费4522.58万元[③]；2021年安排特殊教育预算经费4557.05万元[④]，比上一年度增加0.76％；2022年佛山市特殊教育财政预算

---

① 王莹.立足新起点,实现广东特殊教育更大发展[J].现代特殊教育,2019(9):5-7.

② 王莹.立足新起点,实现广东特殊教育更大发展[J].现代特殊教育,2019(9):5-7.

③ 佛山市教育局.2021年佛山市教育局部门预算[EB/OL].[2022-04-10].http://edu.foshan.gov.cn/attachment/0/114/114474/4430231.pdf.

④ 佛山市教育局.2021年佛山市教育局部门预算[EB/OL].[2022-04-10].http://edu.foshan.gov.cn/attachment/0/165/165430/4724296.pdf.

为 4625.22 万元[①],比上一年度增加 1.496%。

(三)教师专业发展保障

1.教师专业发展管理机构

为了促进教师专业发展,我国专门成立了各级教育科学研究机构,譬如中央教育科学研究所、广东省教育研究院、市区级教育科学研究院和校级科研处(或教研室等)等。

粤地教师专业发展目前仍由广东省教育研究院引领和指导,由各市区级教育科学研究院领导和管理,由各校科研处(或教研室等)直接组织和培养。譬如,广东省教育研究院作用定位包括指导各级各类学校提高教育教学质量和办学水平,为增强全省教育综合实力、区域竞争力和国际影响力提供优质服务。而市区级教育科学研究院则负责开展基础教育各学科的教学研究(含教材教法、课堂教学质量、学科考试命题)、教育教学信息服务以及教学质量监控等工作;负责全市教师继续教育业务指导和课程体系建设,组织开展全市性的教师继续教育专项培训以及中小学各学科教学、教材培训等工作。

具体来说,各级教育研究院在教师专业发展上的指导性工作主要包括:(1)组织课程与教材的研究与学习;(2)组织与指导教师教学能力的培训与交流;(3)组织和管理科研课题的培训与研究;(4)组织和管理教师继续教育工作;(5)组织和安排教师专业学习与交流等工作。

2.教师专业职称评审制度

粤地教师的专业发展主要体现在专业职称的评聘与提升上,其促进机制主要由广东省人力资源和社会保障厅、广东省教育厅以及各地市的人力资源和社会保障局和教育局共同组织完成。为促进广东教育事业的科学发展,加强中小学教师队伍建设,积极推进职称制度分类改革,广东省人力资源和社会保障厅、广东省教育厅根据《人力资源社会保障部 教育部关于印发〈关于深化中小学教师职称制度改革的指导意见〉的通知》(人社部发〔2015〕79号)精神,制定了《广东省深化中小学教师职称制度改革实施方案》、《广东省中小学教师职称评审办法》和《广东省中小学教师水平评价标准(试行)》。

依据《广东省深化中小学教师职称制度改革实施方案》的相关规定,教师职称依次分为三级教师、二级教师、一级教师、高级教师和正高级教师。同时,

---

① 佛山市教育局.2022 年佛山市教育局部门预算[EB/OL].[2022-04-10].http://edu.fos-han.gov.cn/attachment/0/236/236006/5154499.pdf.

该方案还依次规定了十三至一级的教师技术岗位,也相应规定了各级教师的专业技术岗位:正高级教师对应一至四级,高级教师对应五至七级,一级教师对应八至十级,二级教师对应十一至十二级,三级教师对应十三级。

《广东省中小学教师职称评审办法》对教师职称评审的申报、考核推荐、评审、纪律等作出了详细的规定。而《广东省中小学教师水平评价标准(试行)》则详细规定了不同级别教师职称评审的标准和条件。这些条件主要包括基本条件(如思想品德条件,学历、资历条件,计算机应用能力条件,继续教育条件,身心健康条件)、专业条件(如育人工作、课程教学、教研科研、示范引领成果)等。

3.教师继续教育管理

为了保证教师专业能力与水平的持续发展,广东省教育厅制定了《广东省专业技术人员继续教育条例》和《广东省中小学教师继续教育规定》,对参与评选不同级别的教师的继续教育课时进行了规定。

为了提升教师专业能力与水平,各地市教育研究院负责管理和组织教师继续教育工作。以深圳为例,《深圳市中小学教师继续教育暂行管理办法》规定,教师继续教育课程包括公需科目、专业科目和个人选修科目三大类,由深圳市教师继续教育领导小组办公室主办,分别由深圳大学教师培训学院、深圳城市学院承办和教师所在学校自己负责。目前,深圳市教师继续教育分为线上和线下两种形式,线上课程在"深圳市教师教育网"和"深圳市中小幼教师继续教育网"上选课,并在这两个网站上学习。

深圳市教师继续教育课程十分丰富,以"深圳市教师教育网"为例,从课程系列上看,分为省级教育技术、市级普通面授、省级 intel 课程、省级高中职务培训、市级职称计算机、市级讲座、信息技术应用能力、公需课和市级远程课程等;从学习对象来看,包括幼教、小学、初中、高中、职教、成人和通用等;从学科上来看,包括政治、语文、数学、外语、物理、化学、历史、地理、生物、信息技术、教育管理和综合实践等 22 个学科。这些科目分别由深圳师范大学、深圳市宝安职业技术学校、深圳职业技术学院、红岭中学基地、翠园中学基地等 25 个基地学校承办。

目前,深圳市针对特殊教育教师的继续教育专业课程还比较稀缺。为了有效推进深圳市中小幼教师继续教育高质量发展,不断完善教师继续教育课程体系建设,深圳市教育科学院《关于征集 2022 年深圳市中小幼教师继续教育课程的通知》中专门公布了紧缺课程征集信息,其中就有特殊教育课程。深圳市教育科学院鼓励高校专家学者、教科研机构教研员、教育研究者,省市区名校(园)长工程、名师工程人员,各级工作室主持人,正高级教师,特级教师,市级教育教学成果一等奖以上获得者、教学技能竞赛一等奖以上获得者,社会各界拥有创新性教育教学成果的机构或个人申报深圳市继续教育课程,并将组织专家对课程进行评审,依据本年度课程开发重点、紧缺课程需求、课程领衔人资格、课程内容及质量等择优遴选。

(四)学生教育安置机制

特殊教育事业的发展需要教育部、发展改革部、民政部、财政部、人力资源社会保障部、卫生健委、残联等部门的统合联动,从行政上建立特殊教育发展协作机制,对特殊需要儿童的入学评估、安置、教育、督导和绩效评估等进行商讨合议,形成工作合力,推动特殊需要学生教育安置机制的建设。

以深圳为例,在国家两期提升计划的推动下,深圳根据国家特殊教育发展的整体规划和要求颁布并实施了两期深圳市特殊教育提升计划。目前已经构建了特殊需要儿童管理与服务、教育与安置、评估与支持的系统。

1.管理与服务体系

深圳特教正在努力构建以特殊教育指导中心为主导,以残疾人教育专家委员会和特殊教育资源中心为核心的多元管理与服务体系,全面开展政策研究、师资培训、适学能力评估、特殊教育工作指导、各类特殊需要儿童教育资源建设和教育咨询与指导等工作。以特殊教育指导中心的管理与服务为例,深圳市在2016年相继成立了深圳市特殊教育指导中心,福田、南山、龙华、大鹏新区、龙岗、宝安、光明、盐田、坪山和罗湖区特殊教育指导中心,整体建构并确立了特殊教育指导中心的主导地位,并已在深圳市特殊教育管理与服务体系中发挥着统领性和指导性的作用。

2.教育与安置体系

目前,我国特殊教育学校已普遍为学龄期特殊需要儿童提供了完善的义务教育,但因残疾程度较重而无法正常入学以及学龄前特殊需要儿童尚未能得到普遍、合理的安置,完善我国教育安置体系成为特殊教育发展的一个重要方向。

深圳特教在市教育局、民政局、市残联等多个单位的合力下,搭建了特殊需要儿童的学前教育、义务教育和高中(职业高中)教育的教育与安置体系。其中,深圳市特殊需要儿童早期干预中心主要承担各类特殊需要儿童的学前教育,深圳市属特校负责高中(职业高中)教育,各区属特校、普通学校承担义务教育职能,为不同年龄、不同程度的特殊需要儿童教育提供了系统性的安置形式与措施。目前,深圳市实名登记义务教育阶段残疾儿童随班就读及特教班 2079 人,特殊教育学校 1018 人,送教上门 492 人,特殊教育与安置体系基本建立。

3.评估与支持体系

特殊需要儿童的教育评估主要是从认知发展水平、生理状况、社会交往水平等方面收集信息,开展定性和定量的分析,从而为其教育形式、教育过程和教育方法等作出评议的过程,是决策特殊需要儿童教育安置方式和提供教育资源支持的重要前提。

2008 年 4 月,深圳市率先组织视障教育、听障教育、智障教育、脑瘫教育和孤独症教育专家对全市适龄特殊需要儿童开展接受义务教育能力评估,成为全国最早全面开展评估的城市。经过十余年的专业化探索,深圳市教育局于 2019 年 8 月印发了《深圳市小学资源教室配置参考目录》《深圳市初级中学资源教室配置参考目录》,于 2020 年 1 月联合市民政局、市卫健委、市残联等部门成立了深圳市残疾人教育专家委员会,旨在进一步加强特殊需要儿童入学能力评估与支持体系的建设,以科学地评估各类特殊需要儿童接受义务教育的能力,推荐教育安置的方式,并提供教育科研、教改实验、教学指导和教育资源建设等全方位的支持。[①]

二、香港特殊教育保障机制

(一)政策法规保障

20 世纪 70 年代后,香港特区政府开始通过一些政策性文件领导并保证特殊教育的实施与发展。1977 年 9 月,香港特区政府发布的康复白皮书《群策群力协助弱能人士更生》成为指导香港特殊教育发展的基本方针和政策的重要文件。1993 年,香港特区政府提出的《香港学校教育目标》明确指出,学校教育服务应使包括特殊需要儿童在内的每个儿童的潜质得到发展。1995 年香港特区政府发布的康复政策及服务白皮书《平等齐参与,展能创新天》,详尽规定了香港聋童教育的基本政策。[②]《残疾歧视条例》则规定:应拨付学习支援津贴用来帮助和支持有特殊教育需要的学生。学校可运用学习支援津贴提供行为辅导、言语治疗等外购服务;与其他专业人员协作,购置学习资源和

①　沈光银.社会主义先行示范区背景下深圳特教发展的新进路[J].特区教育,2021(11):4-6.

②　刘燕,梁谨恋.香港特殊教育的发展与启示[J].江西教育,2013(2):81-83.

器材,以促进有特殊教育需要学生的学习及加强家校合作,譬如组织家长义工队,为学生提供伴读计划等。①

(二)经费保障

香港的教育经费主要由政府拨款,另外还鼓励社会捐款。为了向就读公立特殊学校的相关年龄组别的有特殊教育需要儿童提供免费普及小学及中学教育,以及进一步提高特殊教育的质素,2022—2023 年度香港的教育经费开支预算为 767.460 亿元,其中特殊教育学校的经费预算为 36.064 亿元,较上一年度预算增加 2.0%。同时,香港特区政府财政年度预算还对预算的使用提出了详细的指导,譬如寻求改善设有小学部的公立特殊学校的中层管理人手及理顺公立特殊学校小学部副校长的薪酬;在 2022—2023 学年实现把高中课程支援津贴及生涯规划津贴全面转换为专项经费的目标,以优化高中课程的推行,加强生涯规划教育与相关辅导服务;继续推行措施加强公立特殊学校专业人员如护士、职业治疗师和物理治疗师的人手编制,并在辅助人员聘任上提供弹性,以配合学生需要和学校运作;继续就特殊学校 12 年制课程的规划及推行提供教师培训,以及发展学与教资源,从而支援智障学生;等等。②

香港特殊教育专项经费的投入包括学习支援津贴、增补资金、特殊学校宿舍家长现金津贴、特殊学校专职人员现金津贴等。通常分为两大部分:其一,用于学校需求的常规经费,解决特殊教育学校及融合教育学校的日常开支;其二,用于学生个人需求的专项经费,解决学校中特殊需要学生个性化的需求。香港教育局对设定的每一类专项经费都制定了系统、完整的评鉴及问责制度。经费在使用的过程中,须接受来自教育局、家长及全社会的监督。③ 教育局会安排专门人员通过定期访校,以及举行培训和学校之间的分享等,确保学校善用资源以照顾有特殊需要和成绩稍逊的学生。④

---

① 香港特别行政区教育局.校本言语语言治疗服务指引[EB/OL].[2022-04-10].https://www. edb. gov. hk/sc/sch-admin/about-teaching/guideline-sch-based-services/index. Htm.

② 香港特别行政区财政局.截至二零二三年三月三十一日为止的财政年度预算[EB/OL].[2022-04-10].https://www.budget.gov.hk/2022/sim/estimates.html.

③ 吕春苗,张婷.香港特殊教育经费投入和使用的现状、特点及启示[J].现代特殊教育,2017(2):64-74.

④ 香港特别行政区教育局.香港教育局通告第 12/2012 小学"学习支援津贴"[EB/OL].[2022-04-10].http://www.edb.gov.hk/sc/edu-system/Special/support/wsa/ primary/ index.Html.

(三)教师专业发展保障

1.教师专业发展管理机构

为了培育卓越强大、好学敏求的教学专业团队,2013 年 6 月香港特别行政区教育局在原师训与师资咨询委员会的基础上筹建了教师及校长专业发展委员会,一方面负责向政府提供有关教学专业团队(包括教师和学校领导)职业生涯发展的整体性的、专业的意见,另一方面为教学专业团队提供平台,建立联系网络,信息共享,并进行互动交流与写作。此外,教师及校长专业发展委员会还会委托机构教育及其评估进行研究,以实证为本,协助教育局制定相关政策与策略。[①] 表 7-11 是对教师及校长专业发展委员会工作纲领的描述。

表 7-11 教师及校长专业发展委员会工作纲领

委员会纲领	具体内容
愿景	培植"好学敏求,更上层楼;教学专业,精英卓越"的香港教育理念
使命	通过制定策略,加强师资培训,推动并支持持续专业发展,加强学校领导能力,培育充满干劲、表现卓越的教学专业团队,使学生在学习和成长上有所裨益
目标	培育精益求精、力臻卓越的教师及学校领导的优秀教学专业团队,以期促进学生的学习与成长
	敏于反思,以实证研究的方式开展教育教学工作
	支持学校问责工作及其效能提升
策略	促成学校界别范式转移
	推动在系统、学校和个人层面应用实证和数据
	建立学习社群,并促进合作
方向	构建有效的学校领导及积极反思的文化
	建立优秀的教师队伍
	营造有利专业发展的环境

2.教师专业发展管理计划

教师及校长专业发展委员会逐步推行了 T-卓越@hk 大型计划,以培育充满干劲、表现卓越的教学专业团队。该计划中的"T"是指在职业生涯不同

---

① 香港教师及校长专业发展委员会."扬帆起航,迈向卓越"进度报告[EB/OL].[2022-04-10].https://www.edb.gov.hk/attachment/tc/teacher/qualification-training-development/development/cpd-teachers/cotap_progress_report_2015-tc.pdf.

阶段的教学专业团队成员,由准教师、新任教师和资深教师,以至有志成为学校领导人员、新任和资深学校领导人员组成。委员会在 T-卓越@hk 之下,为首阶段工作拟定了八个重点项目,即 T-标准＋、T-数据集 PD、T-培训 β、T-浏览 24/7、T-专能 3、T-分享、T-表扬和 T-桥梁。

（1）T-标准＋

为教学专业团队订定专业标准,就师资培训、持续专业发展及学校领导能力的发展,提供清晰的参考,以期对学生的学习及成长产生正面作用。

（2）T-数据集 PD

根据香港系统调查建立数据集,制定政策及策略,以协助教师及学校领导人员在职业生涯不同阶段的专业发展,在系统及学校层面设立反馈机制,支持实证为本的决策。

（3）T-培训 β

探索新类型及模式的培训,以满足教师及学校领导人员不断转变的专业发展需要,提升课程的质素及适切性,并使课程更多元化。

（4）T-浏览 24/7

建立一站式平台,以供随时随地分享信息及资源,并按个人进度安排专业发展,以促进专业学习和发展。

（5）T-专能 3

推行三层启导计划,为迈向事业新里程的教育工作者(准教师及新任教师、中层领导人员和新任校长)提供优质的到校支援服务。

（6）T-分享

优化专业学习社群,以便教学专业团队建立联系网络、分享信息、进行互动交流和协作,从而建立好学敏求的专业团队,加强学校领导能力,推动革新和改善教学法,促进学生发展。

（7）T-表扬

推行宣扬教师专业及贡献计划,表彰优秀教育工作者的成就,肯定其专业精神和地位,并予以宣扬,以吸引和挽留人才。

（8）T-桥梁

针对如何以最佳方式改善师资培训课程的设计及授课安排(例如临床实践模式)进行可行性研究,确保师资培训课程理论与实践并重,以协助新任教师更有效地应对学校各种挑战。

3.教师专业发展课程

为促进教师专业成长及提升教师专业地位,教育局为香港教师建立专业阶梯。专业阶梯以"T-标准＋"描述的教师及校长专业角色作为教师专业发展的目标,并以三个核心元素为基础,包括教学专业能力、专业操守和价值观、反思求进以达自我完善的精神。

为提高教师照顾有特殊教育需要学生的专业能力,教育局于 2007—2008 学年推出了融合教育教师专业发展架构。在该架构下,教育局一直为现职教师提供有系统的基础、高级及专题课程(三层课程)[①](见表 7-12)。除了"三层课程"外,教育局还针对教师的培训需要举办不同类型的特殊教育培训课程。

表 7-12　香港特殊教育教师三层课程内容

课程层级	课程名称	课程内容	课程要求
基础课程	"照顾不同学习需要"网上基础课程	照顾不同学习需要的相关教学策略、课程及评估调适的原则、理论和实践方法	三个月内完成约 30 小时的课程
高级课程	"照顾不同学习需要"高级课程	60 小时讲课及 12 小时指导实习课,以及让学员实践支援策略的校本行动研究	12 天内完成 72 小时面授课
专题课程	"支援有特殊教育需要学生"专题课程	针对有特殊学习困难的学生,及成绩稍逊(包括智障)学生的认知与学习需要类别的课程内容	按学生的教育需要分为三大类别,在三个类别下将有九个课程,每个课程长 60 至 72 小时
		针对有孤独症、注意力不足/过度活跃症,及有精神病患的学生行为、情绪及社群发展需要类别的课程内容	
		针对有肢体残疾、视障、听障和言语障碍的学生感知、沟通及肢体需要类别的课程内容	

基于在特殊学校就读的有严重或多重残疾学生的教育需要,教育局还为特殊学校教师开办以"有严重或多重残疾儿童的教育"为主题的培训课程,以配合特殊学校教师的具体培训需要。该课程只限于资助特殊学校的在职教师参加,目的是提升特殊学校教师的专业知识及教学技巧,以照顾在特殊学校就

---

① 香港特别行政区教育局.基础、高级及专题课程[EB/OL].[2022-04-10].https://sense.edb.gov.hk/tc/professional-development-of-teachers/teacher-professional-development-on-catering-for-students-with-special-educational-needs/basic-advanced-and-thematic-bat-courses.html.

读的有"严重或多重残疾"学生的教育需要。① 课程分为两部分:第一部分是为期 40 天(240 小时)的理论课,并采用全日整段时间给假培训模式。该 240 小时课程共有四个单元:(1)特殊教育的理论、原则和实践方法;(2)学业及学习方面的支援;(3)行为、情绪及社群发展方面的支援;(4)感知、沟通及肢体方面的支援。第二部分是实习活动,学员参加 240 小时的理论课后将进行持续半年的实习课,课程导师会安排观课及课后讨论、专题研习及经验分享会等,协助教师把所学知识应用于课堂上。

同时,教育局还设计了特殊教育需要统筹主任专业培训课程。② 教育局于 2017—2018 学年起在三年内分阶段于每一所公立普通中、小学增设一个学位教师教席,以便学校安排一名专责教师担任特殊教育需要统筹主任(以下简称统筹主任)。统筹主任须带领学生支援组,专责协助校长和副校长策划、统筹和推动"全校参与"模式融合教育,以进一步建构共融文化和提升支援有特殊教育需要学生的成效。校长须支持统筹主任领导学生支援组策划和执行有关工作,并推动全体教职员积极配合,让所有持份者(包括教职员、家长和学生)清楚知道学校支援有特殊教育需要学生的政策、措施和策略。

统筹主任除了须接受特殊教育培训外,教育局会为尚未接受相关培训的统筹主任安排约 120 小时的"特殊教育需要统筹主任专业培训课程",以提升其专业能力。培训内容包括:领导、策划及管理,以学生为本的支援策略,课堂研究,资源运用及管理等,从而让统筹主任更有效地发挥其领导角色,有策略地为学生安排适切的支援,加强与其他科组在不同层面的协作,以及进一步推动家校合作,建构校园共融文化。

此外,为加强特殊学校中层人员的专业领导能力,以便更有效地推动校内教师和非教学专业人员的协作,促进学校的发展,教育局还于 2021—2022 学

---

① 香港特别行政区教育局.特殊学校教师培训课程［EB/OL］.［2022-04-10］.https://sense.edb.gov.hk/tc/professional-development-of-teachers/teacher-professional-development-on-catering-for-students-with-special-educational-needs/training-course-for-special-school-teachers.html.

② 香港特别行政区教育局.特殊教育需要统筹主任专业培训课程［EB/OL］.［2022-04-10］.https://sense.edb.gov.hk/tc/professional-development-of-teachers/teacher-professional-development-on-catering-for-students-with-special-educational-needs/professional-development-programme-for-the-special-educational-needs-coordinators.html.

年起专门为特殊学校中层人员设计了"特殊学校中层人员领导培训课程"①。课程长约 30 小时并以兼读模式进行，由教育局委托大专院校举办，内容主要针对特殊学校的管理、规划和协调，以及学校部和宿舍部（如适用）各部门人员的跨专业协作等。

（四）学生转衔接机制

1.特殊学校的转衔机制

教育局设有转介及学位安排机制（以下简称转介机制），转介有较严重或多重残疾的儿童入读资助特殊学校。按照转介机制的程序，教育局会根据专家的评估和建议，确定儿童的残疾类别及适宜入读的特殊学校类别，并参考家长就着专家的建议而提出的选校意愿，转介儿童入读合适的特殊学校。普通学校如欲安排有中度至严重情绪及行为问题的学生入读群育学校/院舍，须在取得家长同意后，把个案转介至由教育局和社会福利署共同处理的"中央统筹转介系统"，经该系统下的评审委员会审批后，有关学生便会获转介入读群育学校/院舍。

2.融合学校的转衔机制

有特殊教育需要的学生的相关资料（如特殊教育需要类别、支援安排等）如能适时转交他们就读的学校，可以帮助学校及早知悉学生的特殊教育需要及曾接受的支援，从而衔接或深化为他们提供的支援，提高相关教育的效果。因此，教育局会督促学校提醒家长转交子女的特殊教育需要资料的重要性，并鼓励家长在不同阶段配合学校的资料转交安排，包括由学前至小学、小学至中学、中小学间转校及由中学至专上教育等。

（1）幼小衔接

为了保障特殊需要儿童的幼小衔接，香港特别行政区政府建立了跨局/部门协作机制。教育局与社会福利署（以下简称社署）、卫生署和医院管理局（以下简称医管局）的儿童体能智力测验服务（以下简称测验服务）设有协作机制，确保有特殊需要的儿童由学前中心/幼儿园升读小学时，小学能及早知悉他们的特殊需要和提供支援。每学年，在家长同意下，卫生署及医管局辖下的儿童体能智力测验中心会把有关儿童的评估资料送交教育局，而社署资助的学前

---

① 香港特别行政区教育局.特殊学校中层人员领导培训课程［EB/OL］.［2022-04-10］.https://sense.edb.gov.hk/tc/professional-development-of-teachers/teacher-professional-development-on-catering-for-students-with-special-educational-needs/leadership-development-programme-for-middle-leaders-of-special-schools.html.

康复服务单位亦会把有关儿童的进展报告送交教育局。教育局会在新学年开始前把这些儿童的评估资料和进展报告转交他们入读的官立/资助/直接资助计划(直资)小学。

(2)升中衔接

有特殊教育需要的小六学生升读中一前,小学应使用合适的家长同意书征求家长的同意,以便将有关学生的特殊教育需要资料送交他们的中学,让中学了解其学习需要和安排适切的支援。针对小学在教育局特殊教育信息管理系统记录的家长意愿,教育局会在中学学位分配结果公布之后七个工作日内,把参与中学学位分配办法的中学确认为已注册的小六学生接受教育的备选学校,例如特殊教育需要类别及所需的支援层级,通过教育局特殊教育信息管理系统传送至获派中学,中学须参照教育局信息管理系统及小学送交的资料,及早为有关学生策划和提供支援。

(3)学校间转校

无论是小学或中学,当有特殊教育需要的学生转校时,学校应使用合适的家长同意书征求家长的同意,以便将有关学生的特殊教育需要基本资料,例如特殊教育需要类别及所需的支援层级,通过教育局特殊教育信息管理系统传送至其将转读的学校,让该校了解其特殊教育需要和提供适切的支援。学校同时须把有关学生的相关资料(例如医疗报告、评估报告、支援摘要、简要的学习记录和教学建议等),连同已妥为签署的家长同意书正本,在一个月内送交有关学生将转读的学校。①

三、澳门特殊教育保障机制

(一)政策法规保障

20世纪90年代和21世纪初,澳门特区政府主要颁布了"第11/91/M号法律""第33/96/M号法律""第9/2006号法律",专门对特殊教育的推行与发展进行了规定。

1991年,澳门特区政府颁布了特殊教育法规——第11/91/M号法律,确立特殊教育是澳门非高等教育制度的一个组成部分,规定"对有特殊需要的人

---

① 香港特别行政区教育局.不同学习阶段的转衔[EB/OL].[2022-04-10].https://sense. edb.gov.hk/tc/integrated-education/transition-through-different-learning-stages/index. html.

士提供教育均等的机会,而精神特征、感官能力、肌肉神经及身体特征、感情及社会行为、沟通能力、多种缺陷等六种特殊需要的人士均受该法保障;特殊教育包括为受教者而设的活动及为家人、教师及社团而设的措施;特殊教育通过适合该类学生而设的教学方法、通过特殊教育机构或设在正规学校内的特别计划而开展,并在可能范围内让特殊需要学生在学习及工作中融入社会;政府优先支持私人机构、社团开办特殊教育"①。

1996 年,澳门特区政府专为身心障碍有特殊教育需要的学生设立了"第33/96/M 号法律",规定学校须为有特殊教育需要学生进行学习的调整,也须为这些身心障碍学生编写个别化教育计划等文书,保障了学生及家长们的权利。该法律规定:特殊教育需在学生所在级别或班级之正规教育课室内进行,亦需在位于教育机构内专为此而设且称为特别学习单元之场地内进行;按学生学习需要,对科目需进行适当配合(如减少科目内容及部分替换、免除某些学生不能进行之活动、采用合适教学法)或使用选择性科目(科目选择以正规教育科目为标准);需为有特殊教育需要的学生订立个别化教育计划(IEP)及教学活动大纲等文书(相关文书总共有 19 项),由教师及负责执行之技术人员负责编写,并规定学生在该教育机构注册或发现有特殊教育需要的 30 天内必须完成相关编写;特殊教育教师需接受相关适当的培训;学生在完成学业后需获发载明其所达到水平之证书或文凭。②

2006 年,澳门特区政府颁布"第 9/2006 号法律"——《纲要法》,对特殊教育作出更新的界定,即旨在为有特殊教育需要学生提供适合其身心发展的受教育机会,以协助其融入社会、发挥潜能、弥补不足及参与就业。同时,《纲要法》还规定:特殊教育的对象包括资优学生和身心障碍学生,由政府有职权的公共部门或教育行政指定的实体负责评估;特殊教育优先在普通学校内以融合的方式实施,亦可在特殊教育机构以其他方式实施;特殊教育课程、教材、教学及评估方法,须配合每名学生特点,以发展其潜能,协助其融入社会;政府创造条件,包括财政支持、培训、向受教者家庭提供协助、向推动特殊教育服务实体提供支持等,以促进特殊教育发展。③"第 9/2006 号法律"确立特殊教育主要是以融合教育方式为主要发展路向,强调要从课程、教学、评估等多方面调整,以保障身心障碍学生的教育是因应其身心发展的需要。《纲要法》的颁发

---

① 澳门特别行政区印务局.第 11/91/M 号法令[Z].澳门:印务局,1991.
② 澳门特别行政区印务局.第 33/96/M 号法令[Z].澳门:印务局,1996.
③ 澳门特别行政区印务局.第 33/96/M 号法令[Z].澳门:印务局,2006.

和执行,促进了澳门融合教育发展。

特殊教育制度,是维护澳门特殊教育发展的重要法律,它规定了特殊教育的评估对评估准则、教育措施、教育安置、学校课程、转衔、无障碍环境、个别化教育计划、学习表现评核、其他措施(包括支援、专责团队)等进行了充分规定,旨在为受教育者在入学方面提供均等的机会;为受教育者提供适切的教育;不断完善评估工具和相关设施设备。为了达成以上目的,特殊教育制度还规定主管公共部门应互相配合和协调,并就相关政策和服务做定期检讨;学校应按其条件配合特殊教育政策,尤其在收生、设施设备和人员配置等方面应配合行政当局的指引;行使亲权或监护权者应让有特殊教育需要的学生接受适切的教育,并配合本行政法规的实施。①

(二)经费保障

澳门回归以来,澳门特区政府一直重视对特殊教育的经费支持。根据澳门特别行政区财政局统计,2019 年用于教育的财政预算约为 70.65 亿澳门币,2020 年用于教育的财政预算约为 75.39 亿澳门币,较之上一年度增加6.7%。②然而 2020 年实际总投入约 75.88 亿元,比预算增加约 0.65%。2021 年教育财政预算约为 74.74 亿元,比上一年度减少 1.5%,但仍然比 2019 年度增加约5.79%。③

澳门财政投入主要针对融合生,在免费教育基础上额外增加两倍资助,同时教育发展基金支持学校建设无障碍环境、购置教材教具及举办校本融合教育活动;资助辅导及康复机构为学生提供辅导及服务等。同时,针对特教班学生,澳门财政除提供免费教育津贴外,还提供特教班级补充资助及"同质编班"资助;试行健康午膳计划和上下课接载服务资助计划等。④

此外,澳门教育及青年发展局对私立特殊教育学校提供财政支持,包括特教班级运作资助,对 6~15 人的班级提供普通教育 25~45 人的班级津贴,专

① 澳门特别行政区印务局.特殊教育制度[EB/OL].[2022-04-10].https://images.io.gov.mo/bo/i/2020/30/rega-29-2020.pdf.

② 澳门特别行政区财政局.澳门特别行政区财政预算:二零二零财政年度[EB/OL].[2022-04-10].https://www.dsf.gov.mo/download/ORCG/ORAEM2020.pdf.

③ 澳门特别行政区财政局.澳门特别行政区财政预算:二零二一财政年度[EB/OL].[2022-04-10].https://www.dsf.gov.mo/download/ORCG/ORAEM2021.pdf.

④ 澳门特别行政区政府教育及青年发展局.澳门特殊教育的政策与发展[EB/OL].[2022-04-10].http://portal.dsej.gov.mo/webdsejspsace/internet/Inter_main_page.jsp#Inter_main_page.jsp?id=21248.

业团队成员亦会得到教育及青年发展局每月的定额资助,并同时通过"学校发展计划"资助私立特殊教育学校的硬件、教具、校园环境设备及资助为有特殊教育需要学生举办相关活动。①

(三)教师专业发展保障

澳门教育及青年发展局每学年都为教师提供教育活动及培训,其中最为重要的是"持续进修发展计划"和"终身学习奖励计划"。其中,2020—2023"持续进修发展计划"以"调整定位、严谨规范、电子监察、择优延续"为原则,继续为终身学习创造有利条件,集中在"职业技能""生活技能""人文艺术""体育健康"等方面设计课程及证照考试,鼓励澳门特别行政区居民借持续进修或考取证照以提升个人素养和技能,从而配合经济产业多元发展及营造学习型社会。②

"终身学习奖励计划"旨在提升年满15岁的澳门居民的学习兴趣,让学习成为生活的一部分,鼓励更多居民加入终身学习者的行列,其活动类型包括专业培训、兴趣班、工作坊、研讨会、讲座或其他学习活动。在每年的终身学习周举行颁奖礼,颁发各类奖项。获得"积极学习奖""终身学习奖""终身学习楷模奖"的居民,将获教育及青年发展局《终身学习》杂志邀请刊载其学习历程,以作为表彰。③

同时,澳门教育及青年发展局还专门为特殊教育教师提供了基本理论与实践、学科教育、信息技术、融合教育、视障教育、听障教育、孤独症教育和学习交流等专业的培训。以2021—2022教师培训计划为例,具体课程领域和课程内容如表7-13所示:

表7-13 2021—2022特殊教师培训内容一览表

课程领域	课程内容
基本理论与实践	资源教师培训课程
	如何提升有特殊教育需要学生的学习动机(葡语)
	有特殊教育需要学生的性教育实务课程
	特殊学习困难学生的教学策略工作坊(葡语)

---

① 澳门特别行政区政府教育及青年发展局.澳门特殊教育简介[Z].澳门:教育局,2012.
② 澳门特别行政区政府教育及青年发展局.持续进修发展计划[EB/OL].[2022-04-10].
https://www.dsedj.gov.mo/pdac/2020/index.php.
③ 澳门特别行政区政府教育及青年发展局."终身学习奖励计划"章程[EB/OL].[2022-04-10].https://www.dsedj.gov.mo/ppac/download/ppac_regul.pdf.

续表

课程领域	课程内容
学科教育	教导有特殊学习困难学生中文科的教学策略工作坊（小学教育阶段）
	教导有特殊学习困难学生中文科的教学策略工作坊（中学教育阶段）
	教导有特殊学习困难学生英文文科的教学策略工作坊（小学教育阶段）
	教导有特殊学习困难学生英文文科的教学策略工作坊（中学教育阶段）
	教导有特殊学习困难学生数学科的教学策略工作坊（小学教育阶段）
	教导有特殊学习困难学生数学科的教学策略工作坊（中学教育阶段）
	有特殊教育需要学生的艺术教育课程
信息技术	QR cord 在融合生/特教生的应用
	VR 在融合生上的应用
融合教育	Certificate Course for Teachers of Inclusive Education（融合教育教师认证课程）
	融合教育证书课程
视障教育	视障学生的教学策略及班级经营工作坊
听障教育	语言训练人员培训课程
	语言训练人员培训课程（实习课）
	听障学生的教学策略及班级经营工作坊
孤独症教育	支援孤独症儿童人际沟通和社交情绪发展工作坊
学习交流	特殊教育人员赴台湾学习交流
	特殊教育人员赴香港学习特殊教育课程交流
	资优教育人员赴马来西亚学习交流
	融合教育人员赴台湾学习交流

资料来源：澳门特别行政区政府教育及青年发展局

（四）学生教育安置体系

澳门特别行政区第 29/2020 号行政法规"特殊教育制度"首先对特殊需要儿童的评估进行了规定，即评估由特殊教育教师及心理辅导员，以及倘有需要的治疗师和相关范畴的专家根据评估准则作出，评估工作须采用多元评量原则，其中包括采用标准化评量工具，以及须考虑学生的成长背景及学习经验，而评估结果须根据其智力商数，在学校、家庭及社会的适应功能，以及生理或心理障碍特质的综合表现作出，且须将评估的结果以书面方式通知申请人及行使亲权或监护权者，以便作出合理的教育安置。

"特殊教育制度"依据身心障碍学生的评估结果，对身心障碍学生的教育提出了安置建议：(1)融合生：被评估为智力在一般范围，具身心障碍特质，经适当辅助，可于普通班就读的学生；(2)特殊教育小班学生：被评估为轻度智能不足，在学校、家庭及社会方面的适应功能无明显困难的学生；或存在长期且持续性的严重情绪行为障碍的学生；(3)特殊教育班学生：被评估为智能不足，且在学校、家庭及社会方面适应功能有明显困难的学生。

"特殊教育制度"对身心障碍学生的课程也分别作出了规定，融合教育课程必须因应学生的具体需要，通过个别化教育计划订定学习目标、调适学生有学习困难的学习领域或科目的教育活动时间和内容。特殊教育小班的课程应具职业导向，旨在使学生拥有从事某一职业所需的基本知识、能力及态度；其内容须因应学生学习能力的差异，通过个别化教育计划订定学习目标、调适学生有学习困难的学习领域或科目的教育活动时间和内容。特殊教育班的课程旨在培养学生的独立生活能力、基本的职业技能及态度，以协助其融入社会；其内容须因应学生学习能力的差异，通过个别化教育计划订定学习目标、增加或减少学生有学习困难的学习领域或科目、调适教育活动时间和内容。

澳门特殊教育为特殊需要儿童提供的最为重要的支持是制订个别教育计划。"特殊教育制度"规定个别化教育计划应包括学生的身份资料；按现行适用制度执业的医疗人员发出的医疗诊断文件及建议；就读、辅导和治疗的简历，以及其他重要经历；学生能力水平、潜能及困难的描述；就读安排；学生的学习目标、对课程的调适及采用的辅助措施；评核的项目及方式；学生所需的辅导和治疗，以及负责跟进的人员；各种教学活动的时间分配、日期编排及负责跟进的人员；核准个别化教育计划的日期以及为学生提供辅助的相关公共及私人实体。

为了保证特殊需要儿童接受教育的质量，"特殊教育制度"还规定为身心障碍学生提供无障碍环境，主要包括：(1)增设适当的无障碍设备，消除建筑上的障碍或重建学校的设施；(2)提供适当的教材、教具及辅具。

为有效实施特殊教育，以及为有特殊教育需要的学生提供教育、辅助、支援，澳门特别行政区政府向实施特殊教育的私立学校和提供与特殊教育有关的服务的私人实体提供财政支援。除财政支援外，澳门特别行政区政府为达到上款所指的目的，尚可提供服务、物质和技术的支援。为促进学生的身心发展及潜能发挥，学校应持续关注、观察有特殊教育需要的学生的学习适应情况，及时提供适当的辅助、支援，或转介和重新安排评估。此外，为使身心障碍学生离开正规教育后服务需求得以衔接，应行使亲权或监护权者申请，教育及青年发展局及学校应与其他公共或私人实体合作，为学生提供升学、就业方面的转衔辅导和服务。①

　　高效的教育保障机制,是高质量特殊教育发展的重要前提。大湾区特殊教育经历了不同的时期和体制,表现出不同的优势和不足。深入研究大湾区特殊教育保障机制,将有助于为湾区内特殊教育保障机制的发展和完善提供相互之间经验的借鉴以及优势的互补。

---

① 澳门特别行政区印务局.特殊教育制度[EB/OL].[2022-04-10].https://images.io.gov.
mo/bo/i/2020/30/rega-29-2020.pdf.

参考文献

[1]熊贤君.深圳教育史[M].北京:社会科学文献出版社,2010.

[2]萨瓦斯.民营化与公私部门的伙伴关系[M].北京:中国人民大学出版社,2017.

[3]沈洪.全球化与国家文化安全[M].济南:山东大学出版社,2009.

[4]李慧敏.读懂萨缪尔森[M].北京:经济日报出版社,2012.

[5]教育部.义务教育课程方案:2022年版[M].北京:北京师范大学出版社,2022.

[6]曹旭东.澳门中小学教育:法律、制度与政策[M].北京:中国社会科学出版社,2019.

[7]黄显华,霍秉坤.寻找课程论和教科书设计的理论基础[M].北京:人民教育出版社,2005.

[8]王英杰.顾明远教育思想研究[M].北京:教育科学出版社,2018.

[9]许长青,郭孔生,周丽萍.高等教育、区域创新与经济增长:粤港澳大湾区高等教育融合与大学集聚发展研究[M].广州:广东高等教育出版社,2021.

[10]王福强,李丹,张秀青,等.中国智库经济观察(2019)[M].北京:社会科学文献出版社,2020.

[11]严雪怡.再论职业技术教育[M].上海:上海科学技术文献出版社,2008.

[12]李小瑛,刘夕洲.粤港澳大湾区科技创新研究:宏观比较、微观实证与个案分析[M].北京:中国社会科学出版社,2019.

[13]刘宇濠.粤港澳大湾区战略下的深港创新圈2.0[M].北京:新华出版社,2020.

[14]W.理查德·斯科特.制度与组织:思想观念、利益偏好与身份认同[M].姚伟,等译.北京:中国人民大学出版社,2020.

[15]马化腾.粤港澳大湾区:数字化革命开启中国湾区时代[M].北京:中

信出版社,2018.

[16]蒂蒙斯,斯皮内利.创业学[M].北京:人民邮电出版社,2005.

[17]何国华.民国时期的教育[M].广州:广东人民出版社,1996.

[18]泰勒.为什么有的国家创新力强？[M].任俊红,译.北京:新华出版社,2018.

[19]王季云.改革开放30年广东省学前教育发展回顾[J].广州大学学报(社会科学版),2009,8(11):47-52.

[20]刘国艳,熊贤君.三十年来的学前教育:乱象与前景[J].河北师范大学学报(教育科学版),2015,17(2):61-66.

[21]海鹰,刘天娥,李佳莉.幼儿园教师"业内流动为主"的原因探析及问题破解:基于深圳先行示范区的调查分析[J].教育与经济,2020,36(6):77-84.

[22]叶飞.学前教育纳入义务教育体系的合理性探析[J].教育科学,2011,27(1):6-9.

[23]王举.我国学前教育免费政策的可行性及其构建路径[J].教育研究与实验,2017(5):79-83.

[24]周洪宇,周娜.学前教育的两难选择与政策建议[J].教育发展研究,2018,38(Z2):1-9.

[25]王海英.分类改革背景下促进民办幼儿园良性发展的政策建议[J].人民教育,2017(24):44-46.

[26]王海英、刘静、魏聪."普惠之困"与"营利之忧":民办幼儿园的两难困境与突围之道[J].教育发展研究,2020,40(12):23-30.

[27]冯婉桢,吴建涛.政府和市场在学前教育资源配置中的角色错配与调整研究:基于教育资源配置效率的分析[J].教育科学,2016,32(4):1-6.

[28]刘焱.普惠性幼儿园发展的路径与方向[J].教育研究,2019,40(3):25-28.

[29]姜勇,李芳,庞丽娟.普惠性学前教育的内涵辨析与发展路径创新[J].学前教育研究,2019(11):13-21.

[30]刘磊,谷忠玉,孙海萍.什么因素影响着学前教育毛入园率:基于对全国31省市三期学前教育三年行动计划中毛入园率的审视与思考[J].教育发展研究,2020,40(12):31-37.

[31]刘焱,郑孝玲.关于普惠性学前教育公共服务属性定位的探讨[J].教育研究,2020,41(1):4-15.

[32]刘焱,郑孝玲,宋丽芹.财政补贴对普惠性民办幼儿园教育质量的影

响路径[J].教育研究,2021,42(4):25-36.

　　[33]深圳市南山区课程改革调研组.课程改革的理性反思[J].课程·教材·教法,2006(9):3-8.

　　[34]叶延武.高中课程改革:实验、问题与对策:基于一所样本学校的案例研究[J].课程·教材·教法,2006(4):3-9.

　　[35]林智中,何瑞珠,曾荣光.香港课改二十年的现状与展望:中学教师和校长的看法[J].教育学报,2020,48(1):1-21.

　　[36]林智中,余玉珍,李玲.二十年来香港课程改革的实施与成果[J].教育学报,2019,47(1):1-29.

　　[37]郭晓明.我国澳门课程改革:背景、使命与构想[J].课程·教材·教法,2005(4):93-96.

　　[38]郭晓明,谢安邦,朱世海等.澳门回归以来加强教育治理的经验[J].港澳研究,2020(3):49-58.

　　[39]佘永璇,马早明.回归20年来澳门基础教育改革发展的成效与经验[J].中国教育学刊,2020(2):21-26.

　　[40]周洪宇,但昭彬.香港教师教育的发展与启示[J].高等师范教育研究,2000(3):75-80,58.

　　[41]施雨丹.区域教师教育改革与发展的个案研究:以广东省为例[J].华南师范大学学报(社会科学版),2014(6):39-43,161.

　　[42]施雨丹.比较视角下粤港澳大湾区教师教育发展探析[J].广东技术师范大学学报,2020,41(1):25-31,41.

　　[43]施雨丹.粤港澳大湾区教师教育协同发展的价值、困境及改进策略[J].华南师范大学学报(社会科学版),2021,(5):74-82.

　　[44]蒋达勇.粤澳教师教育合作:历史回顾与发展前瞻:关于推进粤澳教师教育深度合作的构想[J].高教探索,2013(2):123-128.

　　[45]蔡金花,曾文婕.初中教师专业素养与发展需求研究:基于深圳市的调查[J].上海教育科研,2018(7):61-66.

　　[46]唐信焱.粤港澳大湾区教师专业发展区域协同的现状、困境与对策[J].中国成人教育,2021(8):71-75.

　　[47]刘璇璇.香港中小学教师资格制度的历史、特点与启示[J].教师教育研究,2017,29(3):93-99.

　　[48]董云川,常楠静.区域高等教育一体化的远景与近为[J].大学教育科学,2020(5):23-31.

[49]袁晶,张珏.长三角区域高等教育一体化发展:动因、内涵与机制创新[J].中国高教研究,2019(7):33-38.

[50]祝晓芳,马早明.回归20年澳门高等教育规模与结构发展:成就、问题与展望[J].江苏高教,2019(11):11-17.

[51]谢爱磊,李家新,刘群群.粤港澳大湾区高等教育融合发展:背景、基础与路径[J].中国高教研究,2019(5):58-63.

[52]辜胜阻,曹冬梅,杨嵋.构建粤港澳大湾区创新生态系统的战略思考[J].中国软科学,2018(4):1-9.

[53]卢晓中.学术关注:粤港澳大湾区高等教育研究[J].苏州大学学报(教育科学版),2019,7(2):13.

[54]许长青,黄玉梅.制度变迁视域中粤港澳大湾区高等教育融合发展研究[J].中国高教研究,2019(7):25-32.

[55]潘懋元,朱乐平.高等职业教育政策变迁逻辑:历史制度主义视角[J].教育研究,2019,40(3):117-125.

[56]周建松,陈正江.新时代中国特色高等职业教育的内涵与发展路径[J].中国高教研究,2019(4):98-102,108.

[57]匡瑛.高等职业教育的"高等性"之惑及其当代破解[J].华东师范大学学报(教育科学版),2020,38(1):12-22.

[58]汤贞敏,王志强.应用型本科院校建设的理想标准与现实进路[J].高等教育研究,2020,41(5):38-43.

[59]杜玉波.适应新发展格局需要,推进高等教育高质量发展[J].中国高教研究,2020(12):1-4.

[60]卢晓中,秦琴.高等教育集群发展视域下粤港澳大湾区高校办学自主权研究[J].中国高教研究,2021(4):55-63.

[61]沈蕾娜.世界一流大学之间的协同创新:以哈佛大学和麻省理工学院的跨校合作为例[J].中国高教研究,2019(2):21-26.

[62]许长青,卢晓中.粤港澳大湾区高等教育融合发展:理念、现实与制度同构[J].高等教育研究,2019,40(1):28-36.

[63]王志强,卓泽林,姜亚洲.大学在美国国家创新系统中主体地位的制度演进:基于创新过程的分析[J].教育研究,2015(8):139-150.

[64]徐小洲,倪好.社会创业教育:哈佛大学的经验与启示[J].教育研究,2016(1):143-149.

[65]黄兆信,王志强.高校创业教育生态系统构建路径研究[J].教育研

究,2017,38(4):37-42.

[66]陆春萍,赵明仁.世界一流大学创业教育实践项目的特点分析:以麻省理工学院和斯坦福大学为例[J].高等工程教育研究,2020(4):174-179.

[67]陈雨濛,俞国良.我国特殊教育政策历史进程的文本分析[J].教育学术月刊,2020(4):13-19.

[68]董志文.从法律及运作状况探讨澳门特殊教育的发展[J].现代特殊教育,2016(18):29-34.

[69]刘燕,梁谨恋.香港特殊教育的发展与启示[J].江西教育,2013(2):81-83.

[70]吕春苗,张婷.香港特殊教育经费投入和使用的现状、特点及启示[J].现代特殊教育,2017(2):64-74.

[71]阮邦球.澳门特殊教育:回顾和展望[J].行政,2008,1(21):81-104.

[72]沈光银.社会主义先行示范区背景下深圳特教发展的新进路[J].特区教育,2021(11):4-6.

[73]王莹.立足新起点,实现广东特殊教育更大发展[J].现代特殊教育,2019(9):5-7.

后 记

　　2019年2月,中共中央、国务院颁布《粤港澳大湾区发展规划纲要》,这对粤港澳大湾区发展来说深具里程碑意义,意味着粤港澳大湾区建设正式启航。面对湾区建设的国家重大战略,深圳大学作为与深圳特区共同成长起来的高水平综合性大学,秉持对促进湾区教育高质量创新发展的使命担当,于2018年7月成立了深圳大学湾区教育研究院。过去四年中,湾区教育研究院在学校和教育学部的大力支持下,在人才引进、科学研究、学术交流、智库建设、社会服务和人才培养方面开展了较有成效的工作。特别是开展了多方面的较有特色的研究,取得了一批高水平的科研成果。同时积极开展学术交流活动,自2020年起,每年举办的深圳大学粤港澳大湾区教育改革与发展论坛已经产生了一定的学术和社会影响力。

　　湾区教育研究院在创建和发展过程中,得到了深圳大学李清泉书记和张晓红副校长的亲切关心和指导,得到了校社科部田启波主任和教育学部靳玉乐主任、李臣书记、李均执行主任等领导的大力支持和指导。北京师范大学原校长钟秉林教授、华东师范大学教育学部袁振国主任、华南师范大学粤港澳大湾区教育发展高等研究院院长卢晓中教授等非常关心湾区教育研究院的发展,给予亲切的关心指导,对此我们表示衷心感谢! 也向过去四年来一直关心和支持湾区教育研究院的校内外专家和朋友表示衷心感谢!

　　本书主要由湾区教育研究院同仁策划并完成。各章节作者如下:第一章傅维利、海鹰、刘磊、林银新、欧蕾,第二章第一节赵明仁、第二节林乐桐、第三节柏思琪,第三章黄声华,第四章李鹏虎,第五章胡燕琴,第六章陆春萍,第七章沈光银(深圳元平特殊教育学校)。全书由赵明仁、傅维利统稿。感谢高水平大学二期建设项目对本书出版的支持,本书是我们对粤港澳大湾区教育研究的一个探索和总结,恳请大家多指导。

赵明仁　傅维利

2022 年 8 月 3 日